本研究获得

国家社会科学基金一般项目资助

（批准编号 09BYY049）

浙江省社会科学界联合会重点项目资助

（批准编号 08Z32）

杭州师范大学人文社会科学振兴计划项目资助

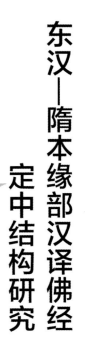

东汉—隋本缘部汉译佛经定中结构研究

许剑宇 著

中国社会科学出版社

图书在版编目（CIP）数据

东汉—隋本缘部汉译佛经定中结构研究／许剑宇著 . —北京：中国社会科学
出版社，2018.4

ISBN 978-7-5203-1398-8

Ⅰ.①东… Ⅱ.①许… Ⅲ.①佛教-汉语-语法-研究 Ⅳ.①B948②H14

中国版本图书馆 CIP 数据核字（2017）第 273489 号

出 版 人	赵剑英
责任编辑	宫京蕾
责任校对	王佳玉
责任印制	李寡寡

出 版	中国社会科学出版社
社 址	北京鼓楼西大街甲 158 号
邮 编	100720
网 址	http：//www. csspw. cn
发 行 部	010-84083685
门 市 部	010-84029450
经 销	新华书店及其他书店

印刷装订	北京君升印刷有限公司
版 次	2018 年 4 月第 1 版
印 次	2018 年 4 月第 1 次印刷

开 本	710×1000 1/16
印 张	21.5
插 页	2
字 数	310 千字
定 价	89.00 元

目 录

第一章

绪　　论

第一节　选题缘起及意义

人们在谈论佛经翻译对汉语语法的深远影响时经常引用梁启超《翻译文学与佛典》中的一段文字：

> 吾辈读佛典，无论何人，初展卷必生一异感，觉其文体与他书迥然殊异，其最显著者：（一）普通文章中所用，"之乎者也矣焉哉"等字，佛典殆一概不用（除支谦流之译本）。（二）既不用骈文家之绮词俪句，亦不采古文家之绳墨格调。（三）倒装句法极多。（四）提挈句法极多。（五）一句中或一段落中含解释语。（六）多覆牒前文语。（七）有联缀十余字乃至数十字而成之名词。——一名词中，含形容格的名词无数。（八）同格的语句，铺排叙列，动至数十。（九）一篇之中，散文诗歌交错。（十）其诗歌之译本为无韵的。凡此皆文章构造形式上，画然辟一新国土。①

王启涛（2001：91）认为这段文字"实际上为我们勾画出了十个崭新的研究课题"。笔者深有同感，并有志于汉译佛经语法研究，现从事的这项课题"东汉—隋本缘部汉译佛经定中结构研究"，属佛经语法专题研究性质，就是受了梁启超以上一段文字的启发。

---

① 参看梁启超（2001：198）。

这里先列表说明一下本课题选取作为研究对象的八部代表性的佛经，以时代先后为序。①

表 1-1

朝代	经名	译者	翻译年份（公元）
东汉	《修行本起经》	竺大力共康孟详	197
东汉	《中本起经》	昙果共康孟详	207
三国吴	《六度集经》	康僧会	252
西晋	《生经》	竺法护	285
西晋	《普曜经》	竺法护	308
后秦	《出曜经》	竺佛念	347
北魏	《贤愚经》	慧觉等	445
隋	《佛本行集经》	阇那崛多	587—592

它们有一些共同特点：首先，从内容看，都属于本缘部。叙述的都是佛传故事，叙事性强，情节生动，文学色彩较浓。其次，从本书关心的语言方面看，它们的译者与翻译年代都是明确的，语料是可信的。它们的语言既有较强的口语性②，又有鲜明的译经体特色，笔者以为颇具语言研究价值。

重点提一下《佛本行集经》，因为它在以上佛经中时代最晚，而且又是佛传中内容最繁博的一种，所以下文讨论具体问题时一般都是优先描写《佛本行集经》里的情况，以作为其他佛经的参照。《佛本行集经》篇幅较大，共 60 卷，总字数 43 万字。本书选取前 30 卷，约 23 万字作为研究对象。而其他七部佛经取的都是全篇。

本书之所以选择佛经中的定中结构这一语法点进行研究，主要是基于以下两点考虑。一是语料本身所决定的。汉译佛典在语法和语体方面的显著特点，前文所引梁启超语已作了很好的揭示，其中与定中

---

① 参看吕澂（1980）。

② 徐时仪曾说："汉译佛经中保留口语成分最多的当推叙述佛教故事的一些作品，如……隋阇那崛多译的《佛本行集经》等。"详见《古白话词汇研究论稿》，上海教育出版社 2000 年版，第 45 页。

结构相关的部分有：第（七）条，即本书所谓复杂定中（详见第三章）；第（三）（四）（六）条，即本书所谓定中结构的语用变化（详见第五章）。就拿《佛本行集经》来说，笔者发现其中定中结构不仅量多，而且有一部分定语的结构相当复杂。下边先举定中结构集中的几处代表：从叁773a倒7[①]到b倒14共65次[②]，从叁793c倒8到c倒4共15次，两处对声音的描写；从叁786b3到c10，从叁786c倒8到叁787a3，两处对夜叉罗刹和鬼的形状的描写；还有从叁789b5到c4，从叁789c7到叁790a4，两处集中的大量比喻句，其中也多有定中结构出现。可能有人会说，定中结构出现的量多就一定有意义吗？我们认为，《佛本行集经》中的定中结构不仅量多，而且从语言研究的角度看价值也很高。可以举学界有所论及的介词短语作定语为例，利用佛经语料就可以将其起源时间大大推前。王珏（1999：101）认为："介词短语作定语起源的具体时间现在尚难以给出确定的答案。但就我们的材料而言，可以有把握地说，至少在创作于公元十世纪的敦煌变文中就已经出现了如下的用法。"文中列举的敦煌变文中的两例是"临死之时"和"太子自别车匿之后"。他还说："到公元十六世纪的《西游记》才开始出现'向、在、为'三个介词构成的介词短语作定语。"三例略。随后他总结道："介词短语作定语在十六世纪

---

① 本书引用佛经语料在必要时注明出处，如"叁773a倒7"表示见《大正藏》第3册第773页a栏倒数第7行。

② 此处65次声音的描写为："（出）清亮声、润泽之声、妙声、喜声、闻承奉声、闻不违声、闻流靡声、化声、导声、不謇吃声、不缩呻声、不粗涩声、不双破声、软滑泽声、甜淡美声、分明的的遥入耳声、闻心口意皆悉喜声、闻已除灭欲痴瞋恚斗净忿怒皆悉令得清净之声、闻如迦罗频伽鸟声、命命鸟声、雷隐隐声、如诸音乐歌赞咏声、深远高声、无障碍声、非鼻出声、清净之声、真正之声、实语之声、如梵天声、如海波声、如山崩声、震动之声、如诸天王所赞叹声、诸阿修罗歌咏美声、深难得底断魔力声、降伏一切诸外道声、师子之声、驶风之声、象王之声、如云磨声、能至十方佛刹土声、告诸所化众生之声、不急疾声、不迟缓声、不停住声、不缺减声、不浊秽声、合一切声、入诸声声、解脱之声、无系缚声、无染著声、合语义声、依时语声、不过时声、巧能宣说八千万亿法门之声、无壅塞声、不止息声、能辩一切诸声之声、随心能满一切愿声、能生一切安乐之声、示现一切解脱之声、流通一切诸道路声、众中说时不出众外令诸大众欢喜之声、声出之时顺于一切诸佛法声。"

以前只能算是萌芽期。"而我们在研究中发现，东汉—隋佛经中介词短语充当定语的例子已不在少数，相关讨论详见本书第二章第六节。

接着再看定语结构复杂化的典型例子（以下出自隋《佛本行集经》，复杂的定中结构加下画线表示）：

汝释沙门，今何求故？来在于<u>此多毒恶龙云雨野兽可畏可惊黑夜处所</u>。（叁784b6）

此今是<u>我最后所乘所下处</u>也。（叁733c11）

诸如是等大神仙人，多有<u>被于诸淫妇女之所诳惑，牵取教行世欲之事</u>。（叁726b15）

<u>闻已除灭欲痴瞋恚斗净忿怒，皆悉令得清净之声</u>（叁773a倒2）

本书所以选择东汉—隋的汉译佛经中的定中结构进行研究，另一个原因是想对已有的学术观点作一点补充。目前语言学界通行的观点认为，定语的复杂化是到"五四"以后的现代汉语中才有了质的变化。王力（1989：342）在《汉语语法史》中说："'五四'以后，汉语的句子结构，在严密化这一点上起了很大的变化。"在王力讨论的现代汉语句子结构严密化的六种情况里边，第一种就是定语。"上古汉语的定语总是比较短的。唐代以后，虽然有了一些比较长的定语，但是，比起现代汉语来，无论在长度上，在应用的数量上，都远远超过古人。在定语的结构上（如结构的复杂性），也往往有所不同。"（王力，1989：343）潘允中（1982：25—27）和崔应贤等（2002：31）也表述了类似的学术观点。

学术研究总是要以前人成果作为基础，就语言学科来说，作为后来者的我们想要在前人的基础上有所发展，就必须在材料与理论方法两方面下功夫。东汉—隋的汉译佛经，如果学界能认可它在汉语语法史中的地位的话，则有关定语复杂化的时限就可往前推进一大步。即使保守一些，也可以这样表述：在汉语历史上的某一类型的文献里较早就出现过一定程度的定语复杂化的现象。这种定语复杂化的情形与现代汉语中同样是受了欧化影响的复杂定语的情形有异有同，值得作一番比较和研究。

第二节　定中结构研究现状

　　无论是在古代汉语还是在现代汉语中，定中结构始终是语法学的一个重要组成部分。不过，学者们对它的认识有一个逐渐清晰的过程，这从人们对它的称名以及研究历史的分期中就可以看出。① 语法学史上，定语出现过"偏次、附加成分、加语、修饰语"等称名，中心语出现过"正次、端语、中心词"等称名。② 李绍群（2003）把近百年来现代汉语修饰语的研究历史分为萌芽阶段（19 世纪末至 20 世纪初）、明确阶段（20 世纪 20—30 年代）、发展阶段（20 世纪 40 年代）、成熟阶段（20 世纪 50—70 年代）、深入探索阶段（20 世纪 80 年代至今）。她把传统研究的主要内容归纳为：一、修饰语的地位之争。认为修饰语不是附属品。二、修饰语的次序问题上的分歧。（一）修饰语能否易位。这方面存在对立的观点。（二）多项修饰语的次序。其中有关多项定语顺序的主要观点有：1. 带"的"的定语一般放在不带"的"的定语之前；2. 如果几个定语都不带"的"，一般的次序是：领属>数量词>形容词>名词；3. 如果几个定语都带"的"，一般的顺序是：领属>主谓结构>动词性结构>形容词性结构>名词性词语。李绍群（2003）认为"现代汉语修饰语研究的新突破和新特征主要表现在：抓住修饰语语法意义和语法形式依存的关系，运用语义特征进行分析"。她觉得，目前修饰语研究存在的问题主要是两个方面：一是把修饰语和语用平面相结合一直是薄弱环节，二是就事论事的和浅层次的重复研究不少。赵世举（2000）专门讨论了古代汉语定中结构研究的状况，分为新中国成立前和新中国成立后两段。着重介绍了新中国成立后取得的成就：有进行断代抽样描写定中结构状态的；有对某一类词作定语的情况进行专书调查研究的；有对古汉语定中结构

---

　　① 赵世举（2000）和李绍群（2003）分别就古代汉语定中结构和现代汉语修饰语（笔者按：包含定语和状语）的研究状况作了很好的综述。

　　② 详见赵世举（2000：7）和李绍群（2003：94）。

某一格式进行研究的；有研究古汉语定中结构成分省代的；更多的则是研究与古汉语定中结构有关的疑难问题的，例如定语后置问题、主谓间加"之"的结构问题、所字结构问题等。他认为以往研究中的问题和不足表现在：第一，内容不甚全面，主要关注一些所谓特殊现象；第二，方法和角度比较单一；第三，语料混杂；第四，宏观研究不足，少见多角度、全方位的系统研究，微观研究薄弱，少有"解剖麻雀"性的工作。

有了李绍群（2003）和赵世举（2000）的综述，节省了笔者的很多工夫。这里，主要补充一些最新的（指1998年以来的）成果。而且李绍群（2003）是综述修饰语的，对定中结构的细部可能有所不及。

一 现代汉语方面的研究

（一）以认知和语言类型学为主的研究

当今汉语语法研究的最新动向是重视语义、功能的分析，重视对语言规律的解释。这种动向反映到定中结构的研究中，就是新近有不少认知角度的研究成果。今择要介绍如下。

张敏是较早把认知语言学介绍到汉语学界并为之努力实践的学者之一，他的《认知语言学与汉语名词短语》就是这样一部著作。这部书首先系统介绍了认知语言学派的理论基础、观点方法和研究现状，接着用认知语法的一些中心概念、基本原理与研究方法对汉语定中之间"的"字的隐现规律进行了精细的个案研究。张敏认为，从"的"字隐现的问题中观察得出的规律实际上反映了汉语名词短语的一条非常基本的结构原则，它可以串起与名词短语相关的诸如定语与中心语的选择限制、多项定语的相对语序等一系列问题。张敏所指的这条规则就是距离象似动因，这正是一种具有普遍意义的理论概括。

《现代汉语定语的语序认知研究》是崔应贤等人承担的国家社科基金课题的终期成果，正如书名所示，是采用认知语言学的研究方法从语序切入来全面描写定语的。该书把现代汉语定语分为递加式、并列式和递归式三类，在这三种语序类型里边，蕴含着时间原则、意识迁移原则和语义重心原则三种制衡机制，总体上呈现出客观的自然语序状态占主导，主观的逻辑语序状态稍弱的情势。当然，就连该书作者也承认这里边具体的情况还很复杂，所有的规律都还只是带倾向性的。该书还声称它所持的"认知思维方式动因"与"距离象似动因"在多项定语语序问题上理论解释的不同之处在于：认知思维方式动因是由前往后推，而距离象似动因则是依据定中关联的紧密程度由后往前推；距离象似动因理论中规律的总结即便是正确的，也应该算是偶合，并非这种语序规则的制导因素。当然，由于这本书重在"作"而不重在"述"，"并不追求内容章法上的完整一致"，所以全书对有关问题论述的完整性稍嫌不够，再加上书成众手，各人表述的清晰程度也有差别。有的问题倒是崔应贤（2004）的另一本著作《现代汉语语法学习与研究入门》的有关章节（比如第十二讲"语序问题"）阐述得更清楚。

袁毓林（1999）《定语顺序的认知解释及其理论蕴涵》一文称：在语序的认知研究方面，国外学者较多地用临摹性作为解释的核心概念。其中例如，基于临摹性的语义接近原则——语义联系越紧密的成分越靠近中心语。这种语序原则的解释力很强，但语义接近的程度缺少一种量化的指标，因而是不可证伪的，并且在实际使用中也鲜有可操作性。有鉴于此，他提出了信息量原则，论证了"信息量小的定语>信息量大的定语"这一规律。袁毓林在此前的《谓词隐含及其句法后果——"的"字结构的称代规则和"的"字的语法语义功能》一文里提出谓词隐含的观点，也很有影响。

刘宁生（1995）《汉语偏正结构的认知基础及其在语序类型学上的意义》提出了一个全新的命题：汉语中存在着一个可以被称作"参照物先于目的物"的原则，由此也决定了"修饰语"位于"中心语"之前的语序一致性。当然验之以更广泛的汉语实例，这一原则也碰到难以解释的情况。沈家煊认知方面的名篇《"有界"与"无界"》中也涉及了定中结构方面的问题。

濮明明、梁维亚（2004）《从认知角度看现代汉语定语从句的表达形式》一文通过对实际语料的观察来讨论定语从句各种类型在篇章中的分布频率，同时对这些分布现象提供了较为有力的分析和解释。该文的分析方法是有意义的，只是语料方面有所欠缺。

刘丹青（2012）主编的《名词性短语的类型学研究》一书是由他主持的国家社科基金重点项目"名词性短语句法结构的类型比较"的部分研究成果，由系列论文组成。针对以往名词性短语的研究从语言类型学角度看显得基础相对薄弱之状况，该项目在国内首次采用对比调查的方法，对中国境内语言尤其是汉语（包括方言）的名词性短语开展了大规模的系统考察。它选取语序类型、关系从句定语标记类型、指示词及相关组合、量词及相关组合等作为重点研究内容，取得了重要的研究成果。该课题组成员撰写的与这些重点选题相对应的专著或博士学位论文有唐正大（2005）的《汉语关系从句的类型学研究》、李云兵（2008）的《中国南方民族语言语序类型研究》和陈玉洁（2010）的《汉语指示词的类型学研究》等。

（二）以传统方法为主的研究

针对目前认知研究比较时髦的现状，陆俭明告诫我们，要防止乱贴标签的做法。[①] 对一切被历史证明了的有价值的传统研究方法我们都不能轻视，因为任何的新潮都终将有成为传统的一天。以下对以传统方法（这里的传统方法暂指不是以认知为主的方法）为主的研究进行小结。

1. 语序方面

回顾汉语定语语序的研究历程，有几部（篇）论著应该提及，那就是刘月华等（1983）《实用现代汉语语法》、陆丙甫（1988）《定语的外延性、内涵性和称谓性及其顺序》、马庆株（1995）《多重定名结构中形容词的类别和次序》，它们都着重从语义结构类型角度讨论了定语内部的语序问题，成为后来该研究领域必备的参考文献。这方面后续的研究成果有景晓君《现代汉语多项定语语序问题研究》（《忻州师范学院学报》2013 年第 6 期）等。其中，陈建军《多项定中结构中名词性定语的次序问题》（《语文学刊》2006 年第 2 期）、周

---

① 参看陆俭明为袁毓林（2004）《汉语语法研究的认知视野》所作的"序"。

丽颖《从形名结合方式看多项单音形容词的连用次序》（《苏州大学学报》2007 年第 3 期）、徐建华《单音形容词定语连用的语序规则》（《吉林大学学报》1998 年第 4 期）则从作多项定语词语的词性角度做了细分；方希《黏合式多重定名结构的语序》（《语言学论丛》第 25 辑，商务印书馆 2002 年版）、叶华龙《现代汉语粘合式区别词定语语序考察》（上海师范大学硕士学位论文，2013 年）又根据是否带"的"区别了组合式定语和粘合式定语。因为数量定语往往处于多项定语中的分界线位置，地位特殊，唐翠菊《数量词在多层定名结构中的位置》（《语言教学与研究》2002 年第 5 期）探讨的正是这方面的情况。总体看，这些论文呈现出分类细致的特点。相比较而言，程书秋（2013）的专著《现代汉语多项式定中短语优先序列研究》涉猎较为全面，是由其博士论文修改而成，主要从语义层面入手考察多项式定中短语中"的"字的隐现规律和多项定语的语序两个问题。该书通篇以封闭性的统计为立论基础，尝试建立一个有统计数据做支撑的、完全以定语语义类别为基础的现代汉语多项定语"优势语序"序列，这可以说是当前现代汉语多项定语方面的最新研究成果。

总之，对定中结构的多项定语的排序问题的研究经历了一个从词性序列到语义类型序列，再到认知与语言类型界面的过程。透过汉语中这一局部问题的研究，反映出整个语法学正向纵深发展的趋势。

2. 短语或格式方面

为明晰起见，可以从词性角度对这些短语或格式进行标注：

（1）名+（的）+名

此类论文有李绍群《现代汉语"名 1+（的）+名 2"定中结构研究》（福建师范大学博士学位论文，2005 年）、周日安《名名组合的句法语义研究》（暨南大学博士学位论文，2007 年）、彭兰玉《"N1 的 N2"中的非典型性定语》（《湖南大学学报》2005 年第 3 期）等。甚至还有专家研究了如"木头桌子质量、羊皮领子大衣、北大数学老师、土壤钾盐含量"这类由三项名词语连用形成的短语（参看陆俭明，2013：80—81）。要想取得此类词语串，最方便的手段是利用计算机从已标注好的语料库中提取。陆俭明（2013）通过对这一问题的研究，给我们以理论上的启示，那就是利用层次分析法来分析汉语短语也自有其不足之处，必须有更为开阔的理论视野，吸纳更加多样的研究方法。萧国政、郭婷婷、胡惮《汉语名词短语的 IC 结构类型及其分析原则》（载崔显军主编《纪念〈语法修辞讲话〉发表六十周年学术论文集》，南开大学出版社 2014 年版），讨论了对含有多个结构层次的名词短语进行层次分析时遭遇到的歧解问题，发人所未发，也是一篇颇见功力的好文章。

　　（2）名+（的）+动

　　此类论文有唐昱《现代汉语名动式偏正结构研究》（华中科技大学硕士学位论文，2006 年）、章婧《现代汉语定中 NV 结构研究》（中国人民大学硕士学位论文，2008 年）等。因为现代汉语中自然条件下的"名词+动词"的组合内部可能存在多种结构关系，所以刘慧清《"名词+动词"词语串构成定中式短语的内部限制条件》（《语言研究》2007 年第 1 期）一文就显得很有必要。在现代汉语中，关于"N 的 V"问题一直争议不断，牵涉名物化、向心结构、汉语欧化等。与该课题有关的代表性的论著有：詹卫东《关于"NP+的+VP"偏正结构》（《汉语学习》1998 年第 2 期）、陆俭明《对"NP+的+VP"结构的重新认识》（《中国语文》2003 年第 5 期）、金婷婷《定中结构"名词+的+谓词"研究》（苏州大学硕士学位论文，2009 年）、王冬梅《"N 的 V"构式与谓语动词的选择》（《海外华文教育》2010 年第 2 期）等。詹卫东《"NP+的+VP"偏正结构在组句谋篇中的特点》（《语文研究》1998 年第 1 期）更是将这一论题置于语篇中进行考察。

　　（3）动+名

　　尹世超就这一论题发表了《动词直接作定语与动词的类》（《语法研究和探索》第 11 辑，商务印书馆 2002 年版）和《动词直接作定语与名词中心语的类》（《语文研究》2002 年第 2 期）两篇论文。又是因为现代汉语中自然条件下的"动词+名词"的组合内部可能存在多种结构关系，所以刘春卉《"动+名"偏正结构形成原因的考察》（广西师范大学硕士学位论文，2002 年）就显得很有必要。更有多位学者从歧义角度对这一论题进行了研究，如：王玲玲《汉语述宾/偏正结构的歧义研究》（首都师范大学硕士学位论文，2005 年）、刘春卉《与偏正短语 "V+N" 相关的歧义结构》（《阜阳师范学院学报》2006 年第 2 期）、王玲玲《汉语述宾/偏正短语的意义优选和歧义度考察》（《汉语学习》2010 年第 4 期）等。

（4）形+名

这方面的论文相对较少，有李永《AN_1N_2 定中结构的类型分析》（《四川师范学院学报》2002 年第 5 期）等。

最后，应该指出的是，针对这类短语或词语串研究得较为系统和齐备的有齐沪扬等（2004）的《与名词动词相关的短语研究》，这部著作集中讨论了由名词和动词构成的六种类型的短语，其中前五种即偏正式 "N+V" 短语，定中式 "V+N" 和 "V 的 N" 短语，"N_1+（的）+N_2" 短语，"N+的+V" 短语都属于定中结构。该书从韵律、句法、语义、语用等方面详细描述了名词与动词之间的选择关系，提出了鉴别歧义的规则，有不少创获。

3. 语义方面

着眼于整个儿定中结构来分析其内部语义关系的论文有刘佳《现代汉语定中结构语义关系分析》（首都师范大学硕士学位论文，2009 年）等。单从定语一方面看，又可分为领属类与属性类两种，相关的论文有孙道功《名核结构的属性语义关系模式研究》（《语言教学与研究》2010 年第 2 期）、刘志富《现代汉语领属性偏正结构及其相关句法现象》（华中师范大学博士学位论文，2011 年）等。重在分析定语语义的文章有杨淑芳《定语语义分析》（首都师范大学硕士学位论文，2003 年）、孟燕《定语的语义、语用研究》（山东大学硕士学位论文，2005 年）等，方希《有定与向心结构的语序》（《语文研究》1999 年第 1 期）讨论了定中结构里多项定语的语义信息问题。语义分析方面也出现过反思性质的文章，周国光《现代汉语的语义属性系统》（《世界汉语教学》2002 年第 2 期）对用格语法和语义格系统来分析定中结构的做法提出了异议，尝试在分析定中结构时建立现代汉语的语义属性系统。

　　语义分析中有一块内容是语义指向，这方面代表性的文章有：陈鸿瑶《谓词性定语语义指向研究》（东北师范大学硕士学位论文，2002 年）、蒋静忠《形容词作定语语义指向研究》（北京大学硕士学位论文，2004 年）、王汝芹《体词性定语的语义指向探析》（西北大学硕士学位论文，2008 年）、孙超《定语语义指向的异指研究综述》（《齐齐哈尔大学学报》2013 年第 1 期）等，它们也都各有专攻。个别文章讨论了定中结构的指称，如赵世举《关于定中结构的指称问题》（《古汉语研究》2003 年第 1 期）。

　　4. 语音方面

　　吕叔湘曾指出，词语在音节数目上的单、双会影响到其所构成短语的内部结构关系。王洪君（2001）《音节单双、音域展敛（重音）与语法结构类型和成分次序》、马云霞《定中结构中的跨层音步》（《山东教育学院学报》2005 年第 1 期）讨论了定中结构内部音节构成情况及其对语法结构类型的影响。其他如刘雪妍《名词性定中结构三音节词"N双+N单"与"N单+N双"的比较分析》（哈尔滨师范大学硕士学位论文，2012 年）、邱薇《粘合式定中结构"N双+V双"的整合研究》（上海师范大学硕士学位论文，2008 年）、李晋霞《现代汉语定中"V双+N双"结构研究》（中国社会科学院研究生院博士学位论文，2002 年）、匡腊英《"V双+N单"的性质及表示偏正关系的优势》[《华南农业大学学报》（哲学社会科学版）2006 年第 4 期] 等虽然研究的重心不在于语音方面，但从选题看，都注意到了组成定中结构词语的音节单双问题，这无疑有助于深化对汉语语法规律的认识。

　　5. 其他

　　其他比较集中的议题有：（1）定语标记"的"的隐现。相关论文有：王光全和柳英绿《定中结构中"的"字的隐现规律》（《吉林大学社会科学学报》2006 年第 2 期）、徐阳春《"的"字隐现的制约因素》（《修辞学习》2003 年第 2 期）、王远杰《定语标记"的"的隐现研究》（首都师范大学博士学位论文，2008 年）。其中讨论单项定语与"的"字关系的有：李振中《单项定语的性质与"的"字的隐现》（广西师范大学硕士学位论文，2002 年）、钟桦《单项定语的性质与"的"字的隐现》（华中科技大学硕士学位论文，2006 年）、王利峰《现代汉语双音形容词定语后"的"字隐现的定量研究》（南京师范大学硕士学位论文，2006 年）、李春雨《动词性词语作定语与"的"字的隐显》（西北大学硕士学位论文，2008 年）；而讨论多项定语与"的"字关系的有：谢成名《多项定语定中结构中"的"字隐现规律考察》（北京语言大学硕士学位论文，2008 年）、王远杰《再探多项定语"的"的隐现》（《中国语文》2008 年第 3 期）、雷友芳《多项定语与"的"字隐现的定量研究》（北京大学硕士学位论文，2012 年）。张丽萍和应学凤《现代汉语定名粘合结构的生成》[《云南师范大学学报》（对外汉语教学与研究版）2013 年第 1 期]、应学凤《现代汉语定中黏合结构研究综论》（《励耘语言学刊》2014 年第 2 期），两篇论文虽然题目是有关定中黏合结构的，但换一个角度看其实也是定语后边带不带"的"的问题。（2）定语的移位与否。如：丁邦新《论汉语方言中"中心语—修饰语"的反常词序问题》（《方言》2000 年第 3 期）认为汉语方言中并没有"中心语—修饰语"的反常词序现象，王洪君《"逆序定中"辨析》（《汉语学习》1999 年第 2 期）也认为所谓的"逆序定中"是不存在的。相关论文还有温锁林和雒自清《定语的移位》（《山西大学学报》2000 年第 4 期）、柯航《汉语单音节定语移位的语义制约》（《中国语文》2011 年第 5 期）、应学凤《汉语单音节定语移位问题研究述评》（《浙江外国语学院学报》2014 年第 6 期）。（3）从语体的角度看定中结构，尤其是文艺语体中那些搭配超常的定中结构。相关文章有杨旭《艺术语体与科学语体定中短语差异研究》（暨南大学硕士学位论文，2008 年）、李华《余秋雨散文定中结构研究》（中南民族大学硕士学位论文，2012 年）、辛灼明《现代汉语定中短语超常搭配研究》（暨南大学硕士学位论文，2010 年）、曹敏和杨文全《"定+中"超常组合语用理据探析》（《乐山师范学院学报》2003 年第 5 期）、彭兰玉《特殊"定-中"的构成分析》（《湖南师范大学学报》1997 年第 5 期），这些文章显示了将语法与修辞结合起来进行研究的努力。也有文章借鉴认知语法的观点开辟了研究新路，如赵越《比喻性"N_1 的 N_2"定中结构

的认知阐释》（《内蒙古大学学报》2005 年第 4 期）、王霜梅《汉语
定中结构的认知隐喻研究》（首都师范大学博士学位论文，2006 年）
等。（4）汉语教学方面。论文较少，如：景美《初中生汉语书面表达
定中结构偏误考察及教学对策》（华中师范大学硕士学位论文，
2012 年）。

二　古代汉语方面的研究

与现代汉语中的热闹情形相比，古汉语的定中结构的研究就显得
较为冷清。基本上还是赵世举（2000）综述过的情况，论文不多，且
大都集中在定语后置与定语替代中心语之类问题上，如：多洛肯等
《定语后置刍论》（《伊犁师范学院学报》2003 年第 1 期）、刘忠华
《简论古代汉语"定语后置"问题》（《江汉大学学报》2003 年第 5
期）、孟昭水《论古代汉语的定语后置》（《岱宗学刊》2005 年第 1
期）、吴泽顺《古汉语语法中的兼代现象》（《吉首大学学报》2001
年第 4 期）。2006 年第 1 期的《语文研究》杂志发表了石毓智、江轶
的《古汉语中后置关系从句的成因与功能》一文，它阐明了汉语语法
史中的某些和谐与不和谐现象互变的规律，从一个角度揭示了语法系
统发展的特点。当然也有少数论文涉足其他方面，如陈坤德《略论古
代汉语定中同一结构》（《语文研究》1998 年第 3 期）、章也和任晓彤
《试论汉语中的"N+的+V"结构和"N+之+V"结构》（《内蒙古师
范大学学报》2004 年第 1 期）等。值得特别介绍的是赵世举（2000）
《〈孟子〉定中结构三平面研究》一书，它把三个平面的学说引进了
上古汉语语法研究中，从句法、语义、语用三方面对《孟子》定中结
构进行了穷尽性的分析，补正了学术界的一些观点，尤其对古汉语语
法研究有着方法论上的启示。笔者以为该书中最突出的地方是分析语
义时运用了新的方法，比如，对于定中结构的语义关系，不是仅就定
语这一面分类，而是在给中心语分类的基础上，根据不同意义类型的
中心语对定语作语义关系分类；又如，分析定语的语义关系不局限于
"定·中"框架，创造性地运用配价理论，从"指向""指域""指
量"三方面详细地描写了定语的语义指向。当然，该书所运用的这些

方法未必都能为大家所认可。① 怎样使现代语言学理论与古汉语的语言实际相结合，探索未有穷期。对《孟子》定中结构做过研究的还有邱斌，他的两篇论文《从定语的性质看〈孟子〉定心结构中"之"的隐现》《从音节多少看〈孟子〉定心结构中"之"的隐现》分别发表于《井冈山师范学院学报》2003 年第 4 期和 2005 年第 1 期。值得欣喜的是，21 世纪以来，出现了一批研究古代专书定中结构的学位论文，按时间先后次序排列如下：郑路《〈庄子〉的名·名结构》（中国人民大学，2005 年）、王传东《今文〈尚书〉定中短语研究》（扬州大学，2009 年）、冯燕春《〈潜夫论〉定中结构研究》（江西师范大学，2011 年）、郭霞《〈商君书〉定语研究》（西南大学，2012年）、王洋河《〈庄子〉定中短语研究》（重庆师范大学，2012 年）等。还有一些研究专书定中结构方面的论文是以期刊论文形式发表的，如甘斐哲和邱凌《〈庄子〉形容词作定语情况考察》（《长沙铁道学院学报》（社会科学版）2006 年第 4 期）、王珏《〈晏子春秋〉中定中结构"之"句考察》（《语文知识》2009 年第 3 期）等。

　　另有一些研究汉语语序发展历史的专著也牵涉定语语序问题，如张赪《汉语语序的历史发展》（北京语言大学出版社 2010 年版）、刘海平《汉代至隋唐汉语语序研究》（中国社会科学出版社 2014 年版）等。

　　作为古汉语中一类特殊的语料，佛经的语法研究比起词汇研究来，成果要少得多。佛经语法研究论文中，笔者发现与定中结构或定语直接相关的有：崔善熙《鸠摩罗什译〈维摩诘所说经〉与敦煌本〈维摩诘经讲经文〉的"之"字偏正结构用法比较研究》（山东大学博士学位论文，2005 年）、许剑宇《〈佛本行集经〉定中结构研究》（浙江大学博士学位论文，2006 年）、何继军《〈祖堂集〉代词数量词定语研究》（上海师范大学博士学位论文，2009 年）、余梅《〈坛经〉偏正结构研究》（西南大学硕士学位论文，2010 年）。研究类乎定语标记的文章有曹广顺《〈佛本行集经〉中的"许"和"者"》

---

① 参看郑远汉为该书作的序。

（《中国语文》1999 年第 6 期）、冯赫《汉译佛经领属关系词"所/许"的来源与形成》（《古汉语研究》2013 年第 1 期）等。

　　总结回顾汉语定中结构研究的进程，我们认为，对汉语史的各个历史时期用力不均，对不同历史时期间的关联注意不够，这是当前定中结构研究中的弱项，亟待加强。等到有了一步一个脚印地做好专书专题研究的基础，那么，可以展望的是，断代的、跨代的直至通史性的定中结构研究将是未来必然要面对的课题。

第三节　定中结构的界定

　　何谓定中结构？本书采纳赵世举（2000：8）的定义，"由修饰语和被修饰语构成的体词性偏正结构叫定中结构"。这个定义中的"由修饰语和被修饰语构成"给出的是定中结构的典型形式，我们在具体的研究过程中也不排斥那些与典型形式有密切联系，但未必修饰语和被修饰语都齐全的一些语言片段。

　　定中结构，从整体功能上讲，是体词性的。体词性成分充任主、宾语当然可以。但能不能充任谓语呢？由于受某些传统观念的影响，可能有人就认为不行，这实际上是不正确的。《佛本行集经》中就有不少定中结构充任谓语甚或小句的例子。

　　定中结构充任谓语的：

　　（1）金多罗树，金根 金茎，银枝 银叶，（花果悉银）。①

　　银多罗树，银根 银茎，金枝 金叶，（花果悉金）。（叁 660a11—a13）

　　（2）《佛本行集经》中叁 786b3—b 倒 13 用了几十个并列的"……头……身"格式集中描写了无量千万夜叉罗刹的种种形容和状貌，如"象头 马身"（叁 786b7）、"牛头 驼身"（叁 786b8）、"殺羊头 豺狼之身"（叁 786b10）、"犀牛头 水獭之身"（叁

---

　　①　这里的双下画线表示主语，单下画线表示谓语。

786b12)。

（3）<u>彼家</u>［本来］<u>清净好种</u>。（叁679a15）

定中结构充任小句的：

（4）（而彼阁道端正可喜，亦为四宝之所合成。黄金白银，琉璃颇梨。）黄金阁道，白银阶级。白银阁道，黄金阶级。琉璃阁道，颇梨阶级。颇梨阁道，琉璃阶级。（叁660b10—b12）

赵世举（2000：8—10）把同位结构、方位结构、者字结构都划归定中结构，笔者也认同，但限于时间，本书对它们暂不讨论。本书从原始语料中截取研究对象（即定中结构）的做法将在本章第四节中介绍，可参看。这里先把具体操作过程中遇到的一些有可能引起混淆的问题提出来澄清一下。

一 歧解之一：大小主语还是定中

《佛本行集经》中有好几个地方含大小主语的句子（也就是所谓主谓谓语句）比较集中。最显著的一处共出现76次（叁696a5—697a1），其中类乎"今是童子‖诸指爪甲薄而且软"的共8次，类乎"是童子‖行如师子王"的共68次。

判断一个句子是否主谓谓语句，既要根据语感，又要有形式方面的依据，比如大小主语之间可否插入状语。如果仅从语义角度考虑，可能会把大主语和小主语之间也看成定中关系。如《马氏文通》卷十有云："句读内有同指一名以为主次、为宾次或为偏次者，往往冠其名于句读之上，一若起词者然，避重名也。"（马建忠，1983：390）马氏论偏次时举的例子有《庄子·马蹄》："马蹄可以践霜雪，毛可以御风寒，龁草饮水，翘足而陆，此马之真性也。""'马'字冠首，而后犹云'马之蹄马之毛'也。"（马建忠，1983：392）我们认为语义上这样理解大致不差，但语法上把"马"视为前边两个小句的起词"蹄""毛"的偏次是不妥的，"马"是它们的起词，用今天通行的术语来说"马"就是大主语，"蹄""毛"分别是小主语。再看《佛本行集经》中含大小主语的例子：

（1）菩萨身命将终。（叁768a倒13）

（2）彼王城郭却敌门楼宫室殿堂，纯是黄金。（叁669a倒14）

（3）我一切宝无价之物，以持赐妃。（叁 708b7）

（4）时首陀会一切诸天，作如是念。（叁 677a11）

例（1）"身命"前可添加状语，拿此句跟"悉达太子，今忽命终"（叁 768a 倒 12）一比较就可知道。例（2）的下文有"园苑树林"与"城郭却敌门楼宫室殿堂"平行充当小主语。例（3）"我"是大主语，属施事；"一切宝无价之物"是小主语，属受事。例（4）"作"之前的一串词语构成一个"时间/处所/人物"的话题链。"时"充当句首状语，处所词"首陀会"充当大主语，"一切诸天"充当小主语。

《佛本行集经》中的定中之间多数没有"之"类形式标记，其间往往结构紧凑，意义上形成一个整体。以下就是句首含有定中结构（"定"与"中"分别用下画线标注且间隔开来）的例子：

（5）净饭王宫 车匮为首 （叁 692b4）

（6）摩耶夫人 象乘处中 （叁 686a1）

（7）彼王 长子，名……（叁 678c2）

（8）摩伽陀国 王舍城主，姓施尼氏，名频头娑罗。（叁 759a 倒 5）

下边的几组例子是从《佛本行集经》中挑选出来的，各组前一句含大小主语，后一句含定中结构，以供对照。大小主语与定中均加下画线表示。

第一组：

（9）一切众生 其心若斧。（叁 704b 倒 11）

（10）知彼聚落 其间近远 （叁 793b 倒 6）

第二组：

（11）此诸眷属，爱恋之心，从何处来？去至何处？（叁 749c 倒 14）

（12）汝 爱恋心若作障碍 （叁 667a 倒 11）

第三组：

（13）时菩萨母，身体安常，不伤不损，无疮无痛。（叁 686c13）

（14）是时摩耶大夫人 身安然端坐大白象上。（叁 685c11）

第四组：

（15）是摩那婆，身及螺发，无有一人堪可蹈者。（叁 668a1）

（16）<u>此人</u> 身发，唯除如来，乃堪践耳。（叁 668a2）

像以下这样有歧解的句子肯定不能纳入本书研究的范围：

（17）彼城内人寿三千岁。（叁 662c3）

（18）菩萨如是辩才之舌，向诸仙人说解脱言。（叁 747b 倒 8）

（19）（又见）太子如是诸相显赫炳著。（叁 725a 倒 13）

例（17）可以有多种理解，或者"彼城内"为大主语，"人"为小主语，"寿"为小小主语；或者"人"为大主语，"彼城内"做"人"的定语，"寿"为小主语。例（18）"菩萨"与"如是辩才之舌"间可以是大、小主语关系，也未尝不可以看成定中关系。例（19）"太子"与"如是诸相"间的关系与例（18）的情况相仿。

其他经中这样有歧解的例子也是有的（有歧解的部分加下画线且分割开来），也不能归入本书研究范围：

东汉《中本起经》：于是阿难承佛威神，知诸比丘 <u>心中</u>大疑。（肆 163b15）

北魏《贤愚经》：<u>其树</u> 功德种种奇妙，不可称数。（肆 387b 倒 9）

二　歧解之二：状中还是定中

有些词语（比如形容词等）既可以充当定语，又可以充当状语，碰巧短语或句子中特定的句法位置又为这种歧解提供了可能的条件。以下对这些词语进行分类说明，尚须补充一句，这些词语的类不全然是按词性分的，有的也参考了意义标准。仍是先看隋《佛本行集经》。

（一）形容词

1. 大

作<u>大 可畏</u>（叁 777a 倒 10）/作<u>大 恐怖</u>（叁 777a 倒 10）/作<u>大 庄严</u>（叁 694a2）

2. 美

能作<u>美言</u>，回怒令喜。（叁 726a 倒 11）/我今<u>美 言</u>，更慰喻彼。（叁 781a 倒 2）/我今<u>美 言 美 语</u>慰喻。（叁 785c12）

3. 纯

色<u>纯 黄金</u>（叁 694b 倒 1）/发<u>纯 绀青色</u>（叁 696c 倒 11）

4. 善

不作<u>善 事</u>（叁 726c 倒 6）/或复快书疾书<u>善 书</u>解多种书（叁 709a13）

以上例子画线部分形容词后接续的词语或者是动名兼类词（如以上"大、美、善"的后续词语）；或者是名词①（如以上"纯"的后续词语）。以上画线部分内部是定中还是状中结构关系是有歧解的。

（二）处所词语

又<u>世间中</u>，所有树木，一切药草，菩萨行时，从根悉伏，向于菩萨。（叁 773c9）/又<u>世间中</u>所有一切吉祥之事……（叁 773c6）/<u>水中</u>鹅雁鸿鹄鸳鸯充溢诸池（叁 768a1）

以上画线的处所词语是定语还是状语，不好判断。

（三）时间词语

这里把时间词语分为"今"类与"昔"类两种，以下四种情况里边它们作定语还是作状语是有歧解的。

1. "今"类词语+名词语

<u>今 释</u>总数，一切凡有九万九千。（叁 768b8）/<u>今 耶输陀罗</u>是（叁 713c6）/即<u>今 提婆达多</u>是也（叁 666b4）

2. "今"类词语+代词+名词语

<u>今 我 身</u>是（叁 713c6）/<u>今 我 此地</u>，无有福相。（叁 740 b 倒 10）/<u>今 此 旷野林</u>内，少人多有诸兽。（叁 784c7）/<u>今 此 悉达大智太子</u>，已取命终。（叁 767a4）

3. 人称代词+"今"类词语+名词语

<u>我 今 心</u>想，以如是知。（叁 753b7）/<u>我 今 此剑</u>，截汝身体。（叁 785b13）/<u>我 今 此身</u>是婆罗门。（叁 667a11）/波旬<u>汝 今 一切军众</u>，不久退散。（叁 789b 倒 5）

4. "昔"类词语+名词语

<u>昔 迦尸国</u>……（叁 726b6）/<u>往昔 诸王</u>所共叹美（叁 785a13）/<u>往昔 诸佛</u>，坐于师子高座之上。（叁 772c12）

---

① 注：名词在一定条件下也可以充当谓语。

（四）代词（这里指的就是"如是"）

1. "如是"修饰的是动名兼类的词语，这种特定的句法位置为代词"如是"充任定语或状语都提供了可能的条件。

（1）如是+动名兼类词语

莫生如是 酸切懊恼，莫大悲苦。（叁 742a 倒 5）/我实不用如是 自在（叁 757a11）/大王莫作如是 苦恼（叁 768b3）/若有智人，能作如是 思惟观察。（叁 762a3）

（2）名词语+如是+动名兼类词语

闻父 如是 敕已（叁 770c8）/其魔波旬闻诸天神 如是 毁辱劝谏之时，向菩萨走。（叁 790a12）/闻于太子 如是 言已（叁 730a 倒 11、叁 730c2）/王闻夫人 如是 语已（叁 662a7）

2. 这一类与以上第一类情况比较，相同点是：特定的句法位置为代词"如是"作定语或状语都提供了可能的条件；不同点是："如是"为定或为状时的辖域有别，结构层次的切分也有所不同。

（1）如是（位于句首）+名

如是诸天顶礼供养赞叹（之时）（叁 781b9）/如是军众悉皆整备，俨然承奉，待命即行。（叁 777a 倒 10）

拿第一例来说，"如是"充当"诸天"的定语，这是一种可能；还有一种可能是"如是"作状语，修饰"诸天顶礼供养赞叹"，可以变换为"诸天 ［如是］顶礼供养赞叹"。后一例同理。

（2）如是+形（动）+（之）+名

（具有）如是老弊之相（叁 720b 倒 1）/如是希有之事（叁 714c 倒 14）/如是广大智慧（叁 753a15）/如是胜妙最上苦行（叁 767a1）

也拿第一例来说，"如是"可以修饰其后的形容词"老弊"（"老弊"重读），作"老弊"的状语；也可以修饰其后的"老弊之相"（"相"重读），作"老弊之相"的定语。其他例子同理。

（五）其他

随着调查范围的扩大，除了此前四大类之外，还发现一类由量词重叠式"种种"带上名动兼类词构成的歧解格式，同样不宜阑入本书研究范围。如：

北魏《贤愚经》：<u>种种 方便</u>，欲得危害。（肆 410a14）/我此太子，志存入海。<u>种种 谏语</u>，意坚不回。（肆 412a13）

三　歧解之三：主谓还是定中

定中结构是一种准述谓结构（崔应贤等，2002：5—13），所以很容易与主谓结构混淆。此种歧解又分两类情况：

（一）连用的两个词语，前项指人，为名词或代词，后项是表人的言语行为的动名兼类词。确定此类结构是主谓还是定中关系，关键看它整体的表义功能是指称还是陈述，是指称则内部结构关系为定中，是陈述则内部结构关系为主谓。

《佛本行集经》中这类结构一般充当动词"闻""依""如"等的宾语，如"父敕、王敕、大王敕、圣子敕、太子敕、父母教、如来教、圣子教、世尊教、太子教、尊者教、王命、大王命、太子命、智人说、诸论说、尊师说、尊者说、彼言、汝言、王言、仁者言、彼语、汝语、王语、我语、父王语、我等语、跋伽婆仙人语、彼甘蔗种大净饭王敕命、父王教令、大王教命、尊师语言"等，有时动名兼类词前边还带有修饰或限定性词语（多数为时间词），如"王<u>前</u>言、王<u>前</u>说、彼如来<u>于先</u>语、净饭王<u>悲哀沥泪</u>啼号"。

笔者倾向于把此类结构视为定中关系，因为从语义上看它们分别指称的是一件事情的内容，而不是对一个事件的陈述。例如，"时摩诃那摩闻王敕已"（叁 689b14）一句，从上下文可知当时摩诃那摩并不在大王发布敕令的现场，所以"王敕"不可能指大王发布敕令的言语行为，只能是指称敕令的内容，这内容是由他人传达给摩诃那摩的。其他如"谨依大王严命所敕"（叁 777b 倒 14），"敕"前都添加了名词化标记"所"，更能说明它指的就是"敕"的内容。

随着调查的范围扩大，也发现后项词语不仅限于表示人的言语行为，也可以是普通的动作动词，甚至包括表性状义的形容词或名词语①：

---

① 当然，这里的名词语能够充当谓语。

东汉《中本起经》：

（1）譬如人梦，寤则无见。（肆 148b 倒 13）

（2）于时鹿园中间，有大众会。（肆 149b 倒 4）

（3）勿与酬酢，以致其嗤。（肆 153c10）

（4）父王 起居安不？（肆 154b3）

（5）阿耆达得佛 许可，辞退还国。（肆 163a2）

三国吴《六度集经》：

（6）太子求道，厥 劳何甚？（叁 10a 倒 2）

北魏《贤愚经》：

（7）父怪其 静（肆 381c1）

（8）相师睹已，见其 奇相。（肆 359b12）

（9）感其 至心（肆 435a 倒 5）

前边六例含普通动作动词，例（7）含形容词，例（8）、例（9）含表性状义的名词语。

（二）形式上是"主动宾"齐全的主谓结构，实际上是由"主"与"动"组合成的短语充任定语，由"宾"充任中心语的定中结构。如《佛本行集经》中的例子：

其七宝铃，微风吹动，出妙音声。令人乐闻，心生欢喜，譬如人作 五种音乐。（叁 660c6）/遥见菩萨，可喜端正。心甚爱乐。乃至犹如夜空众星，如暗山头大猛火聚，如大云里出 闪电光。（叁 760b6）/圣子嘱托 此言不善。（叁 735c 倒 3）/此是我今最后在家庄严 身饰。（叁 737b12）

其他经中也有"名+动+名"既可以解为 SVO 也可以理解成"SV（之）O"的例子：

三国吴《六度集经》：时王欲以民间余金残戮害无罪者（叁 36c 倒 7）

西晋《普曜经》：以伎乐音嗟叹菩萨前世积德（叁 490c12）

后秦《出曜经》：昔有异国生即应草（肆 671c2）/最胜长者闻如来说偈，内怀惭愧。（肆 675b 倒 4）

以上有歧解的情况，虽然我们有自己所倾向的看法，但为保守起见，仍不将它们纳入本书的研究范围。

还有一些结构，从词性角度看也属于"名$_1$/代+动+名$_2$"，但由于受语义条件的限制，不可能构成"主动宾"的结构关系，只可分析为由"名$_1$/代+动"充任定语、由"名$_2$"充任中心语的定中结构。以下列举的都是隋《佛本行集经》的例子，其中最后两例定中之间还带有"之"字：

闻<u>优陀夷号叫声</u>已（叁 768c 倒 8）/闻<u>四天王叫唤音声</u>（叁 693b7）/<u>阿私陀仙授记语言</u>，必定真实。（叁 720c 倒 11）/至于<u>菩萨苦行之处</u>（叁 770c9）/此即是<u>我解脱之处</u>及其方便（叁 754c 倒 2）

四　歧解之四：定中还是动宾（含双宾）

是定中还是动宾的歧解可以分为两种情况。

（一）是定中还是动词（或形容词用作动词）带了单宾语

隋《佛本行集经》：

<u>大声叫唤</u>（叁 733a 倒 9）/<u>大声呼嗟</u>（叁 738b3）

<u>高声唱唤</u>（叁 714c 倒 12）/<u>高声唱说</u>（叁 713b12）/<u>高声唱言</u>（叁 747a6）

<u>举声大哭</u>（叁 721a 倒 7、叁 729a14）

<u>多人敬爱</u>（叁 712c 倒 1）/曾见往昔<u>多诸佛来</u>（叁 774a8）/或<u>多见闻</u>（叁 690a 倒 8）

彼婆罗门大富饶财，<u>甚足资产</u>。（叁 665b 倒 8）

菩萨正心直视，<u>温和言气</u>，而报王言：……（叁 763c 倒 3）

这里的"大声""高声"依现代汉语的语感是定中结构，但古汉语中，"大"和"高"可以带宾语，如我们今天还常听到的"高薪养廉"的说法，其中的"高薪"既可解为定中关系（大多数人可能都这么看），也可解作动宾关系（即提高薪金），甚至后一种解释可能更符合该词语原意。"多"直到现代汉语中都既可作定语，也可以带宾语。"多见闻"不是不可以看作动宾结构，"多人敬爱"和"多诸佛来"则可以视为动词"多"后边带了兼语"人"和"诸佛"。"甚足资产"和"温和言气"固然可以视为由定中结构充任的小句，但这里看成动宾结构可能更恰当一些。其他经里也有这类现象：

三国吴《六度集经》：太子<u>高声</u>谓七国王（叁 47a11）

后秦《出曜经》：<u>高声</u>啼哭（肆 622a11）

北魏《贤愚经》：太子苦痛，<u>高声</u>急唤。（肆 413a1）

三国吴《六度集经》：妻数有言，<u>爱妇</u>难违。（叁 9b13）/身肉决裂，血若<u>流泉</u>。（叁 32c 倒 13）

这些现象从历时平面看可能尚处于变动过程之中，有待我们从语法化的角度去深入考察。

（二）是定中还是动词带的双宾语

以下的例子已根据汉语中能带双宾语的动词的类①作了细分。

1. 取得类

隋《佛本行集经》：

（当）<u>受</u>我食（叁 770b3）/<u>受</u>我王位（叁 763a1 等）/<u>受</u>我五欲（叁 762c12）/<u>受</u>我上座最胜之水（叁 666a11）/<u>受</u>我上座最初之食（叁 666a11）

（恐彼人来）<u>夺</u>我王位（叁 716a14）

<u>取</u>他钱财（叁 675a6）

粗略观之，上列短语中的人称代词"我"和"他"之后都可添加上表定中关系的"之"，而且《佛本行集经》中本来就有在这种地方带"之"的用例，如"（彼实能）<u>夺</u>我之国土父王位（乎？）"（叁 778c12）。但不能据这一点就认为它们是定中结构，因为语法分析除了考虑意义，更要看重结构形式。笔者认为，加"之"与否，语法上当属不同的结构类型。加了"之"属定中结构，定中结构作前边画线动词的单宾语；没有加"之"，属双宾结构。双宾结构还可以变换出"动宾补"等形式，如"<u>受</u>我 食——受食 <于我>"，"<u>夺</u>我 王位——夺王位 <于我>"，"<u>取</u>他 钱财——取钱财 <于他>"。

再看其他经中取得义动词带双宾语的例子：

东汉《中本起经》：佛<u>受</u>王意，便入精舍。（肆 155 b 倒 10）

---

① 参看徐德宽（2004：3—4）。

三国吴《六度集经》：盗人财物，淫人妇女。（叁 11c4）/菩萨自受城中人戒已，旋家，归命三尊。（叁 20a 倒 1）

实际上，不光是名词性成分可以充任双宾语，谓词性成分也可以充任其中的远宾语。请看例子：

隋《佛本行集经》：

（时佛默然）受彼人请（叁 661a 倒 6）/受大众请（叁 672a 倒 8）/受此地主降怨王请（叁 666c 倒 11）/（时彼村人得于如来）受己请已（叁 661a 倒 6）

（不）受他谏（叁 790c13）/（不）取长子商主咨谏（叁 781b 倒 9）

（唯愿太子）受我忏悔（叁 712c6）/（我以）受王清净忏悔（叁 764b 倒 6）

这些双宾结构中画线的谓词性宾语可以转变为体词性宾语，如《佛本行集经》中就有的"亦复不受己之诸女咨谏之语"（叁 784b3）。有的近宾语和远宾语之间加"之"就变成了定中结构，该定中结构充任的是前边动词的单宾语，如"（不）受其子商主之谏"（叁 788b 倒 4），这类情况在以上体词性双宾语部分已讲过。

还有其他经中的例子，如：

东汉《中本起经》：向受阿凡和利请，明日当往。（肆 161c 倒 13）/佛受其施，便为咒愿。（肆 163b5）

北魏《贤愚经》：世尊云何不受我供，乃先应彼乞人请也？（肆 371a 倒 1）

2. 欠类

若负他债，悉偿令了。（叁 745c1）

3. 告示类

问我等一切苦行及求道法（叁 746a 倒 14）

4. 允准类

若与我愿，不得变悔。（叁 674c 倒 9）

5. 为动类

勿令有人作我障碍。（叁 731b1）

以上第 2 类到第 5 类的例子都出自隋《佛本行集经》，其中画线动词后带的也都是双宾语，而不是由定中结构充任的单宾语。

五　歧解之五：定中还是联合

这种歧解也可分为两种情况，仍先以隋《佛本行集经》为例。

（一）连用的两个词语前项是形名兼类词，后项为名词：

仁者今舍亲爱 眷属，背而来此。（叁 752c14）/不能得自在 安乐（叁 730c 倒 11）/我当自作智慧 方便（叁 714b6）/然尊者说虽言我得清净 解脱（叁 755b5）

拿第一例的"亲爱眷属"来说，虽然《佛本行集经》中出现过"亲族 眷属，实可爱恋"（叁 761c3），但不能据此认为"亲爱眷属"就一定是联合结构，因为还排除不了定中结构的可能性。余例同理。

（二）连用的两个词语都是名词，两者外延存在整体—局部或者交叉叠合等关系。这就为两者间产生歧解（是并列还是定中？）提供了语义条件。

1. 两个名词语的外延存在整体—局部的关系。例如：

同日 一时俱长（叁 735b 倒 6）/穿过山崖 石壁无碍（叁 793a 倒 8）/又仁者身，如是相貌，止可合涂赤栴檀香，不应著此袈裟之服。（叁 760c2）

2. 两个名词语的外延可能存在交叉叠合的关系。例如：

游军 壮士（叁 675a 倒 8）/其声遍满四方 虚空（叁 792b1）/复以金钏七宝 璩环串于手臂（叁 715c 倒 9）/处处别然苏油 香灯蜡烛（叁 726a1）

拿以上最后一例来说，如果"苏油香灯"是并列关系，则分别指两种事物；如果是定中关系，则合指一种事物（燃苏油的香灯）。

这种由两个甚至多个名词语连用造成歧解的情况在其他经中也存在。如：

三国吴《六度集经》：天龙 善神 有道志者，靡不怆然。（叁 2 b 倒 9）/福尽罪来，下入太山 饿鬼 畜生。（叁 16a7）/志念恶者死入太山 饿鬼 畜生道中。（叁 17b 倒 13）

西晋《普曜经》：<u>地狱 饿鬼 畜生</u>皆得休息。（叁 515a 倒 8）

以上 4 例，孤立地看，第 1、2 例各画线部分之间可以是并列的关系，但也不能排除另外的可能：就是第 1 例"有道志者"充当"天龙善神"的后置定语，第 2 例"太山"是用来限定"饿鬼畜生"的。第 3、4 例，笔者倒是倾向于认为"太山"或"地狱"就是用来限定"饿鬼畜生"的。

六　歧解之六：（动）宾补还是定中

先看例子：

三国吴《六度集经》：汝等无忧，吾<u>拔汝重难</u>。（叁 28a9）／令吾得佛，<u>度众生诸苦</u>矣。（叁 28b 倒 14）

西晋《普曜经》：欲<u>度众生生老病死</u>（叁 508a 倒 7）

北魏《贤愚经》：用<u>济群生饥乏之困</u>（肆 407a13）／以持身肉<u>济父母厄</u>（肆 357a 倒 4）／<u>济活父母危急之厄</u>（肆 356b1）／<u>济救父母危险之命</u>（肆 356b5）

以上共举了七个例子。前五例画线部分可以分别看作"动宾补"格式，因为可以在各自的宾语之后补语之前添加一"于"字；也可以看作动词后的宾语是由一个定中结构充当的，因为可以在其内部添加一"之"字。但最后两例不至于造成歧解，只能分别取其中一解，分别看成"济活父母于危急之厄"和"济救父母之危险之命"。所以，以上只有最后一例可确定为本书研究对象。

还有一种"（动）补宾"格式与定中格式也容易混淆，如西晋《生经》中二例：盛满钵蜜（叁 103a 倒 1）／盛满中蜜（叁 103a2）。孤立地看前例，容易误解为"满"前省略了数词"一"，当成定中结构；对照后例方知，两例分析为"（动）补宾"格式可能更妥当，其中"满钵"与"满中"皆是补语。

是定中还是其他结构类型，除了以上归纳的六种典型之外，还有其他一些情况，这里不再一一列举。只是总体说明一下，凡是有可能引起歧解的结构，我们一概不作为本书研究的对象。

第四节　研究方法

一　采用统计方法，进行定量分析

为了全面了解中古汉译佛经定中结构的真实面貌，针对本书选定的《佛本行集经》等八部佛经逐一采用统计方法进行定量分析是十分必要的，因为统计数据往往比单纯举例论证更为客观和科学。当然，统计有穷尽性统计与抽样性统计等方式，到底采取哪种，可以视需要而定。本课题的做法是，凡牵涉中古佛经定中结构中一些重要的语法项的，采取的都是穷尽统计；此外也灵活地采用了一些抽样统计。

二　以描写为主，兼顾解释

本书对语言事实的描写广泛采纳传统语法、结构主义语法、功能语法、格语法等流派的理论和方法，在此基础上，又借鉴了认知语法的观点，进行了一定程度的解释。

本书属于多书、断代（跨代）的语法专题研究范畴，研究的第一步就要面临语料处理的问题。传统的手工操作通常是逐例制卡，分类排比。现在新兴的办法是利用电脑制作语料库，但还是有对语料进行人工标注（或人工核查）的一个步骤。两种办法的基本道理应该是一致的。本书析取定中结构采用的是层次分析法，坚持"首选"原则。也就是当我们把一个句子或其他较大的语言片段从大到小逐层加以切分的时候，一旦遇到其内部是定中结构关系的，当即截取作为本书的研究对象，即使这样的语言片段内部包含有更低层次的定中结构也暂不再切分，以防重复计取。我们认为这一步虽然做起来辛苦，但相当重要。不是吗？请看赵世举（2000：16）统计《孟子》中定中结构是 2766 例，崔应贤等（2002：31）统计《孟子》中定中结构约 1660 例。差别怎么这么大呢？当然这里边两家对定中结构的界定可能有些不一致，比如赵世举（2000）是将同位结构、方位结构、者字结构都包括进去了，而崔应贤等（2002）是否认同这样的处理方式则不得而知。

接下来的步骤，就是要具体分析定中结构里定语和中心语之间的句法结构关系和语义结构关系，是采用层次分析法好还是句子成分分析法好呢？赵世举（2000：14）和崔应贤等（2002：1—2）都表明了两结合的观点，本书也是如此。在句法分析之外，笔者尤其重视语义、语用的分析。

随着当今语言学的发展，人们已不再满足于仅仅对语言规律进行客观描写，而是要求能够作出理论上的解释。在这样的大背景下，借鉴认知语言学的观点和方法已势在必行。认知语言学是一种重视功能、语义因素对句法的促动、制约作用，从概念结构而不是形式构造入手分析语言现象的新理论，它所追求的目标是解释语言现象（张敏，1998：前言第2页）。这样说，并不意味着在认知语言学还没有出现的年代，语言学界就没有尝试过对语言现象作出心理和思维方面的解释。比如，王力在分析现代汉语句子结构严密化现象的原因时指出，"现代汉语句子结构的严密化，并非单纯地由于西洋语言的影响"，它同时还是人们逻辑思维发展的结果（王力，1989：374）。现在，认知语言学兴盛，我们又要防止乱贴标签，一哄而上的情况。在进行认知分析的时候，特别要注意加强形式描写，以便进行操作、辨识时有形式方面的东西可以依据。认知语言学发展的历史还不长，它自身也许还有不够完善的地方。我们有必要借鉴认知语言学的思路、方法来加强我们的研究，同时，又可以通过我们的研究来检验或者修正认知语言学的理论和方法。笔者在查阅有关资料时欣喜地发现，即便是一些从事现代汉语研究的学者在谈及认知问题时也颇有历史发展的观念。如崔应贤等（2002：276—277）在谈到如何认识现代汉语递归式定语内部的语序规则与人们的思维模式之间的关系问题时就有这样一段论述："人们只能遵从特定社会集团长期以来积淀形成的习惯方式去认知、去表达。一种语言的词语序列组合结构，多能反映特定民族不断优化形成的思维形式特征。它既是社会集团自觉或不自觉的长期选择积淀的结果，同时它又在或明显或潜隐地影响着人们对事物

现象的认识方法。"（按：着重号为笔者所加）

三　比较的方法

　　时至今日，应该如何看待汉语史中专书（或多书）语法研究的地位？一些比较重视语言事实的挖掘和描写的学者们，仍坚持认为这是一项不可或缺的基础工作，而在一些偏好理论探求的学者们中间则有另一种论调，觉得专书（或多书）语法研究已经有些落伍了。理论派与事实派、演绎法与归纳法之间的争论由来已久，依我们的看法最好是各尽所长，互为补充。人们曾经对于整个汉语语法史的建构有过一个初步的设想，就是先由专书（或多书）语法总结而成断代语法，再由断代语法总结而形成整个语法史。现在看来，这种设想简单化了一些。越来越多的学者已经意识到，仅拿不同时代的几部专书做一番比较后就得出某一语法规律是否如此发展的做法是危险的。有学者把不同时代专书的语法之间的联系比作一股绳，而不是一条线式的发展，是相当有见地的。

　　专题语法研究单是就选定的语料进行封闭的描写肯定是不够的，必须要有纵向和横向的比较。比较的目的在于说明汉语语法发展演变的情况。但怎么比较确实是一件让人费心费力的事，要考虑所比对象的语体特点、时代地域特征、个人语言风格等因素。本书以对《佛本行集经》等八部佛经封闭式的描写为主体。至于比较，我们曾有个初步设想：《佛本行集经》是隋代语料，隋代属中古汉语[①]末期，拿此前东汉以降的若干著名佛经（本章第一节里已穷尽列举）与之对比，再借鉴同期中土文献的有关研究成果，从中或许可以窥见中古汉语定中结构演变的一些情况。退一步说，通过比较能够看出中古时期汉译佛经定中结构的大致面貌，也是很有意义的事。

---

　　① 中古指东汉魏晋南北朝隋，参看王云路、方一新师（1992）《中古汉语语词例释》前言第 7 页。

第二章

简单的定中结构

本书所谓"简单的定中结构"是从结构层次和结构关系两方面来定义的。最简单的定中结构是由两个词组合而成的,只有一个结构层次。本章我们在具体操作中标准可能比"最简单"略有放宽,就是可以包含两个结构层次(比如本章第三节里边的"副+形+名"即是),但结构关系上有限定,就是不至于与第三章、第四章和第五章中的复杂定中结构混淆。

说明一下,本章前三节讨论的名、动、形三大类实词充任定语的情况,古今汉语中变化不大,所以这些部分基本上都只以隋《佛本行集经》为代表。为了保证研究结果的可论证性,相关语例附录于各自小节的末尾。

第一节 由名词充任定语的简单定中结构

从本节的第三部分(即附录)可以看出,是按定语与中心语的音节数以及定中之间带"之"与否来给"名+名"结构分门别类的。其中的"名$_单$+名$_单$"不纳入本书的研究范围,这样处理的用意是把"名$_单$+名$_单$"视为词,而把其他的类别都看成短语。这样做当然有好处,就是简便易操作,而缺点也是显而易见的,因为语言中的实际情形并非如此简单,比如"名$_单$+名$_单$"部分的"妃意、佛脚、佛身、佛眼、佛足、箭节、箭井、金网、金屋、门声、面泪、母腹、母肋、母胎、母泪、牛肚、牛粪、牛舍、秋云、人耳、人肉、人声、人膝、人心、人眼、人意、身毛、身肉、树皮、树叶、王儿、王尸、象背、象鼻、象耳、羊车、羊舍、昼萤、猪耳"等显然是短语，而"迦尸迦衣、婆罗门学、国大夫人、芭蕉树、烦恼因、袈裟服、究竟道、上座法、慧解脱"等四音节或三音节的却又像词。但因为汉语中确定什么是一个词实在是个老大难问题，所以两相权衡，本书还是图方便，按音节数来选定研究对象①，不过应该把这个情况在这里先交代一下。本节集中讨论两个问题。

一　充任定语的名词

汉语语法学界有一种影响广泛的观点，那就是"名词修饰名词十分自由"，"在现代汉语里，最宜于修饰名词的不是形容词，而是名词"，并且认定这是汉语一个显著的特点（朱德熙，1956）。崔应贤等（2002：93）认为："如果这是与极端性的形态语言相对照来说的，这一现象确实比较突出；如果是汉语本身就名词与动词、形容词比较而言，恐怕还不宜匆促地下结论。"他们还做过一定范围内的统计，统计结果是名词中不具有充任定语资格的占总数的19%，谓词不能作定语的数量比为3.5%（崔应贤等，2002：95）。这种比率的差别是由定语的语义确指性的要求造成的，因为有一部分名词不具备语义上的确指性，自然也就无法充当定语。那么，定语何以会有这样的语义选择限制呢？问题可能还得从句子的信息结构说起——"名词性词语在主语语域中多应具有语义上的明确指称性"（崔应贤等，2002：97）。这是因为主语通常表示的是已知信息，谓语表示的是新信息。从已知信息推进到未知信息，这符合人们认知客观世界以及语言表达的心理。"事实上人们在观察认识事物的时候，不但是以最简单的主谓宾句进行一般的由已知到新知的推进，就是类似上述的通常出现在主语位置上的名词性偏正短语里面，同样暗含着近似的认知规则。"（崔应贤等，2002：99）

---

① 总体来说，"名单+名单"组合中的短语和三音节、四音节组合中的词各自所占比例都不高。

　　经调查得知,《佛本行集经》中"名+名"定中结构大多充任主语。① 那么其中的名词定语又是如何体现它语义上的确指性要求的呢?从理论上讲,有这样几种方法:(1)由专有名词充任;(2)作定语的名词前边再带上确指性的名词或具有同样作用的代词;(3)利用上下文语言环境的制约使光杆的普通名词及抽象名词有具体的所指,这可以看作定指意义的隐性状态。(崔应贤等,2002:98—99)以上方法的第2种在《佛本行集经》中本来就较少出现,而且就是有少数用例的话,按照本书的结构框架也将安排在第三章第一节复杂定中结构的"递加式"以及第三章第三节的"代词在复杂定语里的位置"里边讨论。

　　下边我们就按照以上设定的几种可能的方法对《佛本行集经》中"名+名"格式里充任领属定语的名词进行分类。②

　　1. 专有名词:佛、刹利、帝释、梵王、恒河、菩萨、乾陟、如来、善觉、释种、目揵连、净饭王

　　2. 有些看起来是通名,但在具体的语境中实际是当成专名来用的。又可分为表人的与表事物的两类:

　　表人(包括仙、魔、神等)名词:妃(之圣夫)、魔(之军众)、母(右肋)、王(大夫人)、大王、国王、父王、圣王、先王、大仙、仙人、太子、圣子、童子、比丘、沙门、魔家、魔王、长者、尊者、国师、大士、树神。比如"妃之圣夫"中的"妃"指的就是悉达太子在家时的夫人耶输陀罗,"王大夫人"中的"王"指的就是净饭王。

　　表事物的:手足(罗网)、足(网缦)、手(指爪)、眉间(白毫)、眉间(毫相)、身(璎珞)、本身(饰相)、大地(主)、大海(水)、宫中(婇女)、世间(王位)、园林(之地)、中国(之王)、

---

　　① 根据笔者对"名双+名双"的统计,它们在句中充当主语的比例占到70%多。

　　② 定语可分为领属类与属性类两种,这两种定语在某些句法特点上是对立的,比如语的有定性要求就只是针对领属类定语的。本节后边将讨论的第二个问题就是定中之间的语义关系类型,把《佛本行集经》中的名词定语分成了领属类与属性类两个大类及若干小类,可参看。

夜空（众星）、宫阁（门扉）、本国（王位）、网罗（节目）、铁猪（之形）、火（光焰）。其中像大地、夜空都是唯一性的，当然也就是确指的。

3. 还有些词语虽然在语境中并没有起到实指的作用，但词语意义本身都比较实在，带有一定程度的确指性：

芭蕉（心）、莲荷（器）、谷麦（仓库）、满花瓶（相）、满月轮、赤铜（色泽）、黄金（色）、怨贼（城）、妇女（之身）、妇人（形容）、老妇女（身）、新嫁女、无智人（语）、死人（手足）、和上（咒术）、丈夫（相）、大丈夫（相）、屠儿（子）、猎师（之形）、孩童（之时）、少年（时）、弱冠（之时）、弟子（礼）、上座（法）、畜生（脚）、孔雀（项）、牛（垂胡）、蛇（舌头）、大蛇（口）、毒蛇（头）、金象（形）、大象（王）、师子（王）、驴骡（形）、牛蹄（水）、牛迹（水）、晨朝（时）、盛春（时）

二　定中之间的语义关系类型

从《佛本行集经》中的这些"名+名"构成的定中结构可以看出，它们的中心语一般都是普通名词或抽象名词，它们的定语的情况前边已做过详细的分析。这里拟从定中之间的语义关系角度做些探讨。

本书吸收学界已有研究成果，把定语首先分为领属定语与属性定语两种类型。各自下位语义类型的划分采用文贞惠（1999）的框架，具体细目和名称采自陆俭明（2004），又参考齐沪扬等（2004）略加补充。不同音节组合类型（如 2+2、3+1、1+3、2+1、1+2 等，带"之"的例子一律放在最后）间用"/"分隔，同一音节组合类型内部的用例之间用"、"隔开，并按音序排列。

（一）领属定语

1. 占有领属：本国王位、菩萨宝舆、手足罗网/净饭王宫、净饭王家、净饭王厩/大王家、帝释幢、上座法、释种城、释种家、死人幡、童子法、怨贼城/火光焰、足网缦/大仙之法、国王之位、圣王之位、他人之债、先王之法/魔之军众

2. 成果领属：辩才字句

3. 产品领属：莲荷器

4. 事业领属①

5. 状况领属：生死根本、众生机根

6. 称谓领属：大王夫人、大王太子、大王童子、大王先祖、帝释天王、魔家眷属、菩萨眷属、圣子父王、圣子眷属、圣子奴仆、圣子姨母/净饭王妹/国大夫人、国大皇后、世大夫人、王大夫人/刹利子、大地主、菩萨母、善觉使、圣子奴、释种子、童子母、屠儿子、王子妇、长者子/摩长子、王夫人、王太子/大王之子、圣子之友、童子之母、妃之圣夫、王之体胤

7. 器官领属：菩萨身体、死人手足、太子发髻、太子眼目、太子尊身、童子圣头/老妇女身、目揵连足、菩萨母身、新嫁女身/比丘身、畜生脚、畜生身、大蛇口、大王面、大仙足、毒蛇头、父王面、国师面、孔雀项、魔王身、菩萨面、菩萨身、菩萨手、菩萨心、菩萨足、乾陟头、乾陟项、圣子足、树神手、太子髻、太子身、太子心、太子足、童子身、童子头/母右肋、牛垂胡、人髑髅、人骸骨、人手足、蛇舌头、手指爪/畜生之身、妇女之身、妇女之体、父王之身、母人之胎、菩萨之身、太子之面、太子之手、太子之心、童女之身、童子之身、仙人之足

8. 构件领属：芭蕉嫩叶、宫阁门扉、网罗节目/芭蕉茎、芭蕉心、大海水、恒河水/城西门

9. 材料领属：身璎珞

10. 创伤领属：他人过咎

11. 属性领属：赤铜色泽、大王威德、大王威神、日月威德、如来功德、五欲功德、园林功德/赤铜色、大王力、大王势、大王威、大仙行、黄金色、菩萨威、菩萨行、如来智/身恶业、身净业、王势力、王威神、意恶业

---

① 为了保持已有研究成果中定中结构语义关系类型的全貌，也为了与现代汉语对比的方便，对于《佛本行集经》中没有用例的类型名目依然保留。

12. 特征领属：本身饰相、帝释形相、梵王形相、妇人形容、太子身相、太子形容/大沙门名、大丈夫相、满花瓶相/白衣形、刀剑形、金翅鸟、金象形、驴骡形、妙色虹、沙门形、丈夫相、杂色幢/佛名号、俗衣形/猎师之形、铁猪之形

13. 观念领属：大士心相、圣子恶言、尊者说言/无智人语/太子之语

14. 成员领属：大象王、师子王

15. 变形领属：满月轮

16. 景观领属

17. 处所领属：帝释天宫、地狱众生、宫中婇女、眉间白毫、眉间毫相、世间爱欲、世间王位、夜空众星、中下众生/天帝释宫/地狱身、牛迹水、牛蹄水、世间事、王宫门/大地之神、世间之人、园林之地、中国之王、魔之宫殿、世之婴孩

18. 范围领属：五欲之乐

19. 时间领属：后世果报、往昔古仙、往昔王仙、未来世报、未来因缘、昔本行愿、先时光泽/晨朝时、当来世、后世乐、少年时、盛春时、往昔佛、往昔偈、未来世、昔世论、现世报、现在世、暂时欢/夜初更、夜净天、夜虚空/孩童之时、后世之乐、弱冠之时、往昔之时

20. 原因领属：邪见因缘/烦恼因

21. 工具领属

22. 方式领属：解脱道路/弟子礼

23. 施事领属：和上咒术、菩萨脚迹/畜生声、大地声、大力士、梵天音、霹雳声、乾陟声、梵音声、风气声/菩萨之声、深梵之声

24. 受事领属

（二）属性定语

1. 质料属性：白银窗台、白银阁道、白银构栏、白银阶级、纯金璎珞、黄金窗台、黄金阁道、黄金构栏、黄金阶级、金刚宝喙、金刚铠甲、金铃宝网、金银宝带、金银宝铃、琉璃窗台、琉璃阁道、琉璃根茎、琉璃花果、琉璃阶级、琉璃枝叶、妙宝香炉、颇梨窗台、颇梨

阁道、颇梨根茎、颇梨构栏、颇梨花果、颇梨阶级、颇梨枝叶、七宝网罗、真金秋䅲/赤栴檀香、纯大豆饭/金多罗树、金三叉拒、银多罗树/百味食、大豆屑、大豆汁、金刚杵、金刚文、金刚行、金刚座、琉璃宝、琉璃池、琉璃门、颇梨门、树皮衣、真金榻/宝辇舆、金鞍鞯、金罗网、金网罗、金璎珞、金澡瓶/粳粮之饭

2. 功能属性：男璎珞、女璎珞/福德之手

3. 来源属性：畜生众生、饿鬼众生、梵志师恩、邻境珠珍、山野仁者、上界众生、欲界天子/天善童子/海龙王、闪电光/身热气、天帝释、天光明、天妙衣、天神通、天涂香、天五欲、天香华、天音乐、天玉女、天杂华、天赞歌、羊乳汁/地狱之声

4. 类属属性：黑色龙王、猛火大山、男名树木、人天果报、圣种王子、释种童子、寿命算数、驷马宝车、天数寿命、杂色衣服、转轮圣王/大火聚、甘露道、金轮位、究竟道、究竟法、人间数、沙门果、沙门行、神通力、师子座、驷马车、宿命智、莎草丛、智慧林/慧解脱、色境界/甘露之法、同类之人、正行之法

5. 相关属性：解脱安乐/婆罗门学/父子情

6. 种属属性：刹利大姓、刹利族姓、甘蔗种姓、甘蔗种子、摩伽大王/迦尸迦衣、婆罗门种/爱心苦、芭蕉树、刹利种、甘蔗王、袈裟服、袈裟衣、净居天、莲花城、龙须草、菩提树、菩提心、菩提行、尸陀林、王化事、王仙种、鹦鹉鸟/芭蕉之树、袈裟之衣、毗陀之论、菩提之道、菩提之树、菩提之心、尸陀之林、万字之相、呜呼之声

7. 比喻属性

（1）定中之间为喻体—本体关系

《佛本行集经》中此类结构很少见，只有"作师子吼"（叁786a5等）、"即作如是师子音吼"（叁796a倒4）、"师子吼声"（叁774c倒1等）几处。

（2）定中之间为本体—喻体关系

《佛本行集经》中此类结构很常见，可以从以下几个角度来观察：

A. 本体相同而喻体变化

今欲度脱无量众生于烦恼海（叁731b倒3）/具足诸烦恼缚（叁

668c5）/割断一切诸烦恼结（叁686b倒4）/除断一切烦恼诸刺（叁760b倒8）/魔烦恼幢当碎破倒（叁704b6）/其烦恼轮不应如是次第而转（叁756a12）/照朗烦恼翳暗而行（叁772c倒9）/被烦恼毒箭所射（叁697c10）

欲入涅槃城门而行（叁772c倒3）/置于涅槃岸（叁683a倒5）/遮于涅槃善路（叁792c倒5）

B. 喻体相同而本体变化

今欲出家渡生死海（叁731b倒2）/今以没深大苦恼海（叁749b14）/我今欲过生老病死苦患之海（叁763b2）

雨于种种无量无边妙华之雨（叁727b6）/雨金粟雨（叁669b倒9）/犹如日天雨大火雨（叁788a7）

被苦恼火之所烧然（叁749b倒6）/为彼忧愁热火所烧（叁742b15）/不忍将此炽然忧悲之火所烧心情回向于城（叁735c14）/无量无边诸众生等为贪恚痴诸火恼时（叁697c3）

我今欲破无明暗网（叁737c1）/裂破无明黑暗之网（叁686c11）/我今已除贪恚痴网（叁743b6）

逆生死流（叁683b1）/已断生死烦恼之流（叁732a倒2）

兼起种种香云 华云及以宝云（叁729c倒14）

C. 前两种之外的

当得破此大愚痴藏（叁758a倒7）

无量无边诸恶众生已入邪见旷野泽中不见正道迷惑之时（叁697c4）

以上的比喻都是属于隐喻。从人的认知心理上讲，它们都是用具象的事物来比喻抽象的事物，如"本体相同而喻体变化"部分：本体是"烦恼""涅槃"这样的抽象事物，而其后各种不同的喻体都是具体可感的，有视觉形象、触觉形象等。还有一些比喻，本体本来就是很常见的，用喻体只为了增加描摹的形象、生动程度，如"雨于种种无量无边妙华之雨"（叁727b6）、"兼起种种香云 华云及以宝云"（叁729c倒14）等。我们认为《佛本行集经》的语言文学性强，与这些修辞手法的运用不无关系。

通过以上的考察发现，《佛本行集经》中"名+名"定中结构内部的语义关系几乎涵盖了现代汉语中的各个关系类别，但各类间的词例数目很不平均。认知语法学认为，语法就是对客观事物关系的一种临摹。两个客体事物间的空间位置关系可分为包容与被包容以及间断分立两种状态（崔应贤等，2002：92）。处于第一种状态的事物，相应的名词间最易于形成定中结构关系，如以上领属定语中的占有领属、器官领属、构件领属、处所领属，属性定语中的质料属性、来源属性、种属属性等类就是；处于第二种状态的事物，相应的名词间也可以组合成定中关系，但相对来说要难一些，如以上领属定语中的称谓领属、属性领属、特征领属、时间领属以及属性定语中的比喻属性等类就是。

三　附录

以下名词充任定语的语例大致按定中结构的音节数从多到少排列，定中之间带"之"的用例排在最后。每一类内部又按音序排列。

（一）名词定语直接带中心语

1. 名_双+名_双

B：芭蕉嫩叶、白银窗台、白银阁道、白银构栏（2次）、白银阶级、本国王位、本身饰相、辩才字句

C：刹利大姓、刹利族姓、赤铜色泽、畜生众生（2次）、纯金璎珞

D：大士心相、大王夫人、大王深宫、大王太子、大王童子、大王威德、大王威神、大王先祖、帝释天宫、帝释天王、帝释形相、地狱众生（3次）

E：饿鬼众生（2次）

F：烦恼毒箭、梵王形相、梵志师恩、妇人形容

G：甘蔗种姓、宫阁门扉、宫中婇女、谷麦仓库

H：和上咒术、黑色龙王、后世果报、黄金窗台、黄金阁道、黄金构栏（2次）、黄金阶级

J：解脱安乐、解脱道路、金刚宝喙、金刚铠甲、金铃宝网、金银

宝带、金银宝铃

L：邻境珠珍、琉璃窗台、琉璃阁道、琉璃根茎、琉璃花果、琉璃阶级、琉璃枝叶

M：眉间白毫、眉间毫相（2 次）、猛火大山、妙宝香炉、摩伽大王（2 次）、魔家眷属

N：男名树木

P：颇梨窗台、颇梨阁道、颇梨根茎、颇梨构栏（2 次）、颇梨花果、颇梨阶级、颇梨枝叶、菩萨宝舆、菩萨脚迹、菩萨眷属、菩萨身体

Q：七宝网罗

R：人天果报、日月威德、如来功德

S：山野仁者、上界众生、生死根本、圣种王子、圣子恶言、圣子父王（2 次）、圣子眷属、圣子奴仆、圣子姨母、世间爱欲、世间王位、释种童子（3 次）、手足罗网、寿命算数、死人手足、驷马宝车

T：他人过咎、大子发髻［按：大校为太］、太子身相、太子形容、太子眼目、太子尊身、天数寿命、童子圣头

W：网罗节目、往昔古仙、往昔王仙、未来因缘、五欲功德

X：先时光泽、邪见因缘

Y：夜空众星、欲界天子、园林功德

Z：杂色衣服、真金秋蓉、中下众生、众生机根（2 次）、转轮圣王、尊者说言

2. 名$_三$+名$_单$

C：赤栴檀香、纯大豆饭

D：大沙门名、大丈夫相（3 次）

G：甘蔗种王、甘蔗种子

J：迦尸迦衣、净饭王宫（3 次）、净饭王家、净饭王厩、净饭王妹

L：老妇女身

M：满花瓶相、目捷连足

P：婆罗门学、婆罗门种、菩萨母身

T：天帝释宫

W：未来世报、无智人语

X：新嫁女身

3. 名$_单$+名$_三$

G：国大夫人（5 次）、国大皇后

J：金多罗树、金三叉拒

S：世大夫人

T：天善童子

W：王大夫人

X：昔本行愿

Y：银多罗树

4. 名$_双$+名$_单$

A：爱心苦

B：芭蕉茎、芭蕉树、芭蕉心、白衣形、百味食、比丘身

C：刹利种、刹利子、晨朝时（3 次）、赤铜色、畜生脚、畜生身、畜生声

D：大地声、大地主（6 次）、大豆屑、大豆汁、大海水、大力士、大蛇口、大王家、大王力（2 次）、大王面、大王势、大王威、大仙行、大仙足、大象王、当来世（5 次）、刀剑形、弟子礼、帝释幢、地狱身、毒蛇头

E：饿鬼苦

F：烦恼因、梵天音（2 次）、父王面、父子情

G：甘露道、甘蔗王（8 次）、国师面

H：海龙王、恒河水、后世乐、黄金色（6 次）

J：袈裟服（2 次）、袈裟衣（3 次）、金翅鸟、金刚杵、金刚文、金刚行、金刚座、金轮位、金象形、净居天（4 次）、究竟道、究竟法

K：孔雀项（2 次）

L：莲荷器、莲花城、琉璃宝、琉璃池、琉璃门、龙须草、驴

骦形

M：满月轮、妙色虹、魔王身

N：牛迹水、牛蹄水

P：霹雳声、颇梨门、菩萨面（4次）、菩萨母（7次）、菩萨身（3次）、菩萨手、菩萨威、菩萨心（3次）、菩萨行（3次）、菩萨足（5次）、菩提树（8次）、菩提心、菩提行（2次）

Q：乾陟声（3次）、乾陟头、乾陟项

R：人间数、如来智

S：沙门果、沙门行（4次）、沙门形、闪电光、善觉使、上座法、少年时、神通力（13次）、圣子奴、圣子足、盛春时、师子吼、师子王（4次）、师子座、尸陀林、世间事、释种城（2次）、释种家、释种子、树皮衣、树神手、死人幡、驷马车、宿命智、莎草丛

T：太子髻、太子身（5次）、太子心（2次）、太子足（3次）、童子法、童子母（2次）、童子身（2次）、童子头（2次）、屠儿子

W：王宫门、王化事、王仙种、王子妇、往昔佛、往昔偈、未来世（13次）

X：现世报、现在世

Y：鹦鹉鸟、怨贼城

Z：杂色幢、暂时欢、长者子（7次）、丈夫相、真金榻、智慧林

5. 名$_单$+名$_双$

B：宝辇舆

C：城西门

D：大火聚（2次）

F：梵音声、风气声、佛名号

H：慧解脱、火光焰

J：金鞍鞴（2次）、金罗网、金网罗、金璎珞、金澡瓶

M：摩长子、母右肋

N：男璎珞（3次）、牛垂胡、女璎珞

R：人髑髅、人骸骨、人手足

S：色境界、蛇舌头、身恶业（2次）、身净业、身热气、身璎珞

（2次）、手指爪、俗衣形

　　T：天帝释（2次）、天歌赞、天光明（2次）、天妙衣、天神通、天涂香、天五欲、天香华、天音乐（2次）、天玉女（2次）、天杂华

　　W：王夫人、王势力（2次）、王太子（2次）、王威神（2次）

　　X：昔世论

　　Y：羊乳汁、夜初更、夜净天、夜虚空、意恶业（2次）

　　Z：足网缦

　　6. 名$_单$+名$_单$

　　B：宝车（3次）、宝盖（2次）、宝冠、宝机、宝铃（3次）、宝马、宝瓶（2次）、宝器（3次）、宝网、宝舆、宝座、鬓发、兵书、钵色

　　C：草茎、草铺（2次）、草叶（4次）、层阁、车轮（4次）、尘土（3次）、城门（7次）、椽木、船师、床敷（2次）、唇色、村人（2次）

　　D：道心（5次）、稻田（2次）、羝羊、敌楼、地势、地性、地穴、地藏、地主（2次）、斗帐（2次）、犊子

　　E：鹅王、耳珰（3次）、饵钩

　　F：法宝、法轮（2次）、法声、法事、法王、法相（2次）、法眼、法语、发色、幡盖、梵天（6次）、梵王（2次）、梵响、梵行（18次）、梵音、妃意、风车、风刀、佛道（34次）、佛德、佛化、佛脚、佛身、佛眼、佛足（4次）、肤色、福地、福根、福聚、福业（6次）、父位（2次）、妇礼、妇人（2次）

　　G：革屣（3次）、阁道（2次）、宫门（7次）、宫人（2次）、弓弝（2次）、构栏、羖羊、鬼星、鬼宿（2次）、国法、国计、国亲、国师（6次）、国土（4次）、国王、国务、国政、国主、果报

　　H：黑色、斛领、华盖、花茎、花鬘（2次）、花色、花叶、花沼、踝骨（2次）、火炬（2次）、火聚、火坑、火宅、火珠

　　J：肌肉、棘针、即时（2次）、家法（2次）、家计、箭节、箭井、剑轮、礓石、椒房、脚跌（2次）、脚指、劫初、劫火、劫数、金鞍、金钵、金床、金花、金铃（2次）、金轮、金缕、金门、金色

（2次）、金沙（2次）、金山、金扇、金网（2次）、金屋、金象、金像（4次）、金柱、今日（36次）、今世（2次）、今夜（8次）、粳米、胃索

K：口唇（2次）、口业（2次）

L：老法（3次）、雷声（3次）、蠡鼓、莲花（4次）、翎羽、龙王（2次）、鹿车、鹿皮（2次）、鹿王（2次）、轮宝、螺髻（4次）、驴骖

M：麻滓、马宝、马身、马事、马王（2次）、马形、麦屑、蟒蛇、毛孔（2次）、毛色、门帘、门声、梦相、面泪、面色（4次）、面像、明旦、明日、魔军、魔女（3次）、魔王（11次）、母腹、母肋（2次）、母泪、母胎（13次）

N：男儿（2次）、泥团（2次）、泥砖、牛肚、牛粪、牛舍、牛王（5次）、女宝、女人（3次）

O：藕根

Q：秋云（2次）、泉流

R：人耳、人父、人气、人肉（3次）、人身（5次）、人声、人膝、人心、人眼（2次）、人意、日光（8次）、日轮、日天、容饰、乳糜（3次）、乳母（3次）、乳汁

S：伞盖（2次）、色身、色欲、山谷、山林（3次）、山水、山王、蛇居、舌味、身法、身光、身力（3次）、身毛（11次）、身肉、身色、身通、身威、身形（3次）、身怨、声论、生分、圣胎、师僧、师足、释天、释种（2次）、释子（5次）、世乐（2次）、世利、世人（2次）、世事、世位、世务（2次）、世欲、世主、世子（2次）、手笔（3次）、手臂、手掌（4次）、手指（2次）、兽虎、树林（2次）、树皮（2次）、树叶（2次）、树枝（2次）、水牛（2次）、死法、驷马、莎草

T：天帝、天耳、天歌、天宫（2次）、天冠（2次）、天花（2次）、天人（2次）、天色、天舍、天身、天声、天寿（3次）、天寺、天王（2次）、天味、天衣（4次）、天乐、天智、天子、田主、铁棒、铁杵、铁钩、铁鼓（3次）、铁轮（2次）、铁排、铁师（9次）、

铁丸、铜铍、铜鍱、童男、童女（2次）、头发（6次）、头髻（4次）、头枕、土堆、土聚

W：瓦器（3次）、丸炭、万字、王恩（2次）、王儿、王法、王宫（6次）、王冠、王家、王尸、王位（33次）、王仙（6次）、王种（3次）、王子（8次）、武技

X：犀牛、昔时、锡杖、戏场（2次）、仙道、仙人（29次）、现世（2次）、象宝、象背、象鼻（2次）、象耳、象莲、象王、象形、象牙、像法（4次）、心念、心行、雪山、血脉

Y：烟色、盐水、眼根、眼孔、眼泪、羊车、羊舍、腰带（2次）、夜梦、衣毛、衣色、姨母（2次）、蚁垤、银花、银门、银扇、友心、鱼耳、鱼相、玉女、欲火、欲事（4次）、欲态、欲心（14次）、园林、鼋肉、月天（2次）、云队

Z：杖力、针刺、指环、指甲、种姓、昼星（2次）、昼萤、珠宝、猪耳、猪鬣、猪形、竹筒、子城、牸虎（3次）、牸牛、足跌、足跟、祖父、罪人、尊语、昨夜（4次）

（二）名词定语和中心语之间带有"之"字

1. 名双+之+名单

B：芭蕉之树

C：畜生之身

D：大地之神、大王之子、大仙之法、地狱之声

F：福德之手、妇女之身、妇女之体、父王之身

G：甘露之法、国王之位

H：孩童之时、后世之乐

J：袈裟之衣、粳粮之饭

L：猎师之形

M：母人之胎

P：毗陀之论、菩萨之身（4次）、菩萨之声、菩提之道、菩提之树、菩提之心

R：弱冠之时

S：深梵之声、圣王之位、圣子之友、尸陀之林、世间之命、世

间之人（2次）

T：他人之债、太子之面、太子之手、太子之心、太子之语、铁猪之形、同类之人、童女之身、童子之母（6次）、童子之身

W：万字之相、往昔之时（2次）、呜呼之声、五欲之乐

X：仙人之足、先王之法

Y：园林之地

Z：正行之法、中国之王

2. 名$_单$+之+名$_双$

F：妃之圣夫

M：魔之宫殿、魔之军众

S：世之婴孩

W：王之体胤

第二节　由动词充任定语的简单定中结构

本节的研究思路是，先从《佛本行集经》中提取符合条件的短语，接着按照动词性定语和名词性中心语的音节数给定中结构分类[①]（分类结果详见本节第三部分附录），然后分析每一小类定中结构的句法语义关系，总结其规律。

一　动词充任定语的情况

对于充任定语的动词性结构，本书将从它的构造方式、表义功能及单双音节动词充任定语能力的差别等角度加以考察。

---

① 正如第一节一样，按"定"与"中"的音节数来分类，好处是简单明晰，且单、双音节的动词、形容词作定语的功能差别易于被发现，不足之处是掩盖了一些语言片段的结构层次与定性的问题。比如"动$_双$+名$_单$"里，"病水人、垂朵耳、净发师、苦行师、战斗场"等条目结构非常凝固，很像词；而"动$_单$+名$_单$"里，"覆钵、化人、截筒、曝脯、乞士、染衣、睡人、死时、卧床、行时、争力、醉人、坐人"等结构松散，很容易扩展，非常像短语。不过，三音节组合中的词和双音节组合中的短语各自所占的比例都不大。

　　我们把简单定中结构里动词性定语的构造方式分为三种类型：a. 光杆动词，b. 动宾式，c. 状中式。这三种类型在不同音节组合里出现的情况如下：

　　动$_双$+名$_双$：a. 光杆动词：哀悯言音、发劝因缘、涅槃方便、战斗刀兵；b. 动宾式：如前饮食、如上因缘、善治大王、射硬技能、守城大臣、无常境界、无救众生、无肉骨头、无舍众生、无畏道路；c. 状中式：不还解脱、旧作生活、新出枝叶、应老众生、应生众生、重睡因缘。

　　动$_三$+名$_单$：a. 光杆动词：无；b. 动宾式：求解脱人、如梵天音、受五欲人、无恩义人、无隔碍心、无垢秽心、无患累心、无患恼心、无浊秽心、欲受生日；c. 状中式：不净行人、不利益事、不思议法、初始去夜、可作业心、同日生奴、未曾有法。

　　动$_双$+名$_单$：a. 光杆动词：爱著心、别离法、别离苦、布施行、禅定力、瞋恨心、瞋恚心、出游心、慈念心、斗诤心、恩爱情、方便力、放牧人、放逸时、分别心、粪扫衣、恭敬心、欢喜鼓、欢喜丸、欢喜心、欢喜缘、饥渴苦、解脱道、解脱法、解脱乐、解脱言、具足戒、盲瞎人、破坏法、破坏人、破散法、染著心、杀害心、生死苦、誓愿力、喜欢心、懈怠心、信敬心、厌倦心、战斗场、净斗心、庄严具、尊重心；b. 动宾式：病水人、持戒行、出家法、出家人、出家心、出家衣、出家仪、出家障、出世乐、垂朵耳、当门人、得罪人、多舌人、净发师、如法行、守门臣、受乐身、受请家、授我记、死命鬼、死命怨、涂身油、无常法、无价香、无价衣、无畏处、无忧器、无遮会、刈草人、有智人、主兵宝、主藏宝；c. 状中式：本出门、不摄时、苦行师、陆生花、善调马、夜射箭、远行人。

　　动$_双$+之+名$_单$：a. 光杆动词：爱敬之心、爱著之情、爱著之心、变动之时、瞋恚之人、称叹之时、方便之相、诽谤之心、供养之聚、欢喜之鼓、欢喜之心、祭祀之法、解脱之法、解脱之路、平健之时、破坏之法、信敬之心、厌离之相、忧恼之心、怨恨之心、造作之时、坐起之处；b. 动宾式：持戒之事、出家之服、出家之人、喘息之时、打脑之声、供身之具、离欲之事、如汝之主、善射之将、无碍之辩、无慈之马、无为之处、有我之患、有智之人、在胎之时；c. 状中式：
初得之时、初生之日、苦行之法。

以上内容用表格形式呈现即如表 2-1 所示。

表 2-1

	光杆动词	动宾式	状中式
动$_双$+名$_双$	4	10	6
动$_三$+名$_单$	0	10	7
动$_双$+名$_单$	43	32	7
动$_双$+之+名$_单$	22	15	3
合计	69	67	23

以上统计数据表明，有的语法学者在归纳词类特性时说的"汉语
动词性成分不能直接作定语"的说法是不够准确的。从这里调查的
《佛本行集经》的情况看，实际上双音节的光杆动词、动宾式以及状
中式构造的双音节动词性成分直接作定语的情况还是相当普遍的。这
与张敏（1998：313）、齐沪扬等（2004：89）研究现代汉语中相关
问题时得出的结论是一致的。

造成这一现象的原因可以从语言类型学及认知功能的角度得到解
释。张敏（1998：313）引述了 Hopper & Thompson 的一项研究结果：
"类型学证据显示，动词在语义上越是表具体可见的实际动作，在话
语功能上越是用于报道特定场景中真实地发生在动作参与者身上的事
件，它的动词性就越强，即在形式上就具有越多的动词特性，如可以
有时、体和情态的变化；反之，就具有越少的原型动词形式特征。"
张敏并指出："这项研究对我们的启示是：动词的形式特性及其实现
的能力主要取决于其概念—功能属性。"这一理论能够很好地解释汉
语里什么样的动词能够或不能直接作名词的定语。通常，充任定语的
动词不是报道具体事件动作，而是表示事物在某方面的属性。观察发
现，即便是《佛本行集经》中充任名词定语的动作性相对来说比较强
的几个动词，它们在定中格式中同样也是用来表中心语名词的各个方
面的属性，如"战斗刀兵、欢喜鼓、庄严具、涂身油"中的动词性成

分都是表中心语的功用，"守城大臣"中的"守城"表身份（说是功用也未尝不可），"斗诤心"中的"斗诤"表原因，"陆生花"中的"陆生"表来源，"出家法"中的"出家"表类属，"善射之将"中的"善射"表特征。因为"动+名"式定中结构中的定语动词在形态和语义功能上都受到此格式的严格限制，它实际上已经偏向名词性了，具有了名词的某些特点①，如"涅槃方便""解脱道""解脱法""解脱乐""战斗场"等中的画线词就是如此。

从前文引用的张敏（1998：313）的论点可知，动词能否在"动+名"式定中结构中充当定语，是与动词动性的强弱密切相关的。而陈宁萍（1987）测试出强动性动词有两个显著特征：一是音节特征，单音节动词的动性强于双音节动词；二是构造特征，动性的强弱差异与词的内部构造有关，其等级序列为：前加/后附>偏正>补充>陈述>支配>联合。由此可以得出，动词的动性越强，越能充分实现动词的典型句法功能，即充当谓语；动词的名性越强，越容易体现名词的句法功能，即充当定语，作定语是动词的非典型句法功能。

总之，从音节特征方面看，《佛本行集经》中充任定语的绝大多数是双音节动词，单音节的动词充任名词定语的（注意：上文已声明，本书不讨论"动单+名单"）在《佛本行集经》中仅发现"生众生"（叁794a2）一例。构造特征方面，齐沪扬等（2004：94）借鉴陈宁萍（1987）的研究成果得出了"不同构造的动词进入［V+N］定中短语的优势序列：联合式>支配式>陈述式>补充式>附加式。整个序列里，越靠左，越容易进入［V+N］定中短语"。再参看本节所列表2-1②，动词充任名词的定语的优势序列为联合式（70）>动宾式（支配式）（67）>状中式（附加式）（23）。两相比较，就可以得出《佛本行集经》中充任定语的动词的构造特征与现代汉语相合。

二　"动+名"式定中结构内部的语义关系

能进入"动+名"式定中结构的定语动词大多意义比较具体实在，

---

① 可参看张伯江（2012）。

② 表2-1中所计的光杆动词结构上大都是联合式。

而中心语名词大多意义抽象。《佛本行集经》"动+名"定中结构内部的语义关系大体可分为以下几种（每一类中的用例按照动$_{双}$+名$_{双}$、动$_{三}$+名$_{单}$、动$_{双}$+名$_{单}$、动$_{双}$+之+名$_{单}$的次序排列，不同音节组合类型间用"/"隔开）：

1. 动作—施事

善治大王、守城大臣/求解脱人、受五欲人/守门臣、死命鬼、出家人、出门人、放牧人、破坏人、刈草人、远行人、净发师、苦行师、死命怨/善射之将、出家之人

2. 动作—受事

旧作生活/未曾有法/授我记、受请家、善调马

3. 动作—当事

无救众生、无舍众生、应老众生/不思议法、同日生奴、不净行人、无恩义人、可作业心、无隔碍心、无垢秽心、无患累心、无患恼心、无浊秽心/主兵宝、主藏宝、陆生花、病水人、得罪人、多舌人、盲瞎人、有智人、受乐身、爱著心、瞋恨心、瞋恚心、出家心、出游心、慈念心、斗净心、分别心、恭敬心、欢喜心、染著心、杀害心、喜欢心、懈怠心、信敬心、厌倦心、净斗心、尊重心/无慈之马、瞋恚之心、有智之人、爱敬之心、爱著之心、诽谤之心、欢喜之心、信敬之心、忧恼之心、怨恨之心、如汝之主

4. 动作—处所

战斗场、本出门/无为之处、坐起之处

5. 动作—时间

欲受生日、初始去夜/不摄时、放逸时/初生之日、变动之时、称叹之时、初得之时、喘息之时、平健之时、在胎之时、造作之时

6. 动作—方式

涅槃方便、射硬技能/解脱道、别离法、出家法、解脱法、破坏法、破散法、欢喜鼓、禅定力、方便力、誓愿力、无忧器、出家仪/欢喜之鼓、祭祀之法、解脱之法、苦行之法、破坏之法、解脱之路

7. 动作—工具

战斗刀兵、哀悯言音/夜射箭、庄严具、欢喜丸、出家衣、粪扫

衣、涂身油、出家障/出家之服、供身之具

8. 动作—类属

不利益事/别离苦、饥渴苦、生死苦、出世乐、解脱乐、恩爱情、布施行、持戒行、欢喜缘/有我之患、爱著之情、持戒之事、离欲之事

9. 动作—因果

发动因缘、重睡因缘/解脱言/打脑之声、方便之相、厌离之相

10. 待定

无畏道路、无肉骨头、不还解脱、无常境界、如前饮食、如上因缘、新出枝叶/如梵天音/无畏处、垂朵耳、无常法、无遮会、具足戒、无价香、如法行、无价衣/无碍之辩、供养之聚

以上内容用表格形式呈现即如表2-2所示:

表2-2

	施事	受事	当事	处所	时间	方式	工具	类属	因果	待定
动$_{双}$+名$_{双}$	2	1	3			2	2		2	7
动$_{三}$+名$_{单}$	2	1	10		2			1		1
动$_{双}$+名$_{单}$	11	3	27	2	2	12	7	9	1	8
动$_{双}$之名$_{单}$	2		11	2	8	6	2	4	3	2
合　计	17	5	51	4	12	20	11	14	6	18

《佛本行集经》中"动+名"式定中结构里名词充当的语义角色按照出现的词例数的多少依次排序为:当事>方式>施事>类属>时间>工具>因果>受事>处所。与齐沪扬等(2004:84)总结出的名词充当的语义角色进入[V+N]定中结构的优势序列"当事>施事>处所/时间/方式/工具/类属/因果/程度/数量>受事"大致相合。当然本书统计的误差难免会有,而且有的数据非常接近,难分高下。总之,《佛本行集经》中"动+名"式定中结构内部的语义关系也与现代汉语大体一致。

三　附录

以下动词充任定语的语例大致按定中结构的音节数从多到少排

列，最后是定中之间带"之"的用例。每一类的例子又按音序排列。

（一）动词定语直接带中心语

1. 动$_双$+名$_双$

A：哀悯言音

B：不还解脱

F：发劝因缘

J：旧作生活

N：涅槃方便

R：如前饮食、如上因缘

S：善治大王、射硬技能、守城大臣

W：无常境界、无救众生、无肉骨头、无舍众生、无畏道路

X：新出枝叶

Y：应老众生、应生众生

Z：战斗刀兵、重睡因缘

2. 动$_三$+名$_单$

B：不净行人、不利益事、不思议法（2次）

C：初始去夜

K：可作业心

Q：求解脱人

R：如梵天音

S：受五欲人

T：同日生奴（2次）

W：未曾有法（2次）、无恩义人、无隔碍心、无垢秽心、无患累心、无患恼心、无浊秽心

Y：欲受生日

3. 动$_双$+名$_单$

A：爱著心

B：本出门、别离法、别离苦、病水人、不摄时、布施行

C：禅定力、瞋恨心、瞋恚心（2次）、持戒行、出家法、出家人（2次）、出家心（4次）、出家衣、出家仪、出家障、出世乐、出游

心、垂朵耳、慈念心

D：当门人（2次）、得罪人、斗诤心、多舌人

E：恩爱情

F：方便力（2次）、放牧人、放逸时（2次）、分别心、粪扫衣（2次）

G：恭敬心

H：欢喜鼓（2次）、欢喜丸、欢喜心（8次）、欢喜缘

J：饥渴苦、解脱道（2次）、解脱法、解脱乐、解脱言、净发师、具足戒

K：苦行师（6次）

L：陆生花

M：盲瞎人

P：破坏法、破坏人、破散法

R：染著心、如法行

S：杀害心、善调马（2次）、生死苦、誓愿力、守门臣、受乐身、受请家、授我记、死命鬼、死命怨

T：涂身油

W：无常法、无价香、无价衣（2次）、无畏处、无忧器、无遮会（3次）

X：喜欢心、懈怠心、信敬心（2次）

Y：厌倦心、夜射箭、刈草人、有智人（2次）、远行人

Z：战斗场、净斗心、主兵宝、主藏宝、庄严具、尊重心

4. 动$_单$+名$_双$

S：生众生（叁794a2。原文为：遍见一切或复命终堕落众生，或生众生，上界众生，下界众生，端正众生，丑陋众生……）

5. 动$_单$+名$_单$

A：爱心（5次）、爱子

B：奔涛、遍身（3次）、遍体（5次）、病法（2次）、病人（2次）

C：产门、瞋心（3次）、喘息

D：导师（2次）

E：饿鬼

F：飞蛾、飞鸟、飞天、飞檐、封邑、浮云、辅相、覆钵（2次）

H：害心、化人、患人（2次）

J：截筒、劫贼、戒行（2次）、敬心、聚墨

K：哭声、愧颜

L：来世（2次）、老法、犁木、犁人、猎师、流泉、漏刻未半、露地

M：盲人、鸣铃

P：曝脯

Q：乞士

R：染衣、融铜、乳母

S：扫帚、闪电、舍心、射表（2次）、射技、生地（2次）、生法（3次）、生家、生时、食时、使人（15次）、试场、试师、书板、睡人、死法、死力、死尸（11次）、死时（2次）

T：贪欲、驮乘（3次）

W：围棋、卧床、舞形

X：嫌隙、羡心、啸声、信心、行人、行时、学堂、薰香

Y：医师、疑心（3次）、印文、浴池、欲想、怨敌（4次）、怨隙

Z：震声、争力、煮豆（2次）、煮麦、醉人、坐人

（二）动词定语和中心语之间带有"之"

搜集到的用例全都属于"动_双+之+名_单"。

A：爱敬之心、爱著之情、爱著之心

B：变动之时

C：瞋恚之人、称叹之时、持戒之事、初得之时、初生之日、出家之服、出家之人（3次）、喘息之时

D：打脑之声

F：方便之相、诽谤之心

G：供身之具、供养之聚

H：欢喜之鼓、欢喜之心

J：祭祀之法、解脱之法、解脱之路

K：苦行之法

L：离欲之事

P：平健之时、破坏之法

R：如汝之主

S：善射之将

W：无碍之辩、无慈之马、无为之处

X：信敬之心

Y：厌离之相、忧恼之心、有我之患、有智之人、怨恨之心

Z：在胎之时、造作之时、坐起之处

第三节　由形容词充任定语的简单定中结构

曾经有一种主流的观点认为现代汉语中最适宜修饰名词的不是形容词而是名词，也就是说名词修饰名词非常自由。新近有些学者对此颇有异议。如潘维桂（2004：277）认为："名词修饰名词是比较自由的，但是并不是完全自由的，也不比形容词自由，因为名词有10.32%—32.68%是不能修饰别的名词的，并且也不完全是受逻辑语义限制的，更多的是受语言习惯决定的，也就是语言因素决定的，跟形容词的情况相同。"崔应贤等（2002：93—95）也有类似观点。这么说来，"现代汉语中原型的定中短语一般是形容词与名词的组合"的论断（齐沪扬等，2004：91）就是可以接受的。

现代汉语中形容词的内部构成情况十分复杂，形容词内部的再分类问题也一直众说纷纭。目前只有性质形容词、状态形容词、非谓形容词三类较为大家认可。近年还有人（韩玉国，2004）提出了一种新的分类法：（1）性质形容词，又分三级，一级性质形容词，能直接作定语，可作谓语；二级性质形容词，必须加"的"后才能作定语，可作谓语；三级性质形容词，必须前加"很"后加"的"才能作定语。

（2）唯谓形容词。（3）复杂形容词，包括文言词和通常所谓状态形容词。（4）非谓形容词。（5）情状形容词，既能作定语又能作谓语并且还能直接作状语，在语义上不表示性质，而表示数量、时间、处所、频度、范围、方式、情状等。

《佛本行集经》中充任定语的形容词的情形与现代汉语相比要单纯得多，而且《佛本行集经》中形容词大都直接作定语，定中之间很少带"之"。本书把《佛本行集经》中的形容词按音节数分为单音节形容词和双音节形容词两类，分别探讨它们充任定语的情况。

一　单音节形容词充任定语

参看本节第四部分（附录）可知，《佛本行集经》中单音节形容词充任定语的情况，已归纳出"形$_单$＋名$_三$""形$_单$＋名$_双$""形$_单$＋名$_单$""大＋名$_双$""大＋名$_单$"等类别。限于本书的研究属于短语层面，而单音节形容词与单音节名词的组合"是一种具有强烈的凝固趋势的结构"（朱德熙，1956），词化的程度很高，所以本书把"形$_单$＋名$_单$"和"大＋名$_单$"两类排除在研究对象的范围之外，它们列在本节第四部分（附录）里仅供参照。

《佛本行集经》中充任定语的单音节形容词有（词后用括号标注定语所修饰或限定的中心语的词例数目，中心语相同的不重复计取，而且词例数目为1的不注）：本（3）、跛、常、赤、臭、初、纯、粗、多（3）、恶、干、好（5）、黑（3）、弘、净、枯、牢、老、利、美（3）、猛（4）、迷、妙（4）、巧、青（2）、热、善（3）、上、少（4）、萎、稀、细（2）、邪、硬（2）、重，此外还有一个单列的"大"（60）。单音节形容词充任定语，它与中心语组合，结构上具有相当强的凝固性。本书调查到由这36个单音节形容词充任定语所构成的定中结构总数为120个，都属于单音节形容词直接充任定语且没有带"之"的情况。[1]

---

　　[1]　调查中发现一处定中之间带"之"的"硬之物"（叁711a倒11），但上一段已声明"形$_单$＋名$_单$"不属于本书研究范围。

　　单音节形容词是最为原型的性质形容词，表示的多为事物的属性。当然，这些单音节形容词直接充任定语的能力以及它们与中心语之间的语义关系都会有所差异。本书借鉴吕叔湘（1966）、张敏（1998：278—303）的分类方法，把单音节形容词作定语的情况分为三类。

　　1. 有的单音节形容词所表示的性状明显地含有"临时性"和"特定性"的特点：如"臭（肉身）、牢（铁锁）、猛（火焰）、迷（商人）、巧（方便）、热（阳炎）、萎（华鬘）、稀（土泥）、邪（险道）"等。其中"巧、邪"表对特定事物的主观评价或判断，"牢、猛、稀、萎"表实体在特定场合里出现的临时状况，"臭、迷、热"都是临时性的身体或心理方面的感受。"临时性"说明这类形容词并不足以刻画概念的属性，主要是对概念起限定的作用。

　　2. 有的单音节形容词和某些名词直接组合成定中结构，但其中的中心语名词不能自由替换，这说明单音节形容词和中心语之间的选择限制性非常大。这里的形容词表事物较稳固的属性，并都带有分类意味。"某种属性之所以能充任某种物体的规约化分类标准，这不完全取决于客观的语义条件，而常常取决于非客观的认知上的条件，并受制于特定社会文化环境中日常经验的模式。"（张敏，1998：283）比如"粗（褐衣）、干（牛粪）、好（象牙）、黑（羊毛）、利（剃刀）、美（言辞）、善（果报）、上（乳糜）"等，其中的单音节形容词就可以作为一个规约化的分类标准来给其后的名词分类。像"牛粪"，本可以从"（体积）大与小、（浓度）稀与硬"等角度分类，但这里以"干湿"为标准，是因为它被人们用作燃料，自然它的干与湿就成为人们关心的要点。"剃刀"是用来剃发剃须的，自然"利"与否就成为它最重要的属性。

　　3. 还有的单音节形容词，能够跟它们直接组合的名词很多，也就是说能相当自由地构成定中结构。这类形容词非常少，主要有"大，小，新，旧，好，坏，真，假"等几个（吕叔湘、饶长溶，1981）。《佛本行集经》中可能受语料性质所限，只有一个"大"出现频率非常高，仅"大+名$_{双}$"就多达 60 次。这些名词往往意义较为抽象。为什么"大"能如此自由地构成定中结构？原因还要到认知—语义方面去寻找。因为"物体在空间属性上最具概括性，最简单的类是大的和小的"，像大、小这样的分类"具有最普遍的适应性，反映最简单的分类格局，这样的属性作为分类指标，分出的类自然最容易成为规约性的类"（张敏，1998：302）。至于《佛本行集经》中与"大"相对的"小"没有出现用例，那是一种偶然现象，可能跟其中名词的内容、佛经语言的夸饰性等因素有关。

综合以上几类形名组合的情况，印证了张敏（1998：301）提出的一个观点，即分类属性和事物的概念距离比情状或一般属性更近，而显著的规约分类属性和事物的距离又近于一般的分类属性。

二　双音节形容词充任定语

《佛本行集经》中充任定语的双音节形容词有（我们用括号内的数字来注明其后中心语的词例数，中心语相同的不重复计取，而且词例数目为 1 的不注）：安乐、暗弊、悲哀、惭愧、瞋毒、称意、赤露、丑陋、慈哀、慈悲（2）、慈悯、聪明、粗恶、大慈、大弘、颠狂、端正（端政）（3）、烦恼、富贵（2）、干燥、绀青、刚硬、工巧（5）、贡高、广大（4）、和软、和雅、黑暗、弘大（2）、黄白（2）、惛醉、饥渴、吉祥、寂静、坚固、骄慢、精进（4）、久远、可喜、空闲（2）、苦恼（2）、宽广、狂颠、牢刚、牢固、老耄、羸瘦、盲瞑、美好、秘要、明智、疲倦、贫穷、平等（2）、平坦、平整、奇特、悭吝、亲厚、勤劬、清净（12）、柔软（6）、散乱、上仁、上胜（2）、盛旱、盛壮、胜妙、殊异、微妙（9）、微细、巍巍、我慢、乌黑、希有（2）、细滑、邪倒、殷重、勇猛（2）、幼稚、愚痴、贞洁、真实、真正（3）、忠正、众多、自在（2）、尊上、尊重。

以上共 89 个形容词，它们的构词方式除了 3 例状中式（大慈、可喜、盛旱）、1 例陈述式（自在）、1 例支配式（称意），1 例叠音词（巍巍），其余的都是联合式。有了以上的统计数据，我们可以肯定地说，从构词方式上看，是联合构造的双音节形容词最容易进入"形+（之）+名"的定中结构。这与上一节充任定语的双音节动词的构词情况类似。

《佛本行集经》中双音节形容词充任定语的情况我们归纳为"形_双+名_双""形_双+名_单""形_双+之+名_单"三种格式（见本节第四部分附录）。仿照此前的"单音节形容词充任定语"，这里我们想探讨两个问题。

1. 定中结构的凝固性。单音节形容词充任定语，与中心语结合相当凝固，定中之间不出现"之"。双音节形容词充任定语时的情况是：若中心语是双音节名词，受佛经四字句格式的影响，定中之间当然不带"之"；若中心语是单音节名词，为了凑成四字格，有时定中之间带"之"，但有时上下文另有动词或连词代词等出现，整体上同样可以凑成四字格，定中之间仍不需要带"之"。"形_双+名_双""形_双+名_单""形_双+之+名_单"三种格式在《佛本行集经》中的词例数分别是49、64、29。通过比较，发现"形_双+名_单"与"形_双+之+名_单"在句法功能与定中语义关系类型上并没有什么根本的不同。我们还检出带"之"与不带"之"两种形式都有的四组例子，即"慈悲（之）心、精进（之）心、清净（之）心、柔软（之）心"，由此也可证明《佛本行集经》中的"之"仅起调整音节的作用。

2. 定中之间的语义选择限制与单音节形容词充任定语时的情况相仿，《佛本行集经》中的双音节形容词大都表示其后名词的属性，这种属性可作为其后名词的分类标准。

定中之间语义的选择关系可分别以定语或中心语为立足点进行双向考察。从定语方面看，《佛本行集经》中充任定语的89个双音节形容词，其中大多只组合成一例定中结构，而组合成定中结构数目较大的有：清净（12例。～梵行、～流渠、～天眼、～园林、～池、～耳、～法、～金、～心、～眼、～之身、～之心）；微妙（9例。～风、～口、～身、～声、～音、～语、～宝帐、～音声、～丈夫）；柔软（6例。～心、～语、～螺髻、～童子、～毡褥、～之心）；工巧（5例。～铁师、～之技、～之女、～之人、～之事）；精进（4例。～心、～之人、～之心、～之行）。"清净"与"精进"等词的高频使用，体现了《佛本行集经》作为佛教文献的特色。

从中心语方面看，出现频率高的大多是与心、言、行、人、事有关的名词。比如：

（1）"形_双+名_双"部分的"众生"（8 例。丑陋～、颠狂～、端正～、惛醉～、饥渴～、羸瘦～、盲瞑～、贫穷～）；"誓愿"（3 例。大弘～、广大～、弘大～）。

（2）"形_双+名_单"部分的"心"（20 例。悲哀～、惭愧～、慈哀～、慈悲～、慈悯～、广大～、精进～、苦恼～、疲倦～、平等～、勤劬～、清净～、柔软～、散乱～、希有～、殷重～、勇猛～、真正～、忠正～、尊上～）；"意"（2 例。广大～、宽广～）；"身"（2 例。胜妙～、微妙～）；"事"（2 例。吉祥～、苦恼～）。

（3）"形_双+之+名_单"部分的"心"（10 例。哀悯～、慈悲～、贡高～、骄慢～、精进～、奇特～、悭贪～、清净～、柔软～、我慢～）；"人"（4 例。富贵～、工巧～、精进～、愚痴～）；"事"（2 例。工巧～、希有～）。

归总起来就是，心（30 例）、众生（8 例）、人（4 例）、事（4 例）、誓愿（3 例）、意（2 例）、身（2 例）。将定中结构中这些比较集中的中心语名词放置在人与环境互动的模式中去观察，发现它们正是最需要分类的几种最根本的事物。同时，"心""众生"等的高频使用，也体现了佛教文献的特色。

三 副+形+名

从上文可知，《佛本行集经》中充任定语的单音节形容词和双音节形容词中的绝大多数都是性质形容词，它们单纯表示中心语的属性。而这里要讨论的由"副+形"充任的定语与它们有所不同，带有明显的描写性。

朱德熙（1982）在《语法讲义》中将状态形容词分作五类，其中第五类就是"副+形+的"形式的合成词。后来的一些学者（崔应贤等，2002：207；韩玉国，2004：108）认为这第五类根本超出了词的范围。我们认为这种意见单纯从结构形式上讲当然是有道理的，但从功能上看，"副+形"重在对其后充任中心语的名词进行描写，与形容词的其他复杂形式（如重叠形式、带后缀的、前加状语的复合形式如"冰凉"等）存在功能上的一致性，而与性质形容词形成对立的两个范畴。① 凡事有一利必有一弊，我们这里宁舍结构形式方面的严整性而取其功能上的一致性，将"副+形+名"安排在"由形容词充任定语的简单定中结构"里。"副+形+名"的全部用例见本节第四部分（附录），这里就总体情况概括如表 2-3 所示：

表 2-3

类别	最	甚	更	极	至	大	不	副词连用	"副+形"连用
举例	最胜童子	甚大丰乐	更大忧愁	极妙快乐	至真方便行路	大吉祥地	不善人	最极深水	最上至真解脱
定中数目	62	2	1	11	1	37	13	1	8

与现代汉语的语法规则相比较，《佛本行集经》中的这些"副+形+名"最明显的一个不同是，现代汉语里"副+形"充任定语，它与名词中心语之间一般都要求带上结构助词"的"（赵元任，2001：151），而《佛本行集经》中此处定语与中心语之间出现"之"的仅 6 例：

我今获得最上之名（叁 670a 倒 8）/欲求无上最胜之利（叁765c11）/以最胜妙吉祥之事赞美菩萨（叁 778c 倒 5）/见已生大希有之心（叁 751c10、叁 760b7）/生大希有奇特之心（叁 772b6、叁706c 倒 2）/所谓师子最高之座（叁 777c 倒 11）。

这些"之"的出现也仅是为了凑成四字格而已，不是出于一种句法上的需要，因为同样内容的"副+形+名"，《佛本行集经》中就也有不带"之"的，比如与以上第四例对应的"见已各生大希有心"（叁 758b 倒 1）。梁启超（2001）论佛典语言特色时曾说过其中少用"之乎者也"之类虚词，其中作定语标记的"之"的隐现就是受到佛经语体因素的决定性的影响。

隋《佛本行集经》之外，其他几部佛经中出现的"副+形+名"统计如下（例子详见本节第四部分附录）：

---

① 性质形容词与状态形容词语法功能上的区别，可参看朱德熙（1982：73—75）。

三国吴《六度集经》：

表 2-4

副词	最	极	至
举例	最明之智	极愚之性	至孝之行
定中数目	2	2	11

西晋《生经》：

表 2-5

副词	最	至
举例	最上智慧	至真世尊
定中数目	1	1

西晋《普曜经》：

表 2-6

副词	最	极	至	殊	不
举例	最净世界	极妙天衣	至真功勋	殊妙栴檀	（舍）不善本
定中数目	11	1	1	1	4

后秦《出曜经》：

表 2-7

副词	最	甚	极	至	不
举例	最胜长者	甚深经句	极妙之色	至要处	不放逸人
定中数目	5	3	10	3	40

北魏《贤愚经》：

表 2-8

副词	最	极	不
举例	最小太子	极好音声	不净食
定中数目	4	3	10

综上可见，"副+形"作定语，它与其后的中心语之间带"之"字与否，跟译文风格有很大关系。三国吴《六度集经》的文言色彩较浓，调查得到的 15 例，全都是带"之"的。而从总体上看，中古汉译佛经的语言面貌是口语色彩较浓，所以定中之间带"之"的毕竟还是少数。西晋的《生经》和《普曜经》中"副形"与"名"之间就全都不带"之"。后秦的《出曜经》和北魏的《贤愚经》在这种位置上带"之"的也是少数，都只占到近 20%。而且这些译经中"副+形"与"名"之间用"之"的，在很大程度上是为了凑成四字格。

四　附录

附录共分三个部分。第一部分是形容词作定语的语例，大致按定中结构的音节数从少到多排列，先是单音节形容词作定语的，然后是双音节形容词作定语的。第二部分是定与中之间带"之"的用例。第三部分是"副+形"作定语的用例。每一类的例子又按音序排列。

（一）形容词作定语直接带中心语

1. 形_单+名_单

A：暗林

B：妩态、白齿、白粉、白拂（3 次）、白盖（2 次）、白骨、白珂、白鹭、白沫、白鸟、白日、白身、白头、白象（9 次）、白衣、白银（12 次）、宝车、宝物、本处、本床、本宫（7 次）、本国、本际、本命、本念、本容、本时（2 次）、本心（4 次）、本行、本形、本性、本座（3 次）、辩才、别利、别母、别事、别意、别音

C：残命、长刀（7 次）、长舌、长夜（2 次）、常服、常人、痴人（4 次）、痴心（3 次）、赤色（2 次）、赤身、赤体（2 次）、赤铜（2 次）、赤头、赤衣、赤子、重云、初禅、初相、纯金（3 次）、慈心（3 次）、慈颜、粗智

D：毒箭（2 次）、多财、多功、多力（2 次）、多人、多时（5 次）、多针

E：恶道、恶奴、恶气、恶人（2 次）、恶物、恶相、饿鬼（2 次）

F：凡夫、凡人（3 次）、凡业、非法

G：甘果（2次）、甘露（4次）、干粪、干土、绀焰、古道、贵子

H：好车（2次）、好地、好弓、好马、好器、好心（2次）、好言、和风、黑色、黑蛇（2次）、黑身、黑头、黑夜、黑云（2次）、横死、红色、洪波、黄金（14次）、黄泉、黄衣

J：吉日、健儿、健人、娇姿、近声、近巷、精光（3次）、精舍、静业、净光、净镜（2次）、净日、净水、净行、净眼、久时、旧院、巨力、绝崖

K：空地、空林、空拳、空山、空室、空宅、枯树、苦瓠、苦行（19次）、旷野（11次）

L：朗月、老年（3次）、老牛、老时、老妪、累关、冷水、利刀（4次）、利斧、利根、利剑（3次）、利刃、凉风（3次）、良医、隆冬、乱发、绿身、绿头

M：满面、满月、美浆（2次）、美食（4次）、美言、猛风（5次）、猛火（2次）、猛兽、猛焰、妙餐、妙果、妙色（2次）、明灯、明镜、明相、明星（2次）

N：难事、暖殿、暖水（4次）

P：贫人

Q：强兵、强怨、亲眷、亲族（4次）、青色、青眼、全面、全身（2次）

S：善报（2次）、善导、善道、善地（6次）、善法（2次）、善根（8次）、善家（2次）、善利（2次）、善女（2次）、善人、善心、善业、善意、善友、善智、善种、善子（2次）、善姊（2次）、少地、少力、少日、少时（15次）、少年、深宫、深泥（2次）、深山、深心、深义、圣道（7次）、圣法、圣教、圣人（3次）、圣师（2次）、圣行、圣子（123次）、胜幢、胜法、胜果、胜座、盛德、盛年（4次）、实谛、实行、疏沙、衰相、私心、酥蜜、俗法、俗患、俗事、碎石

T：贪心（2次）、贪欲、特意、同夜

W：威光（2次）、威力（2次）、威色、威神（2次）、威仪（2

次）、微尘（4次）、微风、乌麻（2次）

X：细雨、先食、先业、香花（2次）、香炉、香泥（4次）、香气、香水（2次）、香汤（7次）、香汁、小豆、小儿（2次）、小斧、小面、小兽、小巷、小心、邪见（2次）、修臂（2次）、朽木、虚空（45次）

Y：严敕、野鹿（2次）、野牛、野兽（2次）、异宝、异法、异类、异味、异形、淫欲、硬弓、幼年（4次）、愚人、远道、远声

Z：杂宝（3次）、杂毒、杂法、杂果、杂患、杂人、杂肉、杂色、杂香、杂行（2次）、杂业、暂乐（2次）、暂时（3次）、长子、真见、真金（6次）、真乐、真利、真如、真天、正定、正法（18次）、正见（2次）、正路（2次）、正念、正行、智岸、智见、智人（7次）、智心、至德、中年、重病、众生（12次）、众星、皱面、朱色、壮年、壮士（4次）、紫矿、尊师（2次）

其中，比较特别的一类是"大+名$_单$"，单列出来：

C：大财、大臣（12次）

D：大德（2次）、大地（17次）、大豆

F：大妃（12次）、大风（2次）、大福、大釜

G：大鼓、大光（2次）、大海（3次）、大河、大患、大火（3次）、大祸

J：大家（2次）、大觉

K：大坑、大苦（4次）

L：大力（3次）、大利

M：大明、大母（2次）

Q：大器

R：大人（3次）

S：大山、大身、大声（8次）、大圣、大师（50次）、大石（2次）、大士（5次）、大兽、大树（2次）

T：大头

W：大王（295次）

X：大仙（2次）、大象

Y：大崖、大疑、大雨、大愿、大云（3次）

Z：大众（5次）

2．形_单＋名_双

B：本光仪、本境界、本誓愿、跛瞎驴

C：常光明、赤真珠、臭肉身、粗褐衣

D：多利益、多威德、多众生

E：恶口业

G：干牛粪

H：好财宝、好美食、好童子、好象牙、好丈夫、黑鹿皮、黑羊毛、黑业法、弘誓愿

J：净天眼（3次）

K：枯头骨

L：牢铁锁、老父王、利剃刀

M：美言辞、美音辞、美饮食、猛火炬、猛火炎、猛火焰、猛明炎、迷商人、妙床敷、妙天冠、妙衣裳、妙音声

Q：巧方便（2次）、青莲花、青软草

R：热阳炎

S：善法行、善果报（2次）、善男子、上乳糜、少功夫、少身力、少时间、少罪愆

W：萎华鬘

X：稀土泥、细腰鼓、邪险道

Y：硬皮绳

Z：重苦恼

其中"大＋名_双"也单独列出：

A：大安乐（4次）

B：大宝幢、大宝盖、大布施（2次）

C：大船师（2次）、大慈悲

D：大德力、大灯明

F：大梵宫、大梵声、大梵王（2次）、大夫人（2次）

G：大歌舞、大功德（2次）、大光明（5次）、大光液

H：大黑云、大吼声、大欢乐、大欢喜（17次）

J：大筋力、大聚落、大峻崖

K：大恐怖、大苦恼（7次）、大苦痛、大苦行（5次）、大快乐（2次）

L：大利养、大利益（3次）、大莲华、大龙王（2次）

M：大名称、大名闻（2次）、大鸣声、大涅槃

Q：大气力、大桥梁、大庆幸

R：大热恼（2次）

S：大沙门、大闪电、大神变、大神通、大石崖、大势力（2次）、大树木

W：大威德（12次）、大威神（2次）、大无畏

Y：大崖岸、大烟气（2次）、大音声（5次）、大忧愁（3次）、大忧苦（2次）、大忧恼（2次）、大语言、大怨雠、大云队

Z：大种姓

3. 形_单+名_三

C：初增上心、纯黄金色

D：大梵天王、大威德力、大无遮会、大转轮王

M：妙梵音声

X：细㲲摩衣

4. 形_双+名_单

A：安乐果、暗弊行

B：悲哀心

C：惭愧心、称意食、赤露地、慈哀心（2次）、慈悲心（3次）、慈悲宅、慈悯心（3次）、粗恶言

D：大弘愿

G：干燥木、绀青色、广大心、广大意

H：弘大誓

J：吉祥事、寂静心、精进心（2次）

K：苦恼事、苦恼心、宽广意、狂颠人

L：牢固形、老耄时

P：疲倦心、平等心（2次）、平等行

Q：勤劬心、清净池、清净耳、清净法、清净金、清净心、清净眼

R：柔软心、柔软语

S：散乱心、上胜垛、上胜智、少少汁、盛旱日、胜妙身、殊异音

W：微妙风（2次）、微妙口、微妙身、微妙声（4次）、微妙音（2次）、微妙语（2次）、微细雨（2次）、乌黑色

X：希有心（8次）、邪倒见

Y：殷重心、勇猛筋、勇猛心

Z：真实智、真正心、忠正心、自在天、尊上心、尊重法

5. 形$_双$+名$_双$

C：瞋毒蛇头、丑陋众生、聪明利根

D：大慈父王、大弘誓愿、大弘愿心、颠狂众生、端正妇女、端正男女、端正众生

G：刚硬志意、工巧铁师、广大誓愿、广大王位

H：和软语言、弘大誓愿、黄白金容、黄白痰癊、惛醉众生

J：饥渴众生、坚固智心

K：可喜形容、空闲兰若、空闲山林

L：牢刚铁鼓、羸瘦众生

M：盲瞑众生、秘要咒术、明智仁者

P：贫穷众生、平坦道路

Q：亲厚眷属、清净梵行（6次）、清净流渠、清净天眼、清净园林

R：柔软螺髻、柔软童子、柔软毡褥

S：盛壮少年

W：微妙宝帐、微妙音声、微妙丈夫、巍巍盛德

X：细滑床敷

Y：幼稚少年

Z：真正圣人、众多婢媵、自在世主

（二）形容词定语与中心语之间带有"之"

这类例子都属于"形$_双$+之+名$_单$"。

A：哀悯之心（2次）

C：慈悲之心

F：烦恼之苦、富贵之人、富贵之时

G：工巧之技、工巧之女、工巧之人、工巧之事、贡高之心

H：和雅之音、黑暗之行

J：骄慢之心、精进之人、精进之心（6次）、精进之行、久远之时

M：美好之食

P：平整之处

Q：奇特之心、悭贪之心、清净之身、清净之心（2次）

R：柔软之心

S：上仁之法

W：我慢之心

X：希有之事（2次）

Y：愚痴之人（2次）

Z：贞洁之女、真正之言

（三）由"副+形"充当定语的①

1. 隋《佛本行集经》

（1）最+形+名

C：承最初水（叁 666a13）/最初长子（叁 672b 倒 13）

D：最大风神（叁 781b14）/彼王最大夫人（叁 693c1）/净饭王最大夫人摩耶（叁 682c 倒 3）/彼王第一最大夫人（叁 770b 倒 13）/彼王最大第一夫人（叁 695a5）/最大苦行（叁 767a11）/最大利益（叁 769 a 倒 7、叁 779a7）/我最大妄语（叁 767b12）/复有无量无边色界最大威德诸天众等（叁 691c8）/复有无量无边欲界最大威德诸

---

① 本章前三节原拟研究的对象是限于隋《佛本行集经》的，但由于"副+形+名"问题的特殊性，本章第三节的第三部分在讨论这一问题时已经突破了这个局限，所以凡是本书考察过的几部佛经中含"副+形+名"的用例，一律附录于此。

天众等（叁 691c10）/最大怨雠（叁 740c8）/最大丈夫（叁 791a 倒
3）/有一最大算计之师（叁 709a 倒 8）/譬如最大二壮力士（叁 766c
倒 5）/其中有一最大种姓婆罗门（叁 767b12）/有一最大高峻雪山
（叁 716a 倒 13）/有一最大鲜洁伞盖（叁 727c1）/譬如勇健最大力人
（叁 766c10）

G：所谓师子<u>最高之座</u>（叁 777c 倒 11）①

H：别取胜上最好一州（叁 674a 倒 1）

L：最老仙人（叁 747c2）

M：大力最猛健将（叁 776c 倒 11）/最妙音辞（叁 765a 倒 5）/
将好最妙牛头栴檀（叁 703c7）/转于无上最妙法轮（叁 668c15、叁
680b 倒 13、叁 697a4、叁 697c 倒 9）

S：仁今已得是最上乐（叁 753a7）/最上供养（叁 687c13）/最
上寂定（叁 774a1、叁 765a 倒 5）/最上解脱（叁 785c1）/我得名为
最上戒行清净具足（叁 669c 倒 4）/最上苦行（叁 766c6、叁
766c14）/最上名闻（叁 687c14）/我得名为最上智见功德具足（叁
669c 倒 3）/仁者所语极大微妙最上誓愿（叁 748a9）/最上美食（叁
771b 倒 10）/最上胜法（叁 758a9）/生于如是最上胜人（叁
743a7）/不见彼之最上胜大丈夫（叁 742a14）/转于最上胜妙法轮
（叁 697a7）/最上无畏诸有尽处（叁 784b10）/我今获得<u>最上之名</u>
（叁 670a 倒 8）/所有最慎善持更人（叁 732a2）/欲求彼等最胜处
（叁 746a10）/最胜革屣（叁 665b 倒 3）/最胜金刚（叁 776c 倒 7）/
最胜苦行（叁 776c14、叁 776c 倒 8）/最胜难行（叁 766c6）/最胜
仁者（叁 765b6、叁 765b15）/最胜童子（叁 694c 倒 10）/大王最胜
童子（叁 694b4）/最胜众生（叁 691a 倒 1）/如是最胜众生（叁
743b9）/最胜春初之时（叁 682b 倒 13）/无上最胜法轮（叁
697a10）/无上最胜利益（叁 765c3）/清净最胜童子（叁 699c3）/
无量种种殊妙最胜华鬘（叁 699b 倒 13）/别置五百最胜壮健诸释侍
官（叁 725c 倒 6）/若有丈夫欲求<u>无上最胜之利</u>断诸恶者（叁

---

① 以下凡是"副+形"与"名"之间带"之"字的语例都加下画线标示。

765c11）／以<u>最胜妙吉祥之事</u>赞美菩萨（叁 778c 倒 5）

　　Z：有一<u>最尊豪胜富贵大</u>首领人（叁 672a 倒 12）

　　（2）甚／更／极／至+形+名

　　甚：

　　转轮王位甚大丰乐（叁 734b 倒 10）／受彼王位甚大快乐（叁 734b 倒 11）／受是王位甚大快乐（叁 734b 倒 13）／受其王位甚大快乐（叁 734b 倒 1）

　　更：

　　乃令我心更大忧愁（叁 695c8）

　　极：

　　C：酷暴极瞋怨家（叁 740c4）

　　D：各各受于极大苦恼（叁 775b 倒 1）／极大困苦（叁 722b 倒 1）／极大璎珞庄严其身（叁 714c3）／令我心内极大忧愁（叁 721b13）／极大威德诸天（叁 684b14）／极大怜念忆恋著心（叁 749c1）／仁者所语极大微妙最上誓愿（叁 748a9）

　　K：欲行可畏<u>极苦之行</u>（叁 766b 倒 11）

　　M：一向皆受极妙快乐（叁 796a11）／志慕无上极妙圣果（叁 744b7）

　　至：

　　Z：应闻至真方便行路（叁 748a 倒 13）

　　（3）大+形+名

　　这里的"大"表程度义，为副词，用来修饰其后的形容词。又根据此处形容词的音节数分为两类。

　　形容词为单音节的：

　　F：大富伽罗（叁 684a 倒 3）

　　M：设大美食（叁 698b5）

　　S：大善车匿（叁 737b9）／大善福业（叁 779a8）／大善龙王（叁 774b14）／大善圣子（叁 792a 倒 12）／大善树神（叁 778c 倒 1）／大善尊者（叁 770c11、叁 770c 倒 9）／大圣仁者（叁 767a 倒 4、叁 773a4）／大圣世尊（叁 731b 倒 2）／大圣太子（叁 764b9 等）／大圣

大子（叁 736b12）／此之悉达大圣太子（叁 767a7）／此大圣童子（叁 697c 倒 13、叁 697c 倒 10）／大圣王子（叁 750c2 等）／大圣尊仙（叁 694c 倒 8）／大圣尊者（叁 773c 倒 11、叁 771a13）

Y：行大远路（叁 736c13）

Z：大智圣子（叁 749b8）／大智太子（叁 748c10、叁 767a4）／大智丈夫（叁 755 a7）

形容词为双音节的：

C：两眼放大炽盛猛焰火光（叁 788a 倒 10）／既行大慈悲行（叁 735c 倒 2）

J：观看大吉祥地（叁 686a 倒 3）／发大精进勇猛之心（叁 668a8）

K：我今亦应不见如此大苦恼事（叁 741a8）

W：彼大微妙师子高座（叁 680c 倒 6）

X：有如是法不可思议大希有事（叁 689c 倒 1）／见已各生大希有心（叁 758b 倒 1）／见已生大希有之心（叁 751c10、叁 760b7）／时海龙王生大希有奇特之心（叁 772b6、叁 706c 倒 2）

Y：大勇健儿（叁 732a 倒 6）

Z：能出明净大智慧光（叁 686c11）／为众生生大智慧眼（叁 697c9）／大自在天（叁 759b 倒 6）

（4）不+形+名

形容词为单音节：

J：不净地（叁 789b13）／不净业（叁 765c 倒 5）

Q：设不悭法（叁 685a14）

S：弃舍一切诸不善法（叁 706a 倒 11）／离诸欲心及不善法（叁 792c 倒 4）／得不善法（叁 724c 倒 13）／行不善法（叁 750a 倒 13）／此不善马（叁 741a9、叁 741a6）／此不善人（叁 665c 倒 8）／是不善事（叁 740c14）／此不善心（叁 785a10）／不善业（叁 740c11）

X：如是不祥梦（叁 775c 倒 6）

形容词为双音节：

C：不谄曲语（叁 760b 倒 7）

J：不吉祥事（叁 775c7）／三十二种不吉祥相（叁 775a 倒 5）

（5）"副+形"连用

最大最胜威德尊者（叁 694b 倒 9）

最妙最胜身（叁 779a2）

（呜呼我子，）最上最胜微妙丈夫（，可喜形容端正无匹柔软童子。）（叁 743c 倒 12）

最胜最妙五欲（叁 676c11、叁 676c12）

（将）好最胜最妙第一希有宝座（叁 694a 倒 5）

（此名）寂定微妙最胜最上解脱（叁 757c5）

（欲求）最上至真解脱（叁 751c 倒 12）

（仁者所语）极大微妙最上誓愿（叁 748a9）

甚至还有一例属于"副词连用"的：

（犹如堕于）最极深水（叁 749b13）

2. 三国吴《六度集经》（共 15 例，全部带"之"）

最：最福之上名（叁 4a 倒 2）/最明之智（叁 4c13）

极：极愚之性（叁 6a1）/斯极愚之君（叁 25b 倒 12）

至：至仁之德（叁 12c6）/至孝之行（叁 24b 倒 13）/其至孝之行（叁 25a1）/修睒至孝之行（叁 25a9）/吾世世奉诸佛至孝之行（叁 25a10）/至孝之子（叁 24c 倒 10）/斯至孝之子（叁 25a4）/奉佛至孝之诚（叁 24c 倒 1）/奉佛至孝之德（叁 25a7）/至恭之心（叁 43a8）/至诚之信言（叁 45b13）

3. 西晋《生经》（共 2 例）

最：最上智慧（叁 75a 倒 9）

至：至真世尊（叁 99a4）

4. 西晋《普曜经》（共 18 例）

最：最正觉（叁 501c 倒 6 等九处）/最净世界（叁 515b 倒 10）/最正学（叁 537a7）

极：极妙天衣（叁 486c 倒 9）

至：至真功勋（叁 529b 倒 4）

殊：殊妙栴檀（叁 492a4）

不：不直心（叁 487a 倒 8）/不善本（叁 487b10）/不善行（叁

506a 倒 13）／不善法（叁 537b 倒 7）

5. 后秦《出曜经》（共 61 例，其中 13 例带 "之"）

最：最正觉（肆 620b11）／最胜长者（肆 674a 倒 11 等四处）

甚：甚深法（肆 610a 倒 2）／甚深经句（肆 659a1）／甚深道（肆 684c6）

极：<u>极深之法</u>（肆 618c 倒 14）／极妙法（肆 623b12）／<u>极妙之色</u>（肆 628c 倒 1 等两处）／<u>极妙之音</u>（肆 628c 倒 1 等两处）／<u>极妙之香</u>（肆 629a1 等两处）／极妙细滑（肆 629a1 等两处）

至：至要处（肆 682b3 等三处）

不：不净想（肆 622c 倒 8 等三处）／不善行（肆 628a 倒 4 等六处）／不善根（肆 635b5 等三处）／不放逸人（肆 637a2 等六处）／八不闲处（肆 637b3 等两处）／不善念（肆 640c 倒 3）／<u>不善之法</u>（肆 642c1 等两处）／<u>不要之行</u>（肆 642c3）／<u>不放逸之人</u>（肆 645b8 等两处）／<u>不骄慢之人</u>（肆 645b 倒 8）／不善法（肆 647b 倒 5 等九处）／不死处（肆 652a15）／不善本（肆 652b10 等两处）／不要事（肆 680c9）／不善想（肆 686c8）

6. 北魏《贤愚经》（共 17 例，其中 3 例带 "之"）

最：最小太子（肆 356b10）／最下小儿（肆 399c4）／最下小子（肆 415c 倒 5）／最大夫人（肆 415b 倒 5）

极：<u>极贱之人</u>（肆 397c12）／<u>极妙佳好之物</u>（肆 416c 倒 9）／极好音声（肆 424c 倒 7）

不：不善心（肆 366b10 等两处）／不净食（肆 375b 倒 1）／不净肉（肆 375c4 等两处）／<u>不净之物</u>（肆 389b13）／不善业（肆 416b 倒 9）／不善事（肆 417a3 等两处）／不孝物（肆 424a13）

第四节　由数量词语充任定语的简单定中结构

佛经中的数词及与数有关的表达方式呈现出与中土文献不同的风格，顾满林（2005：226）通过对东汉佛经的考察，归纳出佛经中数的表达方式有三个显著的特点:"一是大量堆砌数字,二是它们的组合方式十分灵活,三是表示不定大数、无穷大数的语言单位可以再被当作计数单位而可以有倍数或被'若干'等语修饰。"这三个特点在本书调查的佛经中也都有所体现,而且还有所发展。这里分数词、量词、数量短语修饰名词三个方面来讨论。

一　数词

数词首先可分为基数词和序数词,本书以讨论基数词为主体。基数词又可以分析出系数词和位数词。

1. 系数词

(1) 系数词"一"的省略

A. 东汉《修行本起经》

三千日月、万二千天地之中央(叁 463b9)

B. 东汉《中本起经》

千比丘(肆 152a11、肆 153a 倒 10)/千比丘僧(肆 151c 倒 1、肆 152a 倒 6)/千优婆塞(肆 162a 倒 13)千二百五十人(肆 154a 倒 9)/千二百五十比丘(肆 161b 倒 8)/千二百五十比丘僧(肆 162a 倒 13)/千五百火(肆 151a 倒 9)

常规说法有之:一千二百五十人(肆 154c13、肆 156a 倒 6)

C. 三国吴《六度集经》

年有十余(叁 14b5)/转以贩菜,致有百余(叁 14a7)/百六十里(叁 4c11)/百八十日(叁 4c1)/千子(叁 52a 倒 14)/千八十四枚(叁 12b3)/千八十四世(叁 48c 倒 6、叁 49b 倒 11)/千二百月(叁 50b14)/千二百五十比丘(叁 42b 倒 2、叁 44b13)/千五百人(叁 41c6)/千六百里(叁 6b1)/万二千日(叁 50b15)

D. 西晋《生经》

千二百五十人(叁 70a 倒 13)/万菩萨(叁 85c 倒 4)/亿世(叁 98a 倒 1)

常规说法有之:一万菩萨(叁 86a1)

E. 西晋《普曜经》

十有二年（叁 534b 倒 8、叁 536c10）/千沙门（叁 532b2）/千罗汉（叁 532b8）/千弟子（叁 534b 倒 13）/万二千婇女（叁 488c12）

F. 后秦《出曜经》

百二十时（肆 612c9）/百二十余年（肆 658b12）/百二十五牛（肆 644c3）/百三十六镬汤（肆 669b9）/百三十六地狱（肆 670a5）/千梵志（肆 645a 倒 11）/千鹿（肆 685c5）/万二千人（肆 645b1）

G. 北魏《贤愚经》

百盲人（肆 376b 倒 14）/百人（肆 376b 倒 12）/百里（肆 405c 倒 7）/百二十门（肆 388b 倒 9）/百二十里（肆 408c5）/百二十处（肆 421a 倒 7）/千师子（肆 395c6）/千象（肆 395c13）/千马（肆 395c 倒 2）/千雁（肆 396a15）/千光明（肆 396b4）/千子（肆 396b9）/千夫（肆 400c 倒 6）/千快士（肆 386c13）/千辟支佛（肆 386c 倒 11）/千人（肆 386c 倒 9）/千里（肆 405c 倒 7）/千二百门（肆 440b 倒 13、倒 11）/千二百处（肆 421a 倒 7）/千二百五十比丘（肆 360c 倒 14、肆 433a13）/千二百五十七宝高车（肆 363b15）/千二百五十人（肆 386a7）/千六百岁（肆 437a 倒 13）/万里（肆 405c 倒 6）/万六千岁（肆 437a 倒 11）/万八千小王（肆 398c7）/万八千王（肆 399a4）/万八千诸王（肆 399a 倒 11）

（2）"二" 和 "两"

现代汉语中 "两" 和 "二" 在用法上的区别，吕叔湘（1999：365—366）列了五条之多，详细是很详细，但毕竟给人烦琐的感觉，由此可见问题的复杂程度。在东汉到隋代，"两" 和 "二" 的用法分工情况，我们今天更是不甚了了，但通过研读语料还是可以看出一些倾向性来。《佛本行集经》中的 "两"① 多用于表示人身体有关部位的名词前，如 "两眼（叁 736c2、叁 788a 倒 10）、两目（叁 740b 倒 12）、两手（叁 733a12 等）、两腕（叁 696b 倒 9）、两臂（叁 728c9

---

① 上古汉语中，"两" 不是系数词，它只能用于两者相对的场合。在《佛本行集经》中，它已成为系数词，比如有 "两滴血"（叁 674b13）、"血两滴"（叁 674b15）的说法。

等）、两髆（叁 742c4）、两肩头（叁 777a7）、两膝（叁 696a11）、两胫（叁 693a3）、两足（叁 728b1）"，另外还有"两岸（叁 748c 倒 7）、两人（叁 716a15）"等用法。而"二"适用的范围就很广泛，人体部位的"目、手"可以，更多的则是用于不同个体的人（二人、二大臣、二女、二子）与自然物（如二池、二水等）的方方面面。与"二"相比，"两"似乎多用于成对出现的事物。

（3）"半"

中古佛经中存在"半"修饰名词，或居于名词前，或居于名词后，而表达的意思却相同的情况。

先看隋《佛本行集经》中的例子，半国=国半："分割半国与婆罗门"（叁 664b3），"我当与仁分国半治"（叁 760c11）；半夜=夜半："半夜"见叁 728b 倒 5、叁 733b 倒 1 等，"夜半"见叁 733b 倒 2、叁 729b11、叁 715b 倒 5 等。

另外有三国吴《六度集经》：山半有树（叁 6c 倒 2）；西晋《普曜经》：察欲夜半（叁 506c1）；北魏《贤愚经》：至于道半，身体转痛（肆 367b 倒 2）/共分国半治（肆 389a4）；等。其中的画线部分都可作倒序理解无妨。

《佛本行集经》中还有一例"或一日半始吃于食（叁 766a12）"，其中的"一日半"据笔者推测就是"一日之半"，因为如果按照现代汉语的"一天半"来理解就与事理不合。

2. 系位构造

系位构造是由系数和位数两部分组成的复合数词（朱德熙，1982：46）。

（1）位数词"千"受"十"或"多"的限定

隋《佛本行集经》中十、百、万等位数词与系数词的组合没有什么特别之处，唯有位数词"千"有些特殊，有"十千""多千"的说法，例如：十千嫔妃（叁 685c 倒 4）、多千婇女（叁 739b1）、多千人众（叁 741b 倒 13）。

其他佛经中有用"十千"代替"万"，用"十百"代替"千"的用例，如：

后秦《出曜经》：于迦叶佛十千岁中（肆 612b 倒 14）/六十千生六十百生（肆 613b 倒 2）/或说八十千诸度，使众生类，乘此度而度彼岸（肆 667c 倒 12）/有信有智，则能具足八十千行（肆 676a 倒 13）/北魏《贤愚经》：五十六亿十千万岁（肆 376a 倒 3）

以上最后一例的"十千万岁"就是"万万岁"，也即"一亿"，此处如果直截了当地说，就是"五十七亿岁"。

（2）位数词受"巨""无数"等的限定

A. 位数词前带"巨"的用例

三国吴《六度集经》：积财巨亿（叁 15a 倒 14）/北魏《贤愚经》：胜于此士巨亿万倍（肆 442b6）

B. 位数词前带"无数"之类表不定量词语的用例

东汉《修行本起经》：未及城门，无数千人，华香奉迎。（叁 467c1）/西晋《生经》：献致珍异无数亿宝（叁 88b 倒 14）/西晋《普曜经》：无数亿众（叁 484c4）/无数亿劫（叁 507b 倒 4、叁 507b 倒 1、叁 514b 倒 8、叁 515a6）/无数亿天（叁 509a 倒 12）/无数千言（叁 508c15）/后秦《出曜经》：无数千劫（肆 615c13）

C. 佛经中位数词可受"数"的限定之用法与现代汉语相同，例略。比较奇特的表达方式是像三国吴《六度集经》中的"处于山泽数十余载"（叁 13c5）、"数千余人"（叁 49c 倒 7）这类，两例中位数词前面已有概数词"数"，位数词后面却又带有余数，这种表达方式在现代汉语中是不大见得到的。

3. 复杂的系位构造

如果系位构造的系数部分或位数部分不是一个单纯的数词，而是一个数词结构，这样的系位构造叫复杂的系位构造（朱德熙，1982：47）。

（1）隋《佛本行集经》中有不少诸如"百千、千万、百千万、百千亿、千万亿、千亿万、亿千万、亿百千、百千万亿、亿百千万"等位数词连用的现象，它们的前边或者带了具体数字（只有"百千"前边有带具体数字的情况）或者干脆没带，或者带的是"无量、无量无边"等不确定的大数。具体情况见表 2-9（按：为简洁起见，此表中页码前均省略了表册数的"叁"）。

表 2-9

连用的位数词	前带具体数字或干脆没带	前有"无量、无量无边"等	前有"无量、无量无边"后有"诸"
百千	百千劫事（655c3） 百千两金（661c6 等三处） 百千世中（668c12） 百千转轮圣王（668c13） 一百千（710a 倒 2） 五百千（710a 倒 2） 八百千人（671c 倒 8） 一百百千（709c3） 一百六十八百千人（671c 倒 10） 二十亿那由他百千（710a 倒 3） 六十亿百千（710a 倒 2） 六十八亿百千人（663b3） 若干百千由旬（710b6） 所谓一身能现多种百千面孔（776c 倒 9）	无量百千壮士（725b 倒 8 等五处） 众多百千（739a 倒 10） 无量无边百千人民（721b 倒 3） 附： 次序颠倒的例子： 过于百千无量无数阿僧祇劫（661c 倒 2、661c 倒 8）	无量百千诸女（702c3） 无量百千诸天（744c 倒 5） 无量无边百千诸众生等（712b 倒 3） 无量无数百千诸比丘众（664c 倒 9）
千万	千万帝释（680c 倒 11） 千万幡盖（680c14） 千万梵天（680c 倒 11）	无量千万夜叉罗刹及毗舍遮鸠槃荼等（786a 倒 1）	无量千万诸天（660c 倒 3、773c13）
百千万		无量百千万劫（655b10） 无量无边百千万世（661c 倒 10） 无量无边百千万众（669b9）	
百千亿	百千亿金（738a4）		无量百千亿诸众生（668c6） 无量无边诸天百千亿众（733a2）
千万亿	若诸众生有千万亿（785b 倒 7） 千万亿数（792b13） 驾千万亿象驮马车（785b8） 寿命八百四千万亿岁（671b4）	无量千万亿劫（791a14） 无量无边千万亿劫（697c13）	
千亿万	千亿万劫（791a 倒 3）		
亿千万		无量无边亿千万年（697c12）	
亿百千	亿百千劫（786a 倒 12）		
百千万亿	百千万亿魔众（781b3） 护世四王百千万亿在于左右（680c 倒 12）	如是无量百千万亿天神鬼兵（776c 倒 9）	无量百千万亿诸天大众（667b6） 无量无边百千万亿诸天玉女（680c 倒 14）
亿百千万			复有无量无数无边亿百千万诸天神王（691c 倒 14）

（2）东汉《修行本起经》

表 2-10

连用的位数词	前有具体数字（或干脆没有）	前有"数"
十百		数十百种（叁 465a15）
百千亿万	一世十世，百千亿万无数世事（叁 471c12）	
千万亿	能知十劫百劫至千万亿无数劫中（叁 471c13）	
亿百	众梵诸天亿百（叁 470c 倒 13）	
亿万	能分一身，作百作千，至亿万无数（叁 471b 倒 2）	

（3）三国吴《六度集经》

表 2-11

连用的位数词	前有具体数字（或干脆没有）
百千万	百千万世（叁 8c 倒 12）
百万	（问价贵贱……）答曰："百万。"（叁 15a 倒 11）
万亿	怀俗记籍万亿之卷（叁 16c 倒 5）
亿百千	亿百千世（叁 34b 倒 8）

（4）西晋《生经》

表 2-12

连用的位数词	前有具体数字（或干脆没有）	前有"无量、无数、无量无边"等
百千	百千两金（叁 88a11）百千之数（叁 92c9）	
百千亿		无数百千亿劫（叁 87b8）
千百	千百众生（叁 85b5）	
千亿万	又加于前千亿万倍（叁 104c 倒 10）	
万千亿	所欲得金，万千亿两（叁 98b 倒 1）	
万亿	出万亿音（叁 87b5）	
亿百千		无央数亿百千劫（叁 72c 倒 4）
亿千	亿千劫（叁 93a13）	
亿万	亿万两金（叁 88b6）	

（5）西晋《普曜经》

表 2-13

连用的位数词	前有具体数字（或干脆没有）	前有"数"	前有"无量、无数、无量无边"等	后带"诸"	前有"无量、无数、无量无边"，后带"诸"
百千	百千天人（叁 484a4、叁 493c 倒 14） 百千明珠（叁 486c 倒 8） 百千妓乐（叁 489a8 等五处） 百千玉女（叁 486c 倒 5、叁 510a7） 百千象（叁 494b8） 百千之众（叁 497b 倒 8） 百千国人（叁 502a9） 百千德（叁 508a 倒 6） 百千法音（叁 514c 倒 5） 百千由旬（叁 515a 倒 14） 百千定意（叁 510b 倒 12） 百千劫（叁 529b 倒 13） 百千声响（叁 493c8）		供养无数百千载佛（叁 484a 倒 13） 时诸天人，无数百千（叁 501a 倒 10） 兴显无数百千吉祥（叁 498a3） 无数百千天（叁 514c 倒 14） 无央数百千眷属（叁 489c 倒 14） 无央数百千菩萨（叁 530b 1）	百千诸天子（叁 489c13）	
百千亿	百千亿天（叁 509a 倒 4、叁 514b 倒 4） 百千亿载（叁 490c9）			其百千亿诸佛国土（叁 494a 倒 8）	无数百千亿诸天（叁 506c15）
百万	百万梵王（叁 528a 倒 1）				
千百		数千百种（叁 496b13）			
千万		数千万里（叁 531b14）			
千亿	七千亿人（叁 526b8）			千亿诸佛（叁 528c 倒 8）	
万亿	六万亿载（叁 528c 倒 11）			六万亿诸佛世尊（叁 528c 倒 10）	
亿百千	亿百千载（叁 486c 倒 2、叁 490c2） 亿百千乐（叁 507b7） 亿百千人（叁 530c3）		无央数亿百千劫（叁 505c15） 无数亿百千鸠刀（叁 506c8） 无数亿百千龙（叁 506c10） 无数亿百千阅叉（叁 506c12）		

连用的位数词	前有具体数字（或干脆没有）	前有"数"	前有"无量、无数、无量无边"等	后带"诸"	前有"无量、无数、无量无边"，后带"诸"
亿千	亿千功勋（叁486c倒4）亿千梵天（叁527a倒13）		无数亿千释梵四天（叁509a12）		
亿千姟	亿千姟天（叁526b3）				
亿万				亿万诸天（叁494a倒14）	
亿姟			无央数亿姟载（叁515b4）	闻世亿姟诸法言教（叁526a12）	

（6）后秦《出曜经》

表2-14

连用的位数词	前有具体数字（或干脆没有）	前有"数"	前有"无量、无数、无量无边"等	前有"无量、无数、无量无边"，后带"诸"
十百		数十百种（肆657c倒1）		
百千	百千变（肆612c倒8）百千生（肆613c倒1等四处）百千世（肆641b倒2等两处）百千劫（肆658a3等两处）百千尼罗浮地狱（肆665c倒8）百千苦恼（肆662a倒6）		无数百千方便（肆679a9）无央数百千众生（肆636a倒10）	无数百千诸比丘僧（肆610a6等两处）
千万		数千万人（肆654b10等两处）数千万众（肆659c14等六处）数千万劫（肆663b4等三处）		
千亿万		数千亿万岁（肆640c10）		

连用的位数词	前有具体数字（或干脆没有）	前有"数"	前有"无量、无数、无量无边"等	前有"无量、无数、无量无边"，后带"诸"
亿百千	亿百千数（肆612b 倒2） 亿百千众（肆612b 倒2） 亿百千众生（肆672a 倒10 等三处） 亿百千世（肆641b 倒2）			
亿千百	亿千百劫（肆657c12）			
亿千万	亿千万身（肆675c14） 亿千万劫（肆657c12）			

（7）北魏《贤愚经》

表 2-15

连用的位数词	前有具体数字（或干脆没有）	前有"数"
百千	百千眷属（肆388a 倒13）	数百千乘（肆414c2）
百千万	百千万倍（肆354c 倒8 等六处） 百千万分（肆378b 倒4）	
百千万亿	百千万亿身（肆420a 倒12）	
千万		数千万岁（肆354c10 等三处） 数千万倍（肆354c 倒4 等两处） 数千万众（肆366a3）
千亿	千亿两金（肆390c4）	
万亿	八万亿聚落（肆363c13） 十万亿劫（肆438c13）	数万亿岁（肆444b8）
亿万	十亿万劫（肆438c10）	

　　是什么原因造成了从东汉到隋代翻译佛经中这种与中土文献迥异的表达方式呢？可能是受了原典的影响，同时它又满足了佛经语言极力渲染"佛法无边"的语用需求。

　　4. 系位组合

　　几个系位构造按照位数由大至小顺序排列造成的数词结构叫作系

位组合（朱德熙，1982：46）。

系位组合中存在系位构造空缺的情况，现代汉语中一般用"零"来代表这种空缺，而佛经中竟没有任何标记。有空缺十位、百位、万位甚至亿位的。分类举例如下：

（1）空缺十位的：隋《佛本行集经》中有"一百八王"（叁674a倒6）、"一百五"（叁762b5）之类的系位组合，寻绎上下文意，应为"一百〇八、一百〇五"的意思，这是文言的表达习惯，与现代汉语的规范不同。现代汉语中"一百八""一百五"分别是"一百八十""一百五十"的省略。中古时期的其他经中此类例子多有：东汉《修行本起经》：人有四大，地水火风。大有百一病，展转相钻，四百四病。（叁466c倒10）/后秦《出曜经》：四百四病缠裹人体（肆616a15）/亦复不造四百四病（肆684b倒4）/老有四百四病痛（肆633a倒1）/云何名为死众？百八结是也（肆648c倒5）。

（2）空缺百位的：三国吴《六度集经》：事事各有千八十四枚（叁12b3）/子孙相继千八十四世（叁48c倒6）/子孙相传千八十四世（叁49b倒11）。

（3）空缺万位的：西晋《普曜经》：三十万二千天子（叁487c倒10）。

（4）空缺亿位的：三国吴《六度集经》：寿八十亿四千万劫（叁35b2）。

5. 借基数形式表达序数含义

隋《佛本行集经》中的序数借用词缀"第、初"等来表达，如"即拜为王第一之妃"（叁674c2）、"将好最胜最妙第一希有宝座"（叁694a倒5）、"从初一日至十五日"（叁702a4）等。如果有一定的上下文背景，即使序数词缀不出现，也仍可以用基数形式表序数义，如《佛本行集经》中有一段讲马上比试的情况，其中就有"一马，第二马，二马，第三马，三马，第四马，四马，第五马，五马，第六马，六马，第七马"（叁711c1—c7）等说法，其实这里所有的数词都是表序数义，只是有的前边带了"第"，有的没带。

这种现象其他佛经中也有发现：

东汉《修行本起经》："调达放发,彻一中二。难陀彻二,箭贯三鼓。"(叁 465c 倒 7)例中画线的"二"指第二只鼓,"三鼓"指第三只鼓。

三国吴《六度集经》："菩萨即得一禅,二 三至四禅。"(叁 42a 倒 14)/"不远群邪,招二世咎。"(叁 14c1)/"一夜"(叁 42a 倒 13)/"二夜之中"(叁 42a 倒 12)/"三夜之中"(叁 42a 倒 10)/"明日至七山"(叁 45c14)/"之八山上"(叁 45c 倒 13)。以上例子中画线的数词都是表序数。

西晋《普曜经》里先有"第一愿"(叁 504b 倒 11)、"第二愿"(叁 504b 倒 9)、"第三愿"(叁 504b 倒 5),紧承其后的"四愿"(叁 504b 倒 3)应该是"第四愿"。

后秦《出曜经》里先有"初禅内有不定想"(肆 686c 倒 4),后有"第三禅内有不定想"(肆 686c 倒 1),位居中间的"二禅内有不定想"(肆 686c 倒 3)的"二"也应该是"第二"。

北魏《贤愚经》："从一日至二日,乃至六日。王及夫人,自共议言。"(肆 411c 倒 10)

以上例子中画线词表示的都是次序义。这些用基数词形式表序数词含义的例子,在具体的上下文中不至于引起歧义,省去序数标记是为了追求简洁与整齐(四字格)的表达效果。

二 量词

量词可分为个体量词、集合量词、部分量词、容器量词、临时量词、度量量词、自主量词、动量词、复合量词等九类(吕叔湘,1999:14)。中古佛经中较有特色的是个体量词和部分量词,以下是我们的调查所得:

1. 隋《佛本行集经》中的个体量词、部分量词,共 23 个,按音序排列如下。

(1)个体量词

等:三等宫(叁 715b 倒 7)

滴:两滴血(叁 674b13、叁 674b 倒 12)/血两滴(叁 674b15)

方：一方地（叁 667c3）

封：一封书（叁 778c1、叁 778b 倒 2）

个：见其四个所爱之女（叁 775b 倒 10）/身上唯留一个单衣（叁 710b11）

根：彼七根多罗之树（叁 711b10）

茎：此五茎华（叁 667a10）/五茎优钵罗华（叁 666c 倒 2、叁 667a 倒 4）/此七茎莲花（叁 667b2）/其一茎蔗（叁 674b 倒 11）/一茎竹（叁 711b 倒 13）

具：二十具上妙衣裳（叁 698a5）/各造一具杂妙璎珞（叁 702b 倒 14）/一千具筝、一千具筑、一千具笛、一千具笙、一千具箫、一千具篪、一千具螺（叁 715c12—15）

口：七口铁瓮（叁 711b1）

粒：一粒乌麻（叁 767b7）

乘：一乘大车（叁 702b 倒 3）

头：汝八头女（叁 676b1）

张：一千张琴（叁 715c13）

种：四种兵（叁 664c7）

（2）部分量词

把：一把草（叁 790c 倒 13）/彼草一把（叁 773b 倒 10）/一把金粟（叁 669b 倒 14）/一把碎末麦麲（叁 789c15）

重：七重城（叁 660a2）/三重细金华鬘（叁 714b 倒 1）/七重行列（叁 660b 倒 7、叁 662c1）/七重堑（叁 660a 倒 11、叁 660b 倒 5、叁 712b 倒 6）/七重墙（叁 712b 倒 6）/七重宝多罗树（叁 660a8）/彼七重障（叁 660b3）/七重门障（叁 660b4）

丛：一丛林（叁 684a8）/一丛树（叁 747b6）

段：须弥大山可作百段（叁 786a12）

分：一分净好粳米（叁 771c2）

毫：比悉达多太子所有一毫威德（叁 706b 倒 14）

掬：一掬小豆（叁 670a 倒 3）/一掬苏摩那华（叁 669c11）/一掬碎末栴檀（叁 669c 倒 9）

聚：一聚骨（叁 747b10）

束：一束竹（叁 711b13）

2. 东汉《修行本起经》

（1）个体量词

具：便以农器犁牛千具仆从大小相率上田令监课之（叁 467b 倒 13）

口：宝瓮万口，悬盛甘露。（叁 464a15）

名：诸名勇力（叁 465c14）/诸名射者（叁 465c 倒 9）

（2）部分量词

重：数百千重（叁 465b5）

分：口中五色光出，离口七尺，分为两分。（叁 462b11）

种：当移四种兵（叁 462c 倒 3）/水类之鸟数十百种（叁 465a15）

3. 东汉《中本起经》

（1）个体量词

枚：取四方石一枚，六方石一枚，给用浣晒。（肆 151b9）

匹：马万匹（肆 152a 倒 3）

乘：车千乘（肆 152a 倒 3）

（2）部分量词

等：此等比丘（肆 155c13）

品：悉达在家，若其出游，车有四品，牛羊象马，以充骑乘。（肆 154c15）

种：八种香汁（肆 154c5）

4. 三国吴《六度集经》

（1）个体量词

领：内藏金织成衣有千领，择取妙者来。（叁 43a3）

枚：又使工匠作七宝首，各数百枚以与逝心。（叁 2c10）/天王以明月真珠一枚送之曰（叁 4b 倒 7）/自名女以下至于宝车，事事各有千八十四枚。（叁 12b3）/莲华一枚著上贡焉（叁 14b1）/生卵百枚（叁 14b13）/丐吾金钱二枚（叁 19b 倒 14）/上作刀一枚（叁 23c 倒

2）/夜则有灯火之明，在彼树下数十枚矣。（叁 29a 倒 11）/得花五枚（叁 48a 倒 5）

匹：马千匹（叁 6b 倒 11）/结其（笔者按：指众彩）一匹（叁 46c14）

首：牛马各千首（叁 28b11）

头：牛千头（叁 6b 倒 11）/特牛百头（叁 10c13）/㹀牛二百头（叁 10c14）/特牛㹀牛各百头（叁 10c 倒 6）/白象百头（叁 14a 倒 6）/象马杂畜事各百头（叁 44b 倒 1）

（2）部分量词

重：经七重山（叁 44c 倒 11）/城门七重（叁 44c 倒 6）

分：（抒海水）十分去八（叁 5a7）/大兄先杀其妻，分为五分。（叁 18b 例 7）/泥首即破为七分（叁 44a 倒 8）

品：调达怀吾六亿品经（叁 14a 倒 12）

种：日日雨若干种华（叁 29a 倒 10）/都有九种病（叁 49c 倒 14）

5. 西晋《生经》

（1）个体量词

枚：时有贾客，卖好真珠，枚数甚多。（叁 76b8）

头：五百贾客，车马六畜，有数千头，皆止顿上。（叁 96a8）/昔有驴一头（叁 108a 倒 12）

只：则得一只七宝之屐（叁 77c 倒 14）

（2）部分量词

部：更有一部水牛之王（叁 93c 倒 6）/后一部众（叁 93c 倒 4）/合四部兵（叁 102a12）/十二部经（叁 107b 倒 2）

等：此等众学（叁 98c 倒 13）

分：头破七分（叁 85a9）

行：其父啼泣，泪出五行。（叁 88a 倒 3）

緉：献屐一只，何所施补？若获一緉，罪可除也。（叁 78a2）

种：百种饮食（叁 87c 倒 7）/九种物（叁 107c 倒 5）/兴起种种非宜之说（叁 72 c 倒 10）

6. 西晋《普曜经》

（1）个体量词

滴：是一滴之供（叁 492a14）

行：八行交道（叁 506a3）

枚：宝瓮千枚（叁 526b5）/四枚青石之钵（叁 526c2）

头：击千头牛（叁 511c 倒 2）

（2）部分量词

部：其四部众（叁 484b 倒 11）/其四部兵（叁 507a 倒 9）

重：有好七重栏楯（叁 513c3）/七重行树、七重交露缦缦、七重宝楼（叁 513c3）

毫：有一毫明（叁 517c 倒 14）

品：现若干品诸好奇妙庄严文饰（叁 486c 倒 12）/若干品鸟，相和而鸣。（叁 506a1）/若干品事（叁 509a 倒 2）/不乐居家若干品业（叁 509c4）

种：若干种宝（叁 488c5）/若干种树（叁 493b 倒 13）/日日供养百种甘馔（叁 536c7）

7. 后秦《出曜经》

（1）个体量词

间：东西起舍数十余间（肆 623 c 倒 1）

具：食器一具（肆 631a3）/千具犁牛（肆 664c 倒 10）

粒：初不施人一粒之米（肆 636c 倒 12）

枚：四枚甘美石蜜（肆 610b10）/杖一枚（肆 631a3）/输金钱五百枚（肆 667a 倒 11）

头：驱牛千头（肆 616a 倒 5）/群鹿千头（肆 685b10）

（2）部分量词

部：三十部军（肆 619b 倒 9）/四部之众（肆 622b 倒 7）/四部弟子（肆 692a 倒 4）

重：藏置百重铁笼里（肆 650c 倒 1）

色：象马车步四色兵众（肆 656b 倒 4）

种：八种声音（肆 621a4）/严四种兵（肆 645a 倒 9）/九十九种

道（肆677b12）/四种弟子（肆689c3）

8. 北魏《贤愚经》

（1）个体量词

端：四端细氎（肆398a倒5）/预作一端金色之氎（肆434a8）

具：千具犁牛（肆396b倒2）

粒：即持此豆，奉散于佛。四粒入钵，一粒住顶。（肆440c11）

领：作七条衣，人与一领。（肆439a倒1）

枚：当作七宝头，各五百枚，用贸易之。（肆389a倒1）/人各令得金钱一枚（肆393a9）/马鞭三十二枚（肆401a8）/即取两枚（树刺——笔者按）（肆412c倒2）/生卵十枚（肆441a8）

匹：送牸马二匹（肆400b14）

乘：五百乘车（肆361c5、肆414c1）

头：五百头牛（肆413a6）

张：以七张大索系于岸边（肆406c倒12）

只：王到泽上，驰逐禽兽，单只一乘，独到深林。（肆425a倒8）

（2）部分量词

把：便以一把白石似珠，用散众僧。（肆359b倒2）/譬如一苇，不能独燃，合捉一把，燃不可灭。（肆434c10）

部：八部之众（肆352b倒13）/诵持俗典十八部书（肆405b5）/十八部经（肆410c14）

重：有七重堑（肆398b倒9）/三重铁关（肆440b倒12）

担：入宝藏中，恣取一担。（肆392c10）

段：十段香木（肆394b3）/头破七段（肆432c倒8）

分：即作三分，二分自食。（肆356c倒11）/当分此女，用作六分。（肆365a6）/头骨碎破百千万分（肆378b倒4）/以此二分（肆394a倒11）/藏物三分已施其二（肆405c倒1）

行：有四行树（肆388b倒8）

掬：海神取水一掬（肆354c倒3）/一掬水（肆355a7）

聚：变成一聚阎浮檀金（肆435b11）

卷：得经二卷（肆354a13）

束：一束薪（肆 394a 倒 6）

汪：有一汪水（肆 443c 倒 3）／于其汪水（肆 444a1）

种：若干种色（肆 362b13）／若干种树（肆 362b 倒 8）／八种莲花（肆 362c4）／三十二种诸药（肆 366a 倒 10）／八种声（肆 390b 倒 7）／作三种网（肆 422c4）

对八部佛经中的量词进行一个归总，按音序排列就是：

个体量词（共 22 个）：等、滴、端、方、封、个、根、行、间、茎、具、口、粒、领、枚、名、匹、乘、首、头、张、只

部分量词（共 20 个）：把、钵、部、重、丛、担、等、段、分、行、毫、掬、聚、卷、緉、品、色、束、汪、种

以上量词只有极少数在现代汉语普通话中已消失，如"緉"。其余绝大部分沿用到现在，但有的量词，能与之搭配的名词古今有异，如"头"在中古佛经中既可以计量"牛、鹿"，也可用于指人名词"女"，还有像"具""枚"等量词在中古佛经中可搭配的名词都复杂多样，应该引起注意，但形成这种差别的原因还有待进一步探讨。

三　数量短语修饰名词

从前边的例子可以看出，在本书所调查的佛经中，数量短语修饰限定名词的语序一般都是"数+量+名"，就我们所见，只有少部分是"名+数+量"，如隋《佛本行集经》中的"彼草一把"（叁 773b 倒 10）、"血两滴"（叁 674b15），其他经中的此类例子不烦引。这少部分的"名+数+量"里边既可能有古汉语遗留下来的影响，也可能只是语序方面临时性的变通。

八部佛经中数量短语修饰名词的较有特点之处在于：

1. 数+量+之+名

现代汉语中数量短语修饰名词一般不带定语标记"的"，而佛经中却有数量短语修饰名词带"之"的。不过这样的例子很少，隋《佛本行集经》中牵涉"种"和"束"，例如：具得如是七种之宝（叁 734c1）、受此三种之乐（叁 761a3）、含八种之味（叁 688b 倒 8）、此人则有二种之行（叁 700a11）、见此一束之竹（叁 711b15）。后秦

《出曜经》中有两例：初不施人一粒之米（肆 636c 倒 12）、四部之众（肆 622b 倒 7）。北魏《贤愚经》中有一例：八部之众（肆 352b 倒 13）。

调查中还发现，有"数""量"之间或"数""名"之间出现"之"字的。如：三国吴《六度集经》：怀俗记籍万亿之卷（叁 16c 倒 5）/第一之禅（叁 39a 倒 2）/第二之禅（叁 39a 倒 5、叁 39b1）/第三之禅（叁 39b6）/西晋《普曜经》：百千之众（叁 497b 倒 8）。

2. 数+形+量+名

现代汉语中，"个体量词里有少数可以受单音节形容词修饰，但形容词只限于'大、小、长、方'等有限的几个"（朱德熙，1982：52）。本书调查的中古佛经中也有数例"数+形+量+名"，虽然其中的量词不属个体量词。北魏《贤愚经》里有一例"与满钵油"（肆 365c7），可看作形容词"满"之前省略了数词"一"。隋《佛本行集经》中也发现两例"数+形+量+名"：一例是"作一大束"（叁 713a 倒 6），根据上下文可知，"束"后省略的名词为"针"；另一例是"（大王此之童子）兼有八十微妙种好"（叁 697b14）。这最后一例量词前的形容词已经不是单音节的了。当然，仅凭这一例，我们还不能判断这种双音节形容词修饰个体量词的现象就是语法里固有的规律或者仅是一种临时性的修辞用法，因为此例在隋《佛本行集经》中更常规的说法应是"备八十种微妙之好"（叁 693c5）。两种语序相比，形容词前移则描写的意味较重。

第五节　由代词充任定语的简单定中结构

本节的代词按常规分为人称代词、指示代词、疑问代词三大类，三类代词充任定语的情况分别用表格形式来呈现。为避免烦琐，本节所有表格中统计的代词定语后的中心语均限定在单、双音节范围内。表中的"词语数"指能够充任中心语的词语数目，遇到重复出现的也只按 1 计取。

一　人称代词充任定语

1. 隋《佛本行集经》中人称代词充任定语的情况

表 2-16

人称代词		直接带中心语的情况		定中之间带"之"的情况	
		词语数	举例	词语数	举例
第一人称	我	55	我家、我父母	14	我之师、我之种类
	我等	2	我等殃、我等眷属*	2	我等之家、我等之王
第二人称	汝	10	汝面、汝弟子	2	汝之妃后、汝之祖父
	汝等	4	汝等眷属、汝等心愿	0	
第三人称	其	89	其背、其本心	0	彼之筌提、彼之璎珞
	彼	31	彼妇、彼威神	4	
反身代词	自己	2	自己家、自己宅	0	自身之力
	自身	3	自身崇、自身支体	1	
	自	23	自手、自宫殿	0	
	己	2	己女、己聚落	0	

说明：*隋《佛本行集经》中"我等眷属"（叁 697b4）只出现过 1 次，它的内部是同位结构关系，与同在一栏的"我等殃"是偏正关系不同。同样，"汝摩那婆"（叁 665b1 等）用于面称，内部为同位结构关系，而"（谓）汝赤眼"（叁 777b1）由于是魔王对赤眼夜叉之使说的，"汝"与"赤眼"之间显然只能是普通的限定关系［可译为"（告诉）你们（的）赤眼"］，而不是同位关系。这种人称代词加名词引起歧解的现象也应该引起注意。

2. 东汉《修行本起经》中人称代词充任定语的情况

表 2-17

人称代词		直接带中心语的情况		定中之间带"之"的情况	
		词语数	举例	词语数	举例
第一人称	我	2	我盖、我愿	0	
	吾	4	吾子、吾身	0	
	吾等	1	吾等神足	0	
第二人称	卿	1	卿女	0	
第三人称	其	35	其父、其躯、其声	0	
	彼	1	彼众	0	
反身代词	己	1	己赤子	0	

3. 东汉《中本起经》中人称代词充任定语的情况

表 2-18

人称代词		直接带中心语的情况		定中之间带"之"的情况	
		词语数	举例	词语数	举例
第一人称	我	16	我形、我园、我命	0	
	吾	14	吾身、吾愿、吾师	0	
	余	1	余生	0	
第二人称	汝	7	汝弟子、汝愿	0	
	卿	2	卿形、卿心	0	
第三人称	其	50	其道、其家、其色	0	
	彼	3	彼方、彼言	0	

4. 三国吴《六度集经》中人称代词充任定语的情况

表 2-19

人称代词		直接带中心语的情况		定中之间带"之"的情况	
		词语数	举例	词语数	举例
第一人称	我	7	我心、我名、我王	0	吾之眼睛、吾之亲友
	吾	88	吾君、吾货、吾忧	5	
	吾等	1	吾等巨海	0	余之咎
	余	1	余心	1	
第二人称	汝	7	汝父、汝珠、汝目	0	
	卿	1	卿父	0	
	子	3	子志、子门	0	
	尔	31	尔肝、尔言、尔民	0	
第三人称	其	171	其首、其姿状、其兄弟	0	
	彼	22	彼兵、彼意	0	
反身代词	自	1	自手	0	
	己	5	己位、己妻、己心	0	

5. 西晋《生经》中人称代词充任定语的情况

表 2-20

人称代词		直接带中心语的情况		定中之间带"之"的情况	
		词语数	举例	词语数	举例
第一人称	我	14	我力、我子、我德	0	我等之身、我等之类
	我等	2	我等世尊、我等父王	2	吾之一国、（求）吾
	吾	18	吾夫、吾病、吾语	2	之便
	吾等	2	吾等子、吾等眷属	0	

续表

人称代词		直接带中心语的情况		定中之间带"之"的情况	
		词语数	举例	词语数	举例
第二人称	汝	3	汝形、汝界	0	
	汝等	0		1	汝等之身
	卿	3	卿家、卿身、卿心	2	卿之弟子、卿之罪
	仁	2	仁肝、仁言	0	
第三人称	其	99	其骨、其德、其名称	0	
	彼	3	彼家、彼殃	0	
	彼等	0		1	彼等之类
反身代词	自	1	自手	0	
	己	1	己殃	0	

6. 西晋《普曜经》中人称代词充任定语的情况

表 2-21

人称代词		直接带中心语的情况		定中之间带"之"的情况	
		词语数	举例	词语数	举例
第一人称	我	25	我伴、我宫殿、我精神	0	
	我等	3	我等身、我等心	1	我等之身
	吾	8	吾祖父、吾身、吾志	1	吾之正子
第二人称	汝	5	汝界、汝弟子、汝义	0	
	卿	1	卿颈	0	
	卿等	1	卿等本德	0	
第三人称	其	108	其家、其性、其智	0	
	彼	4	彼病、彼光明、彼教	0	
反身代词	己	4	己身、己口、己宫门	0	

7. 后秦《出曜经》中人称代词充任定语的情况

表 2-22

人称代词		直接带中心语的情况		定中之间带"之"的情况	
		词语数	举例	词语数	举例
第一人称	我	36	我处、我牛、我族	1	我之禁戒
	我等	3	我等师、我等志趣	0	
	吾	13	吾田、吾服饰、吾宫殿	0	
第二人称	汝	20	汝心、汝儿、汝事	0	
	汝等	1	汝等宿怨	0	
	卿	1	卿种族	0	
	君	1	君弟	0	

人称代词		直接带中心语的情况		定中之间带"之"的情况	
		词语数	举例	词语数	举例
第三人称	其	105	其母、其形、其弟子	0	
	彼	20	彼命、彼导师、彼财物	0	
反身代词	己	9	己息、己行、己智	0	

8. 北魏《贤愚经》中人称代词充任定语的情况

表 2-23

人称代词		直接带中心语的情况		定中之间带"之"的情况	
		词语数	举例	词语数	举例
第一人称	我	89	我儿、我业、我力势	5	我之食、我之智慧
	我等	4	我等徒众、我等子	0	
	吾	10	吾年、吾身、吾力	0	
第二人称	汝	54	汝命、汝师、汝舍	2	汝之贼、汝之父母
	汝等	4	汝等苦、汝等宿庆	0	
	卿	6	卿兄、卿妇、卿象	0	
	君	2	君女、君身	0	
	尔	3	尔国、尔厄	0	
第三人称	其	226	其命、其价、其形象	0	彼之国土、（闻）彼之声
	彼	14	彼家、彼婢、彼妇	2	
反身代词	自己	1	自己身	0	
	自	4	自舍、自手、自父	0	
	己	2	己过、己儿	0	

从以上的调查表中可以看出不同佛经中人称代词使用方面的一些变化，以第一人称代词"吾""我"为例，较早期的译经中"吾"占优势（尤以文言色彩较浓的三国吴《六度集经》为甚），后来的译经中"我"占优势。另，人称代词充当的定语后边带"之"的只是极少数，基本上就是为了凑成四字格。

二　指示代词充任定语

（一）主要指示代词充任定语的情况

这里所谓的主要指示代词指的是跟远指、近指有关的指示代词。下面是各佛经中调查所得的情况。

1. 隋《佛本行集经》中主要指示代词充任定语的情况

表 2-24

指示代词	直接带中心语的情况		定中之间带"之"的情况	
	词语数	举例	词语数	举例
彼 彼等	140 14	彼岸、彼病人 彼等箭、彼等相师	4 0	彼之乐、彼之菩萨
此 此等	125 3	此宝、此钵器 此等璎珞、此等福力	12 0	此之太子、此之璎珞
其	66	其草、其道路	0	
是 是等	61 3	是时、是鸣声 是等瑞相、是等天神	0 0	
斯	4	斯光、斯苦、斯事	0	
兹	2	兹病、兹犁牛	0	
如是 如是等	69 7	如是言、如是相貌 如是等草、如是等山	11 0	如是之师、如是之心
如此 如此等	3 1	如此语、如此事 如此等义	4 0	如此之事、如此之言

　　隋《佛本行集经》中的主要指示代词除了以上表格中所列举的，还有"尔"，只用于"尔时"中，"尔时"作为句首的话题成分很常见。此外还有然、尔许等，比较少见，例子具录如下：

　　然+名：虽有然苦须灭（叁746b14）

　　尔许+名：耶输陀罗白太子言："我于汝边可止直于尔许物耶？"（叁708a6）按：此句的背景是太子从指上脱下一价值百千的印环打算送给耶输陀罗，耶输陀罗不受，因为她不乐意太子出家。

2. 东汉《修行本起经》中主要指示代词充任定语的情况

表 2-25

指示代词	直接带中心语的情况		定中之间带"之"的情况	
	词语数	举例	词语数	举例
彼 彼等	1 0	彼城	0 0	
此 此等	15 0	此人、此厄、此地	0 0	
其	19	其川、其蛇、其人	0	

指示代词	直接带中心语的情况		定中之间带"之"的情况	
	词语数	举例	词语数	举例
是 是等	4 0	是时、是梦、是榻	0 0	
斯	3	斯物、斯痛	0	
兹	0		0	
厥	0		0	

3. 东汉《中本起经》中主要指示代词充任定语的情况

表 2-26

指示代词	直接带中心语的情况		定中之间带"之"的情况	
	词语数	举例	词语数	举例
彼 彼等	12 0	彼人、彼树、彼海渊	0 0	
此 此等	41 1	此志、此女、此麦 此等比丘	0 0	
其	10	其水、其日、其地	0	
是 是等	11 0	是国、是事、是语	0 0	
斯	8	斯处、斯祸、斯泽	0	
兹	0		0	
厥	0		0	

4. 三国吴《六度集经》中主要指示代词充任定语的情况

表 2-27

指示代词	直接带中心语的情况		定中之间带"之"的情况	
	词语数	举例	词语数	举例
彼 彼等	52 0	彼王、彼树、彼城门	0 0	
此 此等	25 0	此宝、此病、此比丘	0 0	
其	82	其佛、其事、其价	0	
是 是等	8 0	是日、是福、是法	0 0	

指示代词	直接带中心语的情况		定中之间带"之"的情况	
	词语数	举例	词语数	举例
斯	124	斯穴、斯子、斯变	3	斯之福德、斯之巨海、（以）斯之故
兹	1	兹山岨	0	
厥	19	厥体、厥命、厥尤	0	
如此	0		1	如此之凶

5. 西晋《生经》中主要指示代词充任定语的情况

表 2-28

指示代词	直接带中心语的情况		定中之间带"之"的情况	
	词语数	举例	词语数	举例
彼 彼等	30 0	彼树、彼鸟、彼仙人	0 0	
此 此等	85 4	此宝、此念、此技术 此等菩萨大士、此等众学	1 0	此之宝履
其	80	其夜、其船、其根原	0	
是 是等	27 2	是失、是地、是身 是等眷属、是等所入	3 1	是之故、（蒙）是之恩
斯	9	斯童、斯贼、斯患	0	
兹	0		0	
厥	0		0	
如是 如是等	4 1	如是像法、如是劳 如是等类	1 0	如是之比
如此	1	如此妻	1	如此之辈

6. 西晋《普曜经》中主要指示代词充任定语的情况

表 2-29

指示代词	直接带中心语的情况		定中之间带"之"的情况	
	词语数	举例	词语数	举例
彼 彼等	19 1	彼天、彼夜、彼岸 彼等诸人	0 0	

指示代词	直接带中心语的情况		定中之间带"之"的情况	
	词语数	举例	词语数	举例
此 此等	77 1	此力、此路、此境界 此等所当行者	1 0	（以）此之故
其	91	其树、其地、其佛	0	
是 是等	62 0	是念、是偈、是音声	1 0	（以）是之故
斯	22	斯意、斯宫、斯光明	0	
兹	0		0	
厥	2	厥年、厥名	0	
如是 如是等	10 1	如是法训、如是势相 如是等类	0 0	

7. 后秦《出曜经》中主要指示代词充任定语的情况

表 2-30

指示代词	直接带中心语的情况		定中之间带"之"的情况	
	词语数	举例	词语数	举例
彼 彼等	149 1	彼树、彼贼、彼城郭 彼等诸人	0 0	
此 此等	218 1	此义、此钱、此名誉 此等梵志	0 0	
其	32	其果、其法、其长者	0	
是 是等	10 0	是行、是术、是比丘	0 0	
斯	20	斯道、斯言、斯苦难	0	
兹	0		0	
厥	0		0	
如是	11	如是众恼、如是德	3	如是之福、如是之类
如此 如此等	24 1	如此众生、如此苦恼 如此等类	7 0	如此之人、如此之行

8. 北魏《贤愚经》中主要指示代词充任定语的情况

表 2-31

指示代词	直接带中心语的情况		定中之间带"之"的情况	
	词语数	举例	词语数	举例
彼 彼等	130 0	彼园、彼河、彼罪人	0 0	

续表

指示代词	直接带中心语的情况		定中之间带"之"的情况	
	词语数	举例	词语数	举例
此 此等	310 0	此林、此牛、此尊者	1 1	此之功德 此等之众
其	198	其虫、其雁、其暮	0	
是 是等	70 0	是苦、是财、是比丘	1 0	（以）是之故
斯 斯等	40 3	斯变、斯位、斯功德 斯等大小、斯等大士之恩	3 0	斯之果报、（缘）斯之福
兹	7	兹秽、兹威仪	0	
厥	1	厥名	0	
如是 如是等	34 5	如是事、如是罪报 如是等人、如是等事	5 0	如是之形、如是之食
如此	8	如此苦、如此欲心	2	如此之人、如此之筹

　　除以上各表格所收的以外，还有部分佛经中出现过指示代词"是"带"曹"这个复数标记的形式，它们可以作定语。如东汉《中本起经》："诸姊等各各还宫，勿复作是曹事"（叁471a4）；三国吴《六度集经》："念是曹梵志，其学自苦"（叁50c 倒14），"是曹异学，非一世痴愚"（叁50c 倒12）等。这里补说一句，我们在调查中发现，部分佛经中存在带"曹"后缀的人称代词的复数形式，如东汉《修行本起经》"今汝曹等"（叁471a2）；三国吴《六度集经》"我曹"（叁50c4）、"子曹"（叁50c13）、"汝曹"（叁51a2）；北魏《贤愚经》"我曹"（肆391b4）、"汝曹"（肆388c 倒7）等，但在本书调查的这些佛经中没有出现过由带"曹"后缀的人称代词充当定语的例子。

　　"彼、彼等、此、此等、其、是、是等、斯、兹"这一组指示代词除了"彼"表远指、"此"表近指外，其他成员功能和用法上并没有非常严格的区别。比如，隋《佛本行集经》中"我今以是摩尼宝珠"（叁661c13）与"持此摩尼"（叁661c14）中的"是"与"此"即可换用。有时，就是同一个句子或句段中，为了避免重复，也存在指示代词变换着使用的情况。如：

　　隋《佛本行集经》：太子即告其驭者言，谓："汝驭者，若我此身不脱是病，具兹病法，难得度者，我今不假至彼园林游戏受乐。……"（叁 722c10—12）

　　东汉《中本起经》：是诸长者亦同斯愿，从是因缘，见吾便解。（肆 157b6）

　　后秦《出曜经》：此人远送斯金与我。（肆 676b9）

　　北魏《贤愚经》：逃奔彼国，便于其土，安家纳娶，而生斯女。（肆 399b 倒 5）/帝释报言："其作此者，斯人能舍。非是吾力之所任却。"魔王复去，广问诸天乃至梵天，向之喜言："愿除兹秽。"各答如初，非力所办。（肆 443b7）

　　（二）其他指示代词充任定语的情况

　　这里说的其他指示代词是除远指、近指代词之外的其他指示代词，包括余指代词和不定指代词等。它们在各部经中出现与否的情况并不一致，如"他、余、其余"是几乎调查到的每部佛经中都有，而"傍、某"等则较为少见。请看例子：

　　他：

　　东汉《中本起经》：何故诱他妓女著此坐为？（肆 148c 倒 7）/三国吴《六度集经》：与诸商人俱之他国（叁 1c 倒 4）/西晋《生经》：他方小国（叁 102a12）/西晋《普曜经》：不怀他意（叁 500b6）/后秦《出曜经》：犯他妻妇（肆 640c 倒 11）/北魏《贤愚经》：驱到他门（肆 428b9）

　　余：

　　三国吴《六度集经》：吾唯欲鸽，不用余肉。（叁 1c2）/西晋《生经》：无令余乌逐我后行（叁 102b8）/西晋《普曜经》：不污圣体及余手指（叁 492b1）/后秦《出曜经》：余人民（肆 624a3）/北魏《贤愚经》：无余生业（肆 405c8）

　　其余：

　　西晋《生经》：其余水牛诸眷属者，诸比丘是也。（叁 94a 倒 4）/西晋《普曜经》：其余眷属（叁 517b7）/后秦《出曜经》：其余三人（肆 619a 倒 2）/北魏《贤愚经》：其余小国（肆 369a1）

傍：

西晋《生经》：王问傍臣（叁 90c12）/后秦《出曜经》：傍臣（肆 614b5）/北魏《贤愚经》：更畜傍婿（肆 429b 倒 14）

某：

西晋《生经》：令其行毒，害杀某人。（叁 96c14）/后秦《出曜经》：某家子（肆 622a3）/北魏《贤愚经》：明日当至某林（肆 374b 倒 12）/隋《佛本行集经》：某邑（叁 793b 倒 1）

某甲：

后秦《出曜经》：某村某落某甲弟子（肆 687a 倒 7）/隋《佛本行集经》：某甲婇女（叁 741a2）

某乙：

隋《佛本行集经》：某乙婇女（叁 741a2）

每：

三国吴《六度集经》：即以蜜麨每处涂树（叁 13a 倒 9）

三　疑问代词充任定语

可以以隋《佛本行集经》为代表。《佛本行集经》中疑问代词充任定语情况可用表 2-32 来反映：

表 2-32

疑问代词	直接带中心语的情况	
	词语数	举例
几	3	几佛、几时、几数
几许	1	几许微尘
谁	4	谁子、谁种族
何	63	何方、何家、何聚落、何因缘
何等	4	何等物、何等誓愿

东汉《中本起经》有用疑问代词"几"来问并非个位数的大数目的例子。问句：王作宫舍，从来几岁？（肆 153a2）答句：七八百年（肆 153a3）。问句：凡更几王？（肆 153a4）答句：二十余王（肆

153a4）。

第六节　由介词短语充任定语的简单定中结构

由介词短语充任定语的定中结构，按理说，其结构层次数至少是两层，本章之所以仍将它放在简单定中结构里进行研究，是因为它内部的语义关系比较简单。

先看学界对此问题的已有观点。王珏（1999：101）认为："介词短语作定语起源的具体时间现在尚难以给出确定的答案。但就我们的材料而言，可以有把握地说，至少在创作于公元十世纪的敦煌变文中就已经出现了如下的用法。"举的敦煌变文中的两个例子是"临死之时"和"太子自别车匿之后"。他还说："到公元十六世纪的《西游记》才开始出现'向、在、为'三个介词构成的介词短语作定语。"三例略。然后他总结道："介词短语作定语在十六世纪以前只能算是萌芽期。"可是我们在调查东汉到隋代的译经时发现由这些介词带宾语形成的介词短语作定语的用例并不少见，这就可以把介词短语作定语的起源时间大大提前。

一　临（3例）

三国吴《六度集经》：三十八七日，身体皆成，临生之难，多危少安。（叁 40b13）

西晋《普曜经》：满十月已，菩萨临产之时，先现瑞应三十有二。（叁 492c 倒 4）

后秦《出曜经》：佛临欲般泥洹时（肆 610c9）

二　自（8例）

三国吴《六度集经》：自是之后，布施逾前。（叁 1c 倒 6）/自斯之后，王及群寮率化黎民，遵仁不杀。（叁 12c 倒 1）/自此之后，伯辄克叔，叔常济之。（叁 30a7）/自今之后，率土人民，皆奉佛十德

之善。（叁 25a8）/自王布施之后，国丰民富，相率以道。（叁 11c2）/自王明法施行之后（叁 49a13）

北魏《贤愚经》：自是后（肆 365a 倒 1）/自怀妊后，心性聪了，仁慈矜哀。（肆 363 c 倒 13）

三　向（1 例）

三国吴《六度集经》：向中之时（叁 31 c 5）

四　在（2 例）

西晋《普曜经》：越于无数在外异学（叁 484b10）
后秦《出曜经》：复当次学在家田业（肆 678c8）

五　从（2 例）

隋《佛本行集经》：从口喘息及以鼻气，悉皆除灭。（叁 766b 倒 1）/从口鼻耳及顶喘息，一切皆停。（叁 766c 倒 14）

六　随（2 例）

北魏《贤愚经》：随病医药（肆 388 c 13）/随病饮食（肆 401b1）

以上列举的"临"（第一类）和"在"（第四类）的词性不容易确定，学界普遍把它们视为动介兼类词。我们倾向于把以上第一类和第四类例句里的它们看成介词，间接的证据是同时代的佛经乃至同一部佛经中已有它们用作介词的例子，如：

东汉《中本起经》：下在道侧（肆 148a3）/王宿愿人，今系在狱。（肆 152b1）

西晋《生经》：移在岸边（叁 96b 倒 10）/走在其处空闲山中（叁 106a14）

西晋《普曜经》：应在彼土降神母胎（叁 485b3）

北魏《贤愚经》：来在王边（肆 351 c 倒 1）

直接的证据是可用变换分析法来检验："在外异学"就是"在外

异学者"或"在外异学之人"，"在家田业"就是"在家从事之田业"。而不能变换为"异学（者）‖在外""田业‖在家"这样的主谓结构。

第五类的"从"无疑是介词，其第一例介词短语"从口"充当"喘息"的定语，第二例介词短语"从口鼻耳及顶"充当"喘息"的定语。与这两例相对应，隋《佛本行集经》中还有不出现介词，仅由名词性词语直接充当定语的例子，如"还止口鼻及耳喘息，一切皆杜"（叁766c8），"口鼻及耳"充当"喘息"的定语。

第七节　由谓词充任中心语的简单定中结构

定中结构中定语构成的情况，本章前边六节已经分门别类作了深入的探讨。那么中心语构成的情况又怎样呢？从词性角度看，中心语是体词性的肯定占绝大多数，那么，东汉—隋的佛经中又有没有由谓词性词语充任中心语的情况呢？回答是肯定的，但比较少。这类定中结构的特殊之处就在于，从功能上讲它是体词性结构，而其中心语却又是谓词性的，与向心结构的理论不符。

像隋《佛本行集经》里的"（生）大恐怖"（叁662c10）、"（生）重爱敬"（叁674c倒13）、"（然后我心得）大欢喜"（叁661b11）、"（生）大羞惭"（叁703b倒12）等偏正短语到底是状中结构还是定中结构一时尚难以定夺，因为它们的中心语是动名兼类词，不是典型的谓词。这样的结构当然不宜阑入本节的研究范围。①古汉语中还有一种"名/代+之+动/形"性质上归属主谓结构，助词"之"置于主谓成分间，起取消句子独立性的作用，如北魏《贤愚经》："野干之微，与师子拼猛。"（肆361b13）这种情况也不属于本书的研究范围。总结一下，作为本节研究对象的"名/代+（之）+动/形"必须是句中的主语、宾语，不能是分句；语义上是表指称的，而不起陈述作

---

① 本书第一章第三节的"歧解之二"谈的就是这种情况，可参看。

用的。

以下是从各部佛经中调查得出的中心语是谓词的典型的例子。

一　隋《佛本行集经》

（1）其入微尘数算之计，更复云何？（叁 710a3）

（2）乳哺之寄，将付嘱谁？（叁 701c3）

（3）自己灭除睡眠缠盖（叁 792c 倒 14）

（4）亦教众生令断一切睡眠覆障（叁 792c 倒 12）

（5）于自营求亦当知足（叁 668a 倒 8）

（6）去来市买，无暂时停。（叁 664a 倒 10）

（7）无暂休息（叁 684a 倒 14）

以上各例，从形式上看就有差异，例（1）、例（2）定中之间带"之"，其余各例没有。这两例的"之"除了可以协调音节，还有明显的划界作用，因为它们前边的"数算""乳哺"本身也都是动词，如果没有"之"来与后边的"计""寄"隔开，就很容易引起层次混淆和界限不清，导致理解障碍。

以上例子中画线的定中结构充当句法成分的情况分别是：例（1）、例（2）主语，例（3）、例（4）、例（5）、例（6）、例（7）宾语［其中例（5）是充当介词的宾语］。充当主语、宾语是体词性结构的典型功能。从语义信息方面看，以上例句中画线部分都是指称性的，这可能是主宾语的句法位置限定的结果。例（1）、例（2）中的"数算""计""乳哺""寄"本是动作性极强的词语，但此处它们不是起陈述作用，而是用来指称事件。例（1）出自隋《佛本行集经》"捔术争婚品"，讲太子为求娶大臣女耶输陀罗而与五百释种童子比试争婚之事。例（2）所处的背景是：摩耶夫人在悉达多太子降生七日后遂便命终，于是悉达太子只好交由亲姨母摩诃波阇波提抚养。其余例子不一一分析，但例（4）值得特别提一下，因为它的"睡眠覆障"前还带有定语"一切"，更可证此处的"睡眠覆障"已经事物化了。

从定中之间语义关系来看，例（1）、例（2）的定语"数算"和

"乳哺"与各自中心语是"受事+动作"的关系；例（3）、例（4）的"睡眠"已拟人化了，它们与中心语是"施事+动作"关系；例（5）定语"自"是反身代词，"自营求"也是"施事+动作"关系；而例（6）、例（7）定中之间是"时间+动作"关系。

二　东汉《修行本起经》

（1）本行何术？致斯<u>巍巍</u>。（叁461a 倒2）

（2）调达难陀，奋<u>其威武</u>，便前欲击。（叁466a7）

（3）譬如画瓶中盛臭毒，将以自坏，有<u>何等奇</u>？（叁470c 倒2）

（4）今当使世间人奉转轮王食，补<u>六年之饥虚</u>。（叁469c12）

以上四例画线部分都是指称性的，充当宾语。从形式上看，例（4）画线部分的定中之间带有"之"。以上四例画线部分的中心语都是形容词，其中例（1）、例（2）、例（3）的定语是代词（分别为指示代词、人称代词、疑问代词），例（4）的定语是时间词。

三　东汉《中本起经》

（1）何等功德？致<u>此巍巍</u>。（肆156a8）

（2）<u>众好</u>无常，人亦无住。（肆148b8）

（3）真言至要，化<u>世愚惑</u>。（肆162b14）

（4）汝等速严，当就<u>王请</u>。（肆152a 倒7）

（5）游于舍卫国，应<u>须达请</u>。（肆156c 倒14）

以上五例画线部分，都是指称性的，在句中充当主语或宾语。其中例（1）、例（2）、例（3）的中心语是形容词，它们的定语分别是指示代词、范围词、处所词；例（4）、例（5）的中心语是动作动词，它们的定语都是指人名词，定中之间的语义关系是"施事+动作"。

四　三国吴《六度集经》

三国吴《六度集经》中的"谓词充任中心语"的现象在本书调查的八部佛经中是最为丰富和典型的。而且有一个特点，就是总共34例（有的一句中含2例）中就有29例的定中之间带"之"字。

1. 定中之间属于"施事+动作"的语义关系

（1）犹至孝之子遭<u>圣父之丧</u>矣（叁 2a 倒 12）

（2）虽有<u>众邪之恼</u>，犹若微风。（叁 1c11）

（3）信<u>夫人邪伪之欺</u>（叁 13b 倒 14）

（4）捐<u>佛至诚之戒</u>，信鬼魅之欺。（叁 13b 倒 13）

以上四例中画线部分的定中短语内部都含有"施事+动作"的语义关系，其中例（2）的"众邪"已被拟人化了，例（3）的"邪伪"和例（4）的"至诚"是插在"施事"与"动作"之间的描述性定语，分别描述了"夫人之欺"的"邪伪"性质和"佛戒"的"至诚"性质。

2. 定中之间属于"系事+性状"的语义关系

（5）吾奉诸佛，受正真之重戒，济<u>众生之危厄</u>。（叁 1c10）

（6）拔济<u>众生之困厄</u>，令得泥洹。（叁 1c 倒 12）

（7）吾闻明王济<u>黎民之困乏</u>，犹天润之普覆。（叁 2c3）

（8）斯足以济<u>众生之困乏</u>（叁 4c14）

（9）今以首拔<u>子之穷</u>（叁 6b 倒 4）

（10）济度<u>众生之冥</u>（叁 48c1）

（11）可供<u>黎民旬月之乏</u>（叁 2a6）

（12）恕己安群生，盖<u>天之仁</u>也。（叁 6b10）

（13）岂有畜兽怀<u>天地之仁</u>（叁 12c 倒 6）

（14）儿母归者即败<u>子洪润</u>（叁 9c 倒 12）

（15）观彼<u>老公之愚</u>（叁 35a 倒 5）

（16）斯<u>精舍之巧</u>，<u>众珍之妙</u>，唯天帝宫可为匹矣。（叁 30c 倒 10）

以上例句画线部分的定中结构内部的语义关系又小有差异：例（5）—（11）是"系事遭遇某性状"，比如例（5）是"众生遭遇了危厄"；而例（12）—（16）是"系事具有某性状"，比如例（12）是"天具有仁德"。

3. 定中之间属于"受事+动作"的语义关系

（17）无<u>兵革之备</u>（叁 5a 倒 5）

4. 定中结构由"指示代词+谓词"构成，其中的谓词已名物化了

（18）睹<u>斯愚惑</u>，为之恻怆。（叁 1c 倒 13）

（19）兴斯慈定，蛇毒即灭。（叁 4b 倒 14）

（20）忍斯辱谤（叁 30b14）

（21）亲乐沙门，获斯巍巍。（叁 35b 倒 10）

5. 定中结构由"表比拟或比较的名词+谓词"构成，其中的谓词已名物化了

（22）言音之响有若师子之吼（叁 14b 倒 6）

（23）若值无道菹醢之酷　汤火之戾（叁 17a3）

（24）盖无丝发之恻隐（叁 35a 倒 4）

（25）取豺狼之残（叁 6b9）

（26）慎勿违春天之仁，而尚豺狼之凶。（叁 31c 倒 1）

（27）前有汤火之难　刃毒之害（叁 32a 倒 13）

（28）而为鬼妖之伪者（叁 17a11）

（29）疑己有杀人之酷（叁 23c 倒 10）

以上画线的 11 处定中结构若翻译成现代汉语，其定语可放入"像……那样的"框架中。

五　西晋《生经》

1. 定中之间是"施事+动作"的语义关系

（1）普当宣传如来之命（叁 84b14）

（2）断众狐疑（叁 87a 倒 7）

2. 定中之间是"系事+性状"的语义关系

（3）称誉经典法律之妙，不可胜限。（叁 90b2）

3. 定中之间是"受事+动作"的语义关系

（4）除其所惑、爱欲之著耳（叁 70b13）

（5）今违四仙时食之供（叁 77a 倒 14）

（6）除去家想（叁 81a 倒 2）

（7）如树果熟，寻有堕忧。（叁 82c 倒 14）

（8）佛为一切三界之救（叁 89c 倒 3）

（9）佛为十方一切之救（叁 90a4）

（10）拯济众生生死之恼（叁 95c 倒 9）

4. 定中结构为"代词+谓词",其中的谓词已名物化

(11) 但说快事,无他放逸。(叁 76c10)

(12) 唯见悯哀,救济此覆。(叁 99b 倒 3)

(13) 不忧子孙,独遇此酷。(叁 99c 倒 9)

六　西晋《普曜经》

1. 定中之间是"施事+动作"的语义关系

(1) 吾当济脱生老病死三界之缚 (叁 504b 倒 13)

(2) 悉断一切尘劳结缚 (叁 513b12)

2. 定中结构为"代词+谓词",其中的谓词已名物化

(3) 汝等意谓神足何尔?谁能睹知是无等伦独行只步?(叁 501c4)

(4) 魔于梦中见是诸变 (叁 517b11)

(5) 舍诸放逸 (叁 484b11)

(6) 照诸暗冥 (叁 484b13)

(7) 拔诸穷厄 (叁 484b 倒 13)

(8) 除诸愚冥 (叁 523a 倒 14)

以上例(5)—(8)的中心语是形容词,但在各自句中已名物化了,表指称性含义。

3. 还有一类的中心语是谓词,定语是名词,但名词定语属比喻用法

(9) 为师子吼 (叁 484b12)

(10) 扬大雷吼 (叁 529b 倒 2)

七　后秦《出曜经》

1. 定中之间是"施事+动作"的语义关系

(1) 家之重鞾 (肆 649b5)

(2) 已断世俗羁绊 (肆 649b6)

(3) 宜断生死羁绊 (肆 649b7)

(4) 离世缚著 (肆 625c3)

（5）不能除心缚著（肆 681b 倒 13）

（6）能断魔缚（肆 658c 倒 13）

（7）断魔牢缚（肆 658c 倒 9）

（8）贪利调达供养（肆 688a6）

2. 中心语是形容词，定语是系事，定中之间是"系事+性状"的语义关系

（9）此是俗之放逸（肆 637b4）

3. 定中结构为"代词+谓词"，其中的谓词已名物化

（10）有此踬顿（肆 672c 倒 9）

（11）由此淫秽（肆 628a 倒 2）

（12）勿兴斯谤（肆 691a12）

（13）多诸畏惧（肆 652b4）

（14）多诸恐畏（肆 652b 倒 11）

八 北魏《贤愚经》

1. 定中之间是"施事+动作"的语义关系

（1）往应王募（肆 370b7）

（2）时有一人，来应其募。（肆 417c4）

（3）感念太子无极之施（肆 415a 倒 12）

（4）我今赴彼檀越之请（肆 423c4）

（5）但听沙门浮美之谈（肆 434b15）

以上例（3）和例（5）的中心语除了接受"施事"成分的限定外，还分别接受"无极"和"浮美"的修饰。

2. 中心语是形容词，定语是系事，定中之间是"系事+性状"的语义关系

（6）我以身血，充其饥渴。（肆 360b 倒 13）

（7）过去以血济其饥乏（肆 360b 倒 11）

（8）我今以身血济汝饥渴（肆 360c7）

（9）而乃致此轮相之妙（肆 363c8）

（10）示诸众人诸宝好丑（肆 412b10）

3. 定中之间是"受事+动作"的语义关系

（11）因由昔日<u>灯明布施</u>（肆 371c 倒 10）

（12）故受此诸<u>灯明之报</u>（肆 371c 倒 8）

4. 定中结构为"指示代词+谓词"，其中的谓词已名物化

（13）由来食肉，未有<u>斯美</u>。（肆 425c12）

（14）作<u>诸留难</u>（肆 376b 倒 1）

（15）形体状貌，无<u>他殊异</u>。（肆 410c3）

以上八部佛经的调查结果可小结如表 2-33 所示：

表 2-33

	施事+动作	系事+性状	受事+动作	代词或时所词+谓词	比拟名词+谓词	定中之间带"之"字	小计
《佛本行集经》	3		2	2		（2）　＊	7
《修行本起经》				4		（1）	4
《中本起经》	2			3			5
《六度集经》	5	13	1	4	11	（29）	34
《生经》	2	1	7	3		（7）	13
《普曜经》	2			6	2	（1）	10
《出曜经》	8	1		5		（2）	14
《贤愚经》	5	5	2	3		（4）	15
小计	27	20	12	30	13	（46）	102

说明：＊表中"定中之间带'之'"这一条分类标准跟其他的分类标准相比属于另类，所以该列数据统一加上括号以示区别。

从以上统计数据可得出这样三点结论：第一，"名/代"与"动/形"之间的语义关系大致可归结为三类：（1）是对某一人或物的某一动作行为或性质状态的指称，包括了前文分析过的"指代词+谓词""时间、处所词+谓词"以及"比拟名词+谓词"等类；（2）施事+动作（含"系事+形容词"）；（3）受事+动作。其实这第（2）（3）类也是表指称义的，只不过指称的内容已不是某一动作行为或性质状态，而是指某一事件或活动。第二，定中之间是否带"之"字，主要是受佛经四字格的限制。只有少数例子［如上文所举隋《佛本行集经》中的例

（1）、例（2）〕是因为需要用"之"来帮助划清前后词语间语义上的界限。另外，是否用"之"也与作品的语言风格密切相关，如本节所引三国吴《六度集经》中的34个例子就只有5例的定中之间无"之"，这肯定是该经文言色彩浓厚的语言风格所致。第三，充当中心语的谓词有单音节的，也有双音节的，从本书对八部佛经调查的结果看，中心语是单音节的56例，双音节的46例，两者所占比例相差不多。另据观察，单音节谓词前边带"之"的可能性比双音节谓词前边要大。

据贺阳（2008：39—43）的研究，以谓词为中心语的定中结构在汉语中由来已久，但直到"五四"以来这种结构才开始在书面语中高频使用。他还分析了现代汉语中"N的V"在句法、语义和语体方面的限制条件，原书列举的限制条件有数条之多，以下四条是笔者从中筛选出来的："其一，结构的中心语一般是复音节的谓词或谓词性结构，单音节词这样用的极为罕见"；其二，"口语色彩显著的动词或形容词，即使是双音节的，也不宜充当这种结构的中心语"；"其三，这种结构的中心语最常见的是光杆动词或形容词"；（以上参看贺阳，2008：48）还有一条，"在古代汉语的'N之V'结构中，'N'在语义上往往是'V'的施事或当事"，"但是现代汉语的'N的V'则不同，结构中的'N'常常是'V'的受事"。（参看贺阳，2008：50）拿本节调查所得的东汉到隋代佛经中的语例与贺阳总结的现代汉语中的四条规律进行对照，发现仅第三条是古今一致的，其余三条都不一定能对得上。针对第一条，中古佛经中由单音节与双音节谓词充当该结构中心语的比例差不多，在总共102例中是56：46。针对第二条，佛经中固然多数是书面语色彩浓的动词或形容词，但也有反例，比如北魏《贤愚经》中就大多是口语色彩浓的动词或形容词，所以不免让人怀疑这可能与故事内容有关系。针对第四条，我们从以上的小结表中可以发现，各种语义关系的定中结构分布均衡。像三国吴《六度集经》、西晋《生经》、北魏《贤愚经》和隋《佛本行集经》中就都有表"受事+动作"的语义关系类型。

至于以谓词为中心语的定中结构在现代汉语中兴起并迅速发展的原因，贺阳（2008：49）总结归纳出学界对此有两派观点，一是王力、姚振武等认为的是以对古代汉语"N之V"的继承为主，印欧语言的影响为辅；二是吕叔湘、朱德熙认为的以外国语法的输入为主，古代格式的复活为辅。贺阳（2008：49）赞同后一派观点。这里，我们只是想在贺阳观点的基础上再补充一点，就是任何的语言接触导致的语言变化，都必须以本土语言的接纳能力为限。而在东汉到隋代的翻译佛经中，早就有过这种句法格式的先例。因此，我们也不认可那种认为这一句法结构在中古已开始进入休眠状态的观点。但由于佛经语言定性的麻烦，此类结构到底是存在于口语中、书面语中，抑或两者兼而有之？笔者未敢妄下断语。笼统地说，彼时的由谓词充当中心语的欧化，与现代汉语中也是由谓词充当中心语的欧化存在某种程度的关联，甚或现代的欧化是以中古的欧化为基础发展起来的，总该可以吧。

第三章

复杂定语的构成及排序

崔应贤等（2002：41—43）将复杂定语分为三种类型：递加关系、并列关系、递归关系。本书的做法是将递加式和递归式定语放在本章中单独立节讨论，分别见第一、第二节；第三节的内容实际上也属于递归式定语的范畴，只不过特别关注数量短语和代词在复杂定语中的位置而已。第四节讨论一组总括义词语充任定语的情况，本书将它视为中古汉译佛经定语方面的特色之一。这种定语不宜划入递归式，勉强可归为并列关系的定语，具体理由详见正文。第五节定语从句可算是复杂的简单定语。说它简单，是因为定语从句与充当定语的单个词语一样，也只是修饰中心语的一个定语而已；说它复杂，是因为就表义的丰富性与它内部的结构层次、结构关系而言，定语从句又比充任定语的单个词语来得复杂。

第一节　递加式定语

所谓递加式定语，就是指几个成分递接地加在中心语之上（吕冀平，1999：311）。现代汉语中常举的例子如"鲁镇的酒店的格局"，中心语"格局"受"酒店"修饰，"酒店"又受"鲁镇"修饰，层层递加，用括号法表示层次就是：

（（鲁镇的酒店）的格局）

递加式定语的基本形式一般都是全名词结构，当然不排斥其中处于某个层次的名词本身又带有其他词性的修饰限定成分，如下文隋《佛本行集经》C 类第二例"大臣"前有"当马"，E 类第二例"夫人"前有"最大"，E 类第四例"相"前有"无见顶"，等等。

本节讨论以下两个方面的问题。

一　递加式定语的表述功能

现代汉语中递加式定语的表述功能有两个方面，一是准确地表现出人或事物在所属关系、空间位置等方面的密切联系；二是有着某种意义上的着重表现、突出强调的意味（崔应贤等，2002：128—129）。调查得知，佛经中递加式定语的表述功能也与现代汉语中相仿。为了描写的细化，同时也为了行文的方便，笔者利用图 3-1 对调查所得定中结构做了初步的分类。

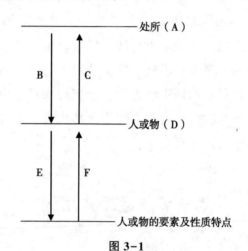

图 3-1

正如本节引言部分所说，递加式定语的基本形式一般都是全名词结构。从信息结构方面看，每个递加式定中结构都有它叙述的起点[①]和终点，而这样的叙述起点或叙述终点从语义上可归为处所、人（或物）以及人（或物）的要素及性质特点等三个类别，图中的 ABCDEF 分别代表了递加式定中结构从叙述起点到叙述终点的六种关系类型：

A 表示由处所到处所，通常是大的处所下包含了小的处所，也可

---

① 递加式定中结构中作定语的名词在语义上有确指性的要求。

能是不同处所间的位置关系。

B 指由处所到人（物）。

C，与 B 相反，指由人（物）到处所。

D 表人与人（也包括物与物、人与物）之间的关系。

E 由人（物）到其要素及性质特点（包括了物质和精神两个层面）。

F，与 E 相反，指由要素及性质特点到其人（物）。

以下就利用上图构建的框架对各部佛经中的递加式定语的表述功能进行分类描写。

（一）　隋《佛本行集经》

A 类：由大处所到小处所

彼仙多住南天竺国遮槃低城聚落（叁 684a7）

B 类：指由处所到人（物）

此是虚空上界天子来下于此（叁 758b5）／以天栴檀细末之香（叁 792b6）

C 类：指由人（物）到处所

我今在于刹利种姓大王家生（叁 671b1）／至于太子当马大臣之家（叁 733b13）

D 类：人与人（包括物与物）之间的关系

语我国师大那摩子（叁 683b 倒 10）／复有太子宫内婇女六万余人（叁 739a 倒 8）／以汝为我圣夫善友（叁 740c12）／释氏国师之子（叁 768b15）／我是太子本国国师之子（叁 768c 倒 5）／此是释种净饭王子（叁 777b3）／我王种族（叁 700c5）

E 类：由人（物）到其要素及性质特点

于日主宫月上夫人右肋入胎端坐（叁 664b8）／托净饭王最大夫人摩耶右肋安庠而入（叁 682c 倒 3）／揽捉绀青优钵罗色螺髻之发（叁 737c5）／剃于太子无见顶相绀螺髻发（叁 737c 倒 14）／以脚足指网缦所罗（叁 772c6）

F 类：由要素及性质特点到其人（物）

各有杂宝多罗树行（叁 662c 倒 11）／乃至园内所有女名树木之者，还令以女璎珞之具而庄严之。（叁 722b6）／或复现于斛领牛相

（叁 771c6）/或现中年妇女之身（叁 781c12）

（二）东汉《修行本起经》

A 类：由大处所到小处所

一时佛在迦维罗卫国释氏精舍尼拘陀树下（叁 461a7）/是时佛在摩竭提界善胜道场贝多树下（叁 472b13）

B 类：由处所到人（物）

是则为元吉，众树林中王。（叁 470a 倒 2）/即放眉间毫相光明（叁 470c11）

（三）东汉《中本起经》

A 类：由大处所到小处所

一时佛在摩竭提界善胜道场元吉树下（肆 147c6）/于时如来便诣波罗奈国古仙人处鹿园树下（肆 148a14）

B 类：由处所到人（物）

使王国界人民忠孝富乐（肆 152b12）/作大泽树神（肆 156a1）

C 类：由人（物）到处所

宁可共诣大沙门所（肆 153c 倒 1）/行诣树王祠处（肆 153b 倒 5）/欲诣恒水三祠神池（肆 157a2）

E 类：由人（物）到其要素及性质特点

我是摩竭提王瓶沙身也（肆 152b7）/天下人眼，不但视色。（肆 152c7）/天下人意，多恶少善。（肆 152c8）/具陈彼泽树神功德（肆 157a 倒 13）/佛言："此儿宿命罪行使然，非父母过。"（肆 153a13）

F 类：由要素及性质特点到其人（物）

譬如四姓家女（肆 159a11）/得富家女（肆 160a 倒 1）/尔时高行梵志，则吾身是也。（肆 163c1）

（四）三国吴《六度集经》

A 类：由处所到处所

于此庐地树下（叁 48c 倒 8）/吾昔处阿谭县蓬庐之下坐（叁 42c 倒 7）/诸鹦鹉众诣他山鹦鹉王所（叁 34a 倒 14）/自然还在本国中宫正殿上坐（叁 7c13）/时理家门外粪上有死鼠（叁 14a1）/入深山丘墓间树下坐（叁 39c3）/从龟至人王城下堑中（叁 29a3）/今在海中

大洲之上（叁 27a14）/之吾乡诸清信士所（叁 43a6）/到大国界（叁 5a 倒 3）

B 类：由处所到人（物）

昔者波罗㮈国王太子名迦叶（叁 6c11）/大国王女（叁 7b9）/远国梵志（叁 5b15）/故国臣民（叁 3b4）/二国君民，一哀一喜。（叁 3b5）/为国儒士之妻（叁 38b9）/四天下民尊其仁化（叁 22b7）/念弥者三界众圣之尊师也（叁 50b1）/王内宫人登船上服（叁 31c2）/一国乌皆死矣（叁 28b14）

C 类：由人（物）到处所

到似人形神城门之外（叁 46a4）/著子尸处（叁 24c 倒 8）/异学梵志讲堂（叁 50c5）/转入龙王祖父之国（叁 29b6）/展转诸国，至妃父王之国。（叁 18a 倒 5）

D 类：人与人之间的关系

吾兄子来（叁 26b8）/女吾贱妾之子（叁 30c14）/昔者菩萨为独母子（叁 36b 倒 2）/寿终则生为嫡妻子（叁 37c 倒 9）

E 类：由人（物）到其要素及性质特点

能触二儿身（叁 28c 倒 11）/获九十九人指（叁 23b6）/著亡父口中（叁 36c9）/斯肉气味与母身气相似无异（叁 13a7）/其音咨嗟己先王之德（叁 18a 倒 3）/是时众僧各各一心观此小儿本（叁 36a10）/遥睹无上圣德之灵（叁 41b 倒 10）/令吾睹佛，得闻弘摸大道极趣。（叁 43b1）/斯光与前三佛光影齐同（叁 42b4）/化为月光父王手书（叁 46c 倒 6）/小猴拔龙门钥（叁 27a 倒 3）/寻之而进，出彼家井。（叁 4a2）/睹大池水（叁 44c 倒 10）

F 类：由要素及性质特点到其人（物）

高行比丘难得供事（叁 38a5）/高行沙门（叁 17a1）/上德贤者（叁 23b 倒 4）/太子靖思视诸伎人，犹木梗人，百节皆空，中如竹节。（叁 41c8）/著鹿皮衣（叁 8a13）/其树果大，如二斗瓶。（叁 49c14）

（五）　西晋《生经》

A 类：由大处所到小处所

一时世尊游于摩竭罗阅祇城东（叁 84c 倒 13）

B 类：由处所到人（物）

佛告<u>城里聚落</u>梵志长者（叁 79c5）

C 类：由人（物）到处所

从<u>异佛国</u>（叁 86a2）／诣<u>异梵志家</u>（叁 77c9）／诣<u>王宫门</u>（叁 91c11）／数数往诣<u>淫荡女舍</u>（叁 71a8）／一一次第入<u>淫荡家舍</u>（叁 71a1）

D 类：人与人（包括物与物）之间的关系

欲索某<u>国王女</u>（叁 79a9）／更有<u>一部水牛之王</u>，寻从后而来。（叁 93c 倒 6）／其余<u>水牛诸眷属</u>（叁 94a 倒 4）

E 类：由人（物）到其要素及性质特点

欲得<u>善柔鹿王肉</u>而食啖之（叁 102b2）／欲得<u>善柔鹿王肉</u>食乃活（叁 102b1）／欲得<u>鹿王肉</u>食（叁 102a 倒 1）／有<u>大善鹿王</u>形貌（叁 102b5）／预持<u>死人臂</u>以用授女（叁 78c 倒 13）／察<u>四人言辞</u>（叁 86c 倒 4）／此<u>梵志罪</u>，如山如海。（叁 77c 倒 1）

F 类：由要素及性质特点到其人（物）

<u>鹿皮囊</u>（叁 94b 倒 13）／愿生海中，作<u>大身鱼</u>。（叁 107b 倒 14）

（六）西晋《普曜经》

A 类：由处所到处所

<u>波罗奈仙人之处鹿苑之中</u>（叁 528c 倒 14）／<u>波罗奈国仙人之处鹿苑之中</u>（叁 528c 倒 13）／<u>白净王宫后园</u>（叁 488c4）／难及<u>大殿后宫苑囿</u>（叁 490a15）／在<u>拘留国界尼连禅水边</u>（叁 526b 倒 5）／<u>旧舍水边</u>（叁 532a 倒 13）／则在<u>彼树荫凉下</u>坐（叁 499b8）／<u>其树间地</u>（叁 513a 倒 8）／往到<u>本国迦维罗卫城上虚空</u>（叁 534c11）／<u>下方水界六百六十万由旬</u>（叁 492a9）／<u>十方诸佛国土</u>（叁 513c6）／<u>十方佛国菩萨道场</u>（叁 513c8）／<u>东方离垢世界无垢光如来佛国</u>（叁 515b8）／<u>南方宝焰如来佛国</u>（叁 515b 倒 10）／<u>西方思夷像佛土华严神通如来世界</u>（叁 515b 倒 1）／<u>北方日转世界蔽日月光如来佛土</u>（叁 515c9）／<u>东南方德王世界德明王如来佛土</u>（叁 515c 倒 12）／<u>西南方乐成世界宝林如来佛土</u>（叁 515c 倒 6）／<u>西北方雨氏世界雨香王如来佛土</u>（叁 516a3）／<u>东北方乐帛交露世界宝盖起光如来佛土</u>（叁 516a12）／<u>下方</u>

普明世界普现如来佛土（叁516a 倒10）/上方虚空世界无限眼王如来佛土（叁516a 倒3）

　　B 类：由处所到人（物）

　　南西北方四维上下十方无限诸佛世界无数菩萨（叁490b 倒6）/南西北方四维上下诸佛国土无央数众，释梵四王，庄严供具，皆来贡上。（叁513b 倒10）诸佛国土诸菩萨众，皆来供养。（叁513b 倒11）/劝化千亿佛土无数百千诸佛真子（叁529b 倒6）/修舍慢加村落长者女（叁512a 倒10）/村落长者女等（叁512a 倒1）/普世界众生皆来供养（叁513b13）/处后宫中彩女之间（叁506b6）/寄迦维罗卫国夫人之胎（叁534a2）/其十方界水陆众华（叁513c7）

　　D 类：人与人（包括物与物）之间的关系

　　白象王（叁491b4）

　　E 类：由人（物）到其要素及性质特点

　　佛眉间光（叁527b14）/菩萨身光（叁514b12）/抱白马头（叁508b 倒1）/土地国邑无好浴池苑囿之观（叁485b7）/众水滴数（叁501b 倒10）/叹菩萨母德（叁494a1）/歌佛本愿之德（叁527b 倒10）/分别菩萨众德之本（叁483b 倒12）/成大德本（叁537a10）/从是生诸恶本（叁522b6）/吾设为说斯义本末（叁527c 倒10）/分别一切章句本末（叁484a 倒10）/得无央数道宝之明（叁526a9）

　　F 类：由要素及性质特点到其人（物）

　　紫磨金云（叁504b8）/紫金色光（叁514c8）/绀色马（叁500a9）/哀鸾音（叁514c 倒7）/鹿皮衣（叁508b6）/玉女妻（叁500a10）/玉女宝（叁500b 倒2）

　　（七）后秦《出曜经》

　　A 类：由处所到处所

　　世尊游毗舍离猕猴池水大讲堂上（肆610a 倒14）/毗舍离猕猴池侧高讲堂上（肆624b10）/毗舍离猕猴池侧普集讲堂所（肆611a1）/摩竭国道场甘梨园北石室精舍中（肆617b14）/摩竭国甘黎园中城北石室窟中（肆636a12）/摩竭国界甘梨园石室窟中（肆646b 倒10）/日至城外旷野冢间（肆612a 倒4）/冢间树下（肆626a 倒2）/四壁

墙下（肆 630c5）/于<u>此国界罗阅祇城</u>（肆 680c1）/<u>祇洹精舍门外</u>（肆 630c 倒 11）/<u>此地下他方世界</u>（肆 669c6）/<u>吾入须弥山腹中间</u>（肆 619a 倒 12）/<u>须弥山腹里</u>（肆 669c5）/若堕<u>火坑炽焰之中</u>（肆 662a 倒 5）

B 类：由处所到人（物）

<u>摩竭国界瓶沙王</u>（肆 645a 倒 2）/<u>拘萨罗国波斯匿王</u>（肆 670c15）/<u>迦尸拘萨罗国界人民</u>（肆 650a 倒 11）/<u>拘萨罗国界人民</u>（肆 650a 倒 9）/<u>彼国界人民</u>（肆 672c1）/<u>阎浮利地人身</u>（肆 676a11）/<u>边地佛</u>（肆 635a 倒 13）

C 类：由人（物）到处所

<u>他淫女村中</u>（肆 627b2）/<u>郁毗黎梵志村聚</u>（肆 645a 倒 11）/<u>人间豪族堂舍</u>（肆 638a7）/至<u>舍夷外家舍</u>（肆 669b 倒 14）/<u>栴檀香长者家</u>（肆 631a5）/<u>栴檀长者门外</u>（肆 631a 倒 8）/<u>盲小儿所</u>（肆 631a 倒 5）/至<u>善容王子所</u>（肆 641a 倒 1）/<u>失明夫妇所</u>（肆 626a9）/至<u>念法人所</u>（肆 689c 倒 14）/至<u>护法人所</u>（肆 689c 倒 13）

D 类：人与人（包括物与物）之间的关系

<u>此人冤家</u>（肆 651b8）/<u>斯人知亲</u>（肆 676c14）/<u>此弊梵志女</u>（肆 664a7）/<u>盲旃陀妇</u>（肆 630c 倒 5）/<u>彼奢婆罗咒术家女人</u>（肆 691a 倒 5）

E 类：由人（物）到其要素及性质特点

<u>一人形体</u>（肆 612c10）/<u>诸女天身</u>（肆 686b 倒 3）/<u>受饿鬼形</u>（肆 663a 倒 11）/<u>小儿颈</u>（肆 627a5）/处<u>盲栴陀妇腹中</u>（肆 630c12）/在<u>阿阇世太子膝上</u>（肆 687c 倒 5）/自归<u>大沙门足下</u>（肆 673a 倒 14）/不食<u>死人肉血</u>（肆 673a 倒 10）/闻<u>人大小便臭气</u>（肆 636c8）/厌患<u>人间饮食精气</u>（肆 644b 倒 12）/<u>其人心</u>（肆 614a 倒 9）/知<u>他人心智</u>（肆 645b 倒 9）/殖<u>众德本</u>（肆 635a15）/<u>诸善德本</u>（肆 672b15）/断<u>诸德本</u>（肆 677a5）/观<u>众生类心意根本</u>（肆 685a8）/长<u>诸苦原</u>（肆 635b 倒 4）/<u>过去诸佛贤圣标式</u>（肆 690a 倒 12）/<u>古圣贤人幖式</u>（肆 659c7）/<u>王家大象</u>（肆 646a5）/诵<u>一句义</u>（肆 643b12）/听<u>微臣言</u>（肆 641b10）/<u>彼二贤秽行</u>（肆 664c 倒 2）/

舍众僧食（肆 628c 倒 3）/使七豪贵人库藏尽没入于地（肆 676b13）/如故王法（肆 621a 倒 8）

F 类：由要素及性质特点到其人（物）

大族姓子（肆 649b10）/龙须索（肆 632c10）/生邪见心（肆 641a 倒 3）/邪见家（肆 659b7）/防护秽浊心垢之恼（肆 652c 倒 1）/自不随顺正法言教（肆 643c 倒 8）/异姓人（肆 676a 倒 7）/高德法师（肆 676c1）/青衣鬼（肆 658b 倒 13）/色衣人（肆 658b 倒 5）/此色衣之人（肆 658b 倒 2）

（八）北魏《贤愚经》

A 类：由处所到处所

摩伽陀国王舍城迦兰陀竹园中（肆 376b4）/舍卫国祇树给孤独园祇洹精舍（肆 383a 倒 5）/此阎浮提波罗㮈国仙人山中（肆 404a 倒 4）/至舍卫国波斯匿王所（肆 373b10）/舍卫国婆罗门家（肆 444c2）/佛生迦毗罗卫净饭王家（肆 433a3）/其池四面（肆 420b 倒 10）

B 类：由处所到人（物）

洴沙等诸国人民（肆 361c 倒 1）/波罗陀跋弥比国之王（肆 391b 倒 6）/一国妇女（肆 427b8）/天宫婇女（肆 378c 倒 10）/此舍主（肆 381b1）/诸天宫殿（肆 366c 倒 1）/如毗沙门天宫宝藏（肆 381b1）/吾家库藏（肆 431c13）/我父母宫内诸藏（肆 415a3）/家内器物（肆 430a 倒 11）/吾家堂柱（肆 354a11）

C 类：由人（物）到处所

彼道人户枢之中（肆 417c10）/彼道人屋间（肆 417c13）/檀弥离长者门前（肆 430c 倒 10）/到平事妇所（肆 382c5）/复至微妙比丘尼所（肆 367b10）/还到本国波婆梨所（肆 433c3）/到本金所（肆 369c 倒 4）

D 类：人与人（包括物与物、人与物）之间的关系

洴沙王弟（肆 361a 倒 4）/舍卫城大萨薄妇（肆 378b5）/迦维罗卫净饭王子（肆 441a 倒 10）/不用其余国王太子（肆 413c 倒 3）/王舍国辅相之儿（肆 355c5）/彼国王儿（肆 441a4）/此女即是波斯匿王弟昙摩诃羡女也（肆 399b 倒 7）/国中豪贤之女（肆 400c 倒 5）/

舍卫国优婆夷婢（肆378c倒5）/其儿父母（肆385c2）/二家父母（肆385c倒1）/我先身之母（肆354b4）/婆罗门师妇（肆423b倒5）/我愿为此守园人妇（肆413c倒3）/三十二儿妇家亲族（肆401b倒11）/贫家子（肆409c倒10）/谁家女（肆441a1）/贫女夫等（肆428a14）/波婆梨姊子（肆433c2）/我家大小（肆377a倒9）/诸尊弟子（肆370a倒10）/白象王（肆425a10）

E类：由人（物）到其要素及性质特点

我是鬼王毗沙门身（肆374b15）/此人前身（肆354b13）/我此身上衣（肆377c8）/臣等家食（肆403c5）/天人身光（肆353b倒11）/诸天光明（肆384b9）/以我法身少分之身（肆402b倒8）/我股里肉（肆375a倒9）/安婆罗门眼匡之中（肆392b15）/洗众僧手（肆369c倒6）/我弟头（肆417c3）/生于第二夫人腹中（肆410c2）/按其妇腹（肆417b倒5）/河中鱼腹（肆385c4）/折我马脚（肆428c倒9）/盗取众贾人肉（肆444b倒6）/救我子命（肆352b倒4）/适我子意（肆399b2）/其人心意（肆378c6）/可众臣意（肆403a14）/大丈夫志（肆426b9）/其儿福德（肆415b倒2）/又欲显此老比丘德（肆379c15）/人子礼（肆411b倒12）/臣儿妇之智（肆400c倒11）/闻此臣语（肆391b7）/如此女言（肆427b10）/称彼毗沙门天名（肆374b9）

F类：由要素及性质特点到其人（物）

牛头栴檀香木（肆394a倒4）/金轮宝（肆416a3）/白象宝（肆416a7）/绀马宝（肆416a9）/神珠宝（肆416a11）/玉女宝（肆416a13）/毒蛇形（肆417c10）/现绀发相（肆357c倒10）/见佛发相（肆357c倒10）/未睹如来足下轮相（肆363c4）/佛足底轮相（肆363c5）/有马形相（肆415b倒3）/有白象相（肆415b倒2）/有金轮相（肆415c6）/好色食施，得好颜色。（肆374b5）/水色之山（肆406b3）/海色之山（肆412b1）/如是色宝（肆406c倒1）/绀琉璃色（肆443a倒13）/绀琉璃山（肆412b倒13）/纯青琉璃（肆407c9）/紫磨金色（肆443b倒9）/金铃声（肆390b倒4）/毒鸟声（肆425a11）/邪见人（肆379a2）/盲眼人（肆373c6）/寒冰地狱

（肆378b倒9）／炽火地狱（肆378b15）／下座比丘（肆381b9）

　　以上八部佛经中的递加式定中结构按其内部的语义关系类型可小结如表3-1所示：

表3-1

	A	B	C	D	E	F
隋《佛本行集经》	1	2	2	6	5	4
东汉《修行本起经》	2	2	0	0	0	0
东汉《中本起经》	2	2	3	0	5	3
三国吴《六度集经》	10	10	5	4	14	6
西晋《生经》	1	1	5	3	7	2
西晋《普曜经》	22	10	0	1	13	7
后秦《出曜经》	15	7	11	5	26	11
北魏《贤愚经》	7	11	7	22	28	29
小计	60	45	33	41	98	62

　　从表3-1的汇总可知，递加式定中结构内部语义关系的六种类型里边，是E类和F类的量最多，这说明递加式定中结构的叙述内容是以人（物）为中心的。而结构层次最为复杂的是表处所的类（即A类）。总体看，递加式定中结构内部的词语次序符合汉语中从大到小、从整体到局部的认知和表达习惯。

二　递加式定语后是否带助词"之"

　　充任递加式定语的名词语，从语义关系类型上看都属领属性质。正如上一章简单定语部分所揭示的，单个领属定语的后边可以带"之"。然而，对这里的内部包含多个结构层次的递加式定语来说，就只有离中心语最近的那个词语的后边可以带"之"，如以上列举的隋《佛本行集经》的总共20例中就有7例带"之"。这些带"之"的例子覆盖了递加式定语的各种语义关系类型，换言之，各种语义关系类型的递加式定语后边带"之"与否都是自由的。隋《佛本行集经》中递加式定语带"之"的情况与现代汉语中递加式定语带"的"的情况相类似，两者语法位置相同。然而，同中又有异，表现在对这两种语法现象所作的解释不同。有学者认为现代汉语中此处带"的"的决定性因素是为了中心语的明晰突出（崔应贤等，2002：130—131）。然而隋《佛本行集经》中看不出这一点，可行的解释仍是语音节律方面的，如以上带"之"的7个例子，都是为了凑成四字格或偶数音节。而即便是删除这7例中的"之"，也并不影响语意的表达。反之，不带"之"的其余各例，都是不必带"之"就已凑成了四字格或偶数音节。这说明语体因素对"之"字隐现的决定性的制约作用。以上讨论递加式定语后是否带助词"之"的问题，仅以隋《佛本行集经》为代表，其他佛经的情况也相仿。

第二节　递归式定语

中心语前边有多个修饰或限定性成分，这多个成分中的单个可以分别对中心语进行修饰限定，而又不违背整个定中结构的原意，这样的多项定语就称之为递归式定语。吕冀平（1999：310）又将它称为"分加"式。这多项定语不是在一个结构层次上，它们是以中心语为核心，自右向左依次附加、逐层扩展的。这种扩展的特点在于它的递归性，即相同的结构层层套叠，相同的规则重复使用（崔应贤等，2002：226）。例如隋《佛本行集经》中的"（造于）金柄上妙伞盖"（叁665b倒4），用括号法表示层次就是：

（金柄（上妙　伞盖））

本书描写递归式定语的做法是，首先按照定语的项数将它分成两项式和多项式两种，其中的两项式是重点；接着按词性作进一步分类①，比如

---

　　① 如果充当定语的是词，按词性分类当然没问题，但如果是短语，也须比照词性给它分类。所以下文说的"名词定语"，既可能是名词充当的定语，也可能是名词性短语充当的定语。动词定语、形容词定语的情况类推。

两项式定语内部，按照充当定语词语的词性是否相同可分为两项同类式定语和两项异类式定语。两项同类式定语包括名词性两项同类式定语、动词性两项同类式定语、形容词性两项同类式定语；两项异类式定语可分为名—动两项异类式定语、名—形两项异类式定语、动—名两项异类式定语、动—形两项异类式定语、形—名两项异类式定语、形—动两项异类式定语，为对比鲜明起见，把以上六种两项异类式定语归为三组，名—动两项异类式定语与动—名两项异类式定语为一组，名—形两项异类式定语与形—名两项异类式定语为一组，动—形两项异类式定语与形—动两项异类式定语为一组。而对定语语义类型序列的归纳则按照从左到右的次序进行。①

一　两项式定语

（一）两项同类式定语

1. 名词性两项同类式定语

按照先看首位名词定语再看次位名词定语的情况划分下位类别。

（1）首位名词定语表领属

A. 次位名词定语表时间

隋《佛本行集经》：此是<u>如来往先瑞相</u>（叁688a9 等处）/<u>大王往昔高曾祖父</u>（叁695c10）

西晋《生经》：<u>此儿五百世宿命应然</u>（叁95b6）

北魏《贤愚经》：为我说<u>其徒众本末因缘</u>（肆386b15）

B. 次位名词定语表范围或方所

隋《佛本行集经》：复召<u>释种内外眷属</u>（叁694b 倒10）/增益<u>太子五欲之事</u>（叁723c 倒14）

三国吴《六度集经》：<u>仁国群臣</u>（叁6b6）

西晋《普曜经》：观<u>后右肋</u>（叁492b12）/处妙<u>后右肋</u>（叁492a4）

---

① 按照从大到小的切分方式，递加关系的多层定语只能是由后往前切，而递归关系的多层定语正好相反，只能是由前往后切。因为切分方式如此，所以递归式定语语义类型序列的归纳可以按照从左到右的次序进行。

北魏《贤愚经》：用<u>王内藏</u>（肆 411b3）

C. 次位名词定语表质料或性质

东汉《中本起经》：见<u>子宝屐</u>（肆 149b2）

三国吴《六度集经》：菩萨辄以<u>诸佛忍力之福</u>（叁 24b3）/太子弃<u>金轮王七宝之位</u>（叁 41a10）

西晋《普曜经》：其菩萨<u>交露宫殿</u>（叁 492a7）

后秦《出曜经》：<u>王子宝衣</u>（肆 659c8）/<u>菩萨宝衣</u>（肆 659c12）/<u>如来深法之藏</u>（肆 666a 倒 2）

北魏《贤愚经》：<u>大王金幢</u>（肆 389a15）/用<u>王宝藏</u>，三分向二。（肆 411a 倒 1）/索其自分<u>稗子之糜</u>（肆 435a 倒 9）/济此<u>诸人毫氂之命</u>（肆 394b 倒 12）

（2）首位名词定语表时间

A. 次位名词定语表处所

三国吴《六度集经》：人命譬若<u>朝草上露</u>，须臾即落。（叁 50a1）

西晋《普曜经》：<u>后世边地诸国</u>（叁 511c 倒 10）

B. 次位名词定语表领属

隋《佛本行集经》：勿断<u>未来菩提种姓</u>（叁 668b3）/化作<u>童年婆罗门子</u>（叁 691a 倒 5）

东汉《中本起经》：<u>古佛道法</u>，过中不饭。（肆 150a 倒 4）/<u>古仙道术</u>，靡书不综。（肆 153c 倒 9）

北魏《贤愚经》：是其曩<u>世俗家之礼</u>（肆 440c10）

C. 次位名词定语表数量

后秦《出曜经》：<u>过去恒沙诸佛</u>（肆 684a 倒 5）/<u>过去恒沙诸佛世尊</u>（肆 661a 倒 12）

这两例中的"恒沙"是用比喻的方式表数量。

（3）首位名词定语表处所或来源

A. 次位名词定语表领属

隋《佛本行集经》：到于<u>人间净饭王宫</u>（叁 701b 倒 14）/次至<u>内宫太子坐殿</u>（叁 716b15）

笔者按：以上两例的"人间——王宫""内宫——坐殿"符合汉

语先大后小、先整体后局部的认知与表达习惯。

三国吴《六度集经》：世间人王（叁 49a 倒 10）/次生世间王侯之家（叁 50b6）

西晋《普曜经》：化作八万佛树师子之座（叁 515b13）

后秦《出曜经》：世间华香（肆 657c 倒 10）

B. 次位名词定语表性质

隋《佛本行集经》：不称天下王法之言（叁 761b 倒 11）/有边地之国邪见诸王（叁 678c 倒 12）

三国吴《六度集经》：四境雠国，皆称臣妾。（叁 2b2）

西晋《生经》：智幻土人（叁 104c11）

西晋《普曜经》：便敕国中诸豪族释（叁 536b12）

后秦《出曜经》：今此众中异心众生（肆 642b11）

北魏《贤愚经》：狱中慈心人（肆 439b 倒 10）

C. 次位名词定语表范围

隋《佛本行集经》：厌离世间五欲之事（叁 723c 倒 4）

三国吴《六度集经》：令远三界万苦之祸矣（叁 16b 倒 8）

D. 次位名词定语表质地

隋《佛本行集经》：天金罗网（叁 691b 倒 1、叁 691c2）

三国吴《六度集经》：解身宝服妻子珠玑尽以惠之（叁 9a6）/解身鹿皮衣著其湿地（叁 48b2）

西晋《普曜经》：天玉女（叁 493c 倒 4）/天师子座（叁 493c9）/断身宝璎（叁 508a10）

北魏《贤愚经》：解髻宝珠（肆 407c2）/髻中宝珠（肆 407c 倒 2）/即自解颈众宝璎珞重以赐之（肆 374a 倒 10）/即脱手指七宝环钏（肆 431a7）

E. 次位名词定语是专名

西晋《普曜经》：池上迦和之树（叁 531c2）

（4）首位名词定语表材料或质地

西晋《普曜经》：七宝交露车（叁 493a2）/宝交露车（叁 495a7）/宝交露帐（叁 505b 倒 6）

北魏《贤愚经》：<u>泥木天像</u>（肆 415c 倒 1）/皆获<u>百味上馔之供</u>（肆 404a2）

（5）首位名词定语表样态

西晋《普曜经》：<u>云母宝车</u>（叁 493b 倒 11）/<u>交露宝车</u>（叁 494b10）/<u>交露宝帐</u>（叁 493a 倒 7）

笔者按：所谓"云母车""交露车""交露帐"都是"车"或"帐"的不同样态或种类而已。此处援引的《普曜经》里的数例，与以上（4）里边引例的语序正好相反。由这一细小的局部就可以看出，两项式定语的语序除了具有固定性，还有其灵活性的一面。

西晋《生经》：作其<u>机关木人</u>（叁 88a 倒 12）

后秦《出曜经》：<u>羽宝车</u>（肆 670c 倒 9）

北魏《贤愚经》：<u>金色氎衣</u>（肆 434a 倒 6）

（6）首位名词定语是专名

东汉《中本起经》：<u>须弥宝山</u>，劫尽坏烂。（肆 160c1）

后秦《出曜经》：<u>须弥宝山</u>（肆 691a 倒 8）

从以上六小类名词性两项同类式定语的情况看，它们的语序除了具有固定性的一面，还有其灵活性的一面。如第（1）小类里有"领属+时间""领属+范围方所"的语义类型，而第（2）、第（3）小类里分别又有"时间+领属""处所或来源+领属"的语义类型。实际上，这几种语义类型下的语例并非都能随意调换先后次序，可见，还是有其他一些因素在制约着这样的两项同类式定语的语序。另外，正如前边所言，第（5）小类里援引的西晋《普曜经》里的数例，与第（4）小类里引例的语序正好相反。这貌似两项同类式定语可以颠倒为之，但颠倒前后，它们的首位定语变化了，凸显的信息也就有所区别。

2. 动词性两项同类式定语

这类用例较少。

西晋《普曜经》：释其<u>沐浴庄严天服</u>（叁 508a 倒 14）

北魏《贤愚经》：到便先问<u>入海同伴贾客</u>（肆 408c 倒 13）

前一例两项定语的语义为"功用+状态"，而后一例为"目的+状态"。两例中首位定语是显得重要一些的信息，所以先出现。

3. 形容词性两项同类式定语

东汉《中本起经》：烧众名香（肆 156c13）

三国吴《六度集经》：以众名宝，请归悲泣。（叁 26a13）/灭众邪心（叁 49b13）/教民奉佛，修上圣德。（叁 37a7）/毕宿余殃，堕狝猴中。（叁 19c15）/不净臭处（叁 41c 倒 13）/老耄贫窭梵志（叁 10a 倒 8）

西晋《生经》：著新好衣（叁 81c 倒 12）/上妙被服（叁 101a 倒 7）/非是长者，非仁贤人。（叁 72b 倒 5）/有大香山（叁 73c3）/与妖淫荡女饮食相乐（叁 72b 倒 9）/有自然好音（叁 79b2）/愚冥下士（叁 73b 倒 5）/及余众劳（叁 102a 倒 13）/用余异愿乎？（叁 101a 倒 7）/于他异土（叁 86c 倒 13）/于异闲居（叁 73a8）

西晋《普曜经》：生众杂华（叁 488b 倒 1）/杂众花不可称限（叁 484c2）/烧众名香（叁 513c5）/散众名花（叁 486c 倒 8）/疗众恶疮（叁 507c15）/奉众善德（叁 487c1）/众邪异学（叁 526a7）/众邪异见，令得悉度。（叁 506b15）/众邪恶鬼（叁 527a3）/如杂毒食（叁 506a 倒 11）/杂名香水洗浴菩萨（叁 494b1）/无他异书（叁 498a 倒 1）/别异处（叁 517a 倒 11）/别异床榻（叁 492a 倒 13）/获严净盖，为供养谁？（叁 515b 倒 7）/此严净光，为从何来？（叁 515c3）/放大净光明（叁 507b6）/上大高座（叁 486c15）/闻大洪音（叁 493c8）/诸大尊神（叁 509a13）/大圣菩萨（叁 511c 倒 5）/化大乱众（叁 521a13）/刈生青草（叁 514c 倒 11）/远大国（叁 492b3）/宣粗恶辞（叁 521a1）/如妙明珠（叁 499b13）/告大神妙天子（叁 530c11）/大神妙天（叁 536c 倒 4）/大清净土（叁 517a1）/得端正好色（叁 537a12）/成吉祥正真导师（叁 517c13）/未曾见闻如是圣达至真神人（叁 509c2）

后秦《出曜经》：余小贾人（肆 617b 倒 14）/留少残水（肆 668a9）/随俗美辞（肆 639b3）/平大途（肆 642b10）/朽故塔寺（肆 659b8）/故坏塔寺（肆 661a 倒 5）/此恶众事（肆 660a 倒 12）/暴恶鬼神（肆 660b12）/诸弊恶法（肆 681a 倒 14）/除弊恶心（肆

686b 倒 7）／<u>愚惑恶</u>人（肆 692c9）／<u>愚惑凡</u>夫（肆 657a12）／<u>愚蠢小</u>儿（肆 639c 倒 13）／<u>勇猛大</u>将（肆 688b 倒 2）／<u>贤圣善</u>法（肆 661b 倒 7）／与<u>牢固善</u>知识从事（肆 678c 倒 6）／<u>智慧微妙之</u>教（肆 674c 倒 6）／习于<u>秽恶不要之</u>道（肆 633a14）

北魏《贤愚经》：<u>上妙衣</u>服（肆 371b6）／<u>上妙衣</u>食（肆 409b1）／<u>上妙五</u>欲（肆 440b1）／<u>大妙</u>宝（肆 422b7）／<u>众妙乐</u>器（肆 440a12）／取<u>少净</u>水（肆 384a 倒 13）／以<u>多美</u>果著金盘上（肆 353c 倒 8）／<u>新热肉</u>汁（肆 374c 倒 1）／<u>新热</u>肉（肆 375a6）／<u>新净</u>衣（肆 409a 倒 8）／发<u>大恶</u>声（肆 379a6）／<u>大白</u>象（肆 405b10）／<u>弊坏</u>衣（肆 405b15）／怀此<u>弊恶之</u>心（肆 416c 倒 6）／皆<u>恶邪</u>见（肆 374c4）／<u>黑毒</u>蛇（肆 426a10）／<u>有边小</u>国（肆 373b8）／我复有<u>奇特好</u>事（肆 374b 倒 1）

中古汉译佛经中这类由形容词连用以充当定语的用例还是比较多的。从形容词音节数目的单双看，单+单、单+双、双+单、双+双的四种组合方式都有，其中又以单+单为最多。从语义上看，是事物的数量、外观等方面情况容易先被人感知到，所以这样的形容词也往往居于定语的首位；而反映事物本质的形容词往往居于次位。前者如以"众""大"开头的两项式定语，后者如以"妙"殿后的两项式定语，具体例子见上文，不赘。

（二）两项异类式定语

前文说过，两项异类式定语按逻辑推理可分为六个小类，为对比鲜明起见，它们又可归为三组，名—动两项异类式与动—名两项异类式为一组，名—形两项异类式与形—名两项异类式为一组，动—形两项异类式与形—动两项异类式为一组。以下就按这样的次序展开详细论述。

1. 名—动两项异类式定语与动—名两项异类式定语

（1）名—动两项异类式定语

A. 首位名词定语表领属

a. 次位动词定语表功能

隋《佛本行集经》：王典当<u>诸象马</u>臣（叁 675a 倒 10）／击<u>我甘蔗</u>

种门欢喜之鼓（叁 689b4）/击大王欢喜之鼓（叁 689b8）/身著死尸
粪扫衣服（叁 748a7）

北魏《贤愚经》：是诸比丘作食之人（肆 395b11）/王家牧马之
人（肆 428b13）

b. 次位动词定语表性质

隋《佛本行集经》：此是菩萨未曾有法（叁 685b6 等）/得阿修罗
王算计之法（叁 695a 倒 4）/此是妇女媚惑之饰（叁 714c5）/不可得
障子出家心（叁 724c 倒 8）/善解妇女妖幻之事（叁 782a6）/善解女
人幻惑之法（叁 782c 倒 4）

三国吴《六度集经》：违父遗诲（叁 5c5）/令吾遵诸佛忍辱恶来
善往之道（叁 6a1）/仰慕诸佛难逮之行（叁 37a 倒 12）

西晋《生经》：谓从般若善权之教（叁 97a13）

后秦《出曜经》：止人施心（肆 677a5）/尽显沙门内禁之法（肆
692a11）

北魏《贤愚经》：济彼人等生死之命（肆 422b 倒 6）/生死恐畏
之事（肆 377c 倒 3）

c. 次位动词定语表状态

隋《佛本行集经》：执波罗叉垂曲树枝（叁 686b9）

三国吴《六度集经》：不睹太山烧煮之咎（叁 37b4）

后秦《出曜经》：已离苦恼鼎沸之患（肆 656c 倒 14）/其中被疮
众生（肆 636a 倒 12）

北魏《贤愚经》：我身余残骨肉髓脑悉以施之（肆 357a2）

d. 次位动词定语表数量或程度

西晋《生经》：既不能畅叹誉如来无极功德（叁 76b4）/敬受世
尊无极之道（叁 97a 倒 2）/汝取是蜜，投著大水无量之流。（叁
103a5）

西晋《普曜经》：乃应先圣无极道训（叁 536c1）/颂宣诸佛无量
经典（叁 483b 倒 4）/此维耶离无极大城（叁 485b 倒 9）

北魏《贤愚经》：慎勿却我无上道心（肆 349c 倒 8）/慎莫遮我
无上道意（肆 389c 倒 13）/发此大乘无上之心（肆 421b 倒 9）/欢喜

称叹佛无量德（肆362c7）/闻人说佛无量德行（肆432c11）/感念太子无极之施（肆415a倒12）

e. 次位动词定语表时间

北魏《贤愚经》：断饿众生随时饮食（肆378b倒3）

B. 首位名词定语表处所

a. 次位动词定语表功能

隋《佛本行集经》：耆阇崛山守护之神（叁758b4）/王舍守护城神（叁758c倒2）/菩提守护神（叁779a6）

笔者按：以上三例中首位的处所名词从语义上看又是次位动词处置的对象。此处处所词语前置，凸显了主要信息。

三国吴《六度集经》：四臣即召四方射师问之（叁17b7）

西晋《生经》：即于树下闲居之处，踊在空中。（叁103a倒5）

b. 次位动词定语表性质状态或特征

隋《佛本行集经》：阿鼻泥梨苦恼众生（叁683a倒13）/是王宫内时幸之人（叁688c倒11）/不著世间有为境界（叁726c11）/犹如世间无功德人（叁746c13）/犹如旷野被放逐人（叁789b9）

笔者按：以上例子处所名词居首位，中心语往往是居于此处所中的人或神，从处所到其中之人，这种语序符合汉语中从大到小、从整体到局部的认知和表达习惯。

三国吴《六度集经》：悉将国界无眼人到宫所（叁50c倒6）/此贤者家内说经声妙乃尔乎？（叁35c14）

西晋《生经》：从求头上如意之珠（叁75c14）

西晋《普曜经》：入名山谷绝无人处（叁509b倒14）/宫内爱子（叁529c8）

后秦《出曜经》：旷野无人之处（肆642a6）/居在山薮无人之处（肆679a倒2）/牢狱系囚（肆645a倒6）/死为地中蛰虫（肆636c1）/汝今速集舍卫城中诸现在比丘（肆623b14）

北魏《贤愚经》：今此世界有命之类（肆349c倒14）/不求三界受报之乐（肆350c4）/他方远来比丘（肆401b8）/髻中如意之珠（肆408b2）/口中斫斤（肆429a1）

c. 次位动词定语表数量

西晋《普曜经》：普照<u>十方无限</u>佛界 （叁515b7）

后秦《出曜经》：坐上<u>无数</u>众生 （肆615c3）

C. 首位名词定语表时间，次位动词定语表性质或状态

隋《佛本行集经》：当想<u>未来恐怖</u>之事 （叁677b4） /此是于<u>先守护瑞</u>相 （叁684b倒13）

北魏《贤愚经》：具说<u>本末生天因</u>缘 （肆384b13） /<u>过去伤害</u>之事 （肆366b12） /复获<u>永世无为</u>之乐 （肆386b倒6）

D. 首位名词定语表质地，次位动词定语表性质状态或功能等

三国吴《六度集经》：内藏<u>金织成</u>衣有千领 （叁43a3） /一者<u>紫金转</u>轮 （叁52a13）

北魏《贤愚经》：<u>金澡</u>罐 （肆406c10） /<u>金宝澡</u>罐 （肆408c倒5）

E. 首位名词定语表度量，次位动词定语表性质或状态

北魏《贤愚经》：<u>无量尘数诸受罪</u>人 （肆363b倒5）

通过对以上名—动两项异类式定语的观察，可以看出，居首位的名词定语反映的是中心语概念外延方面的信息，而居次位的动词定语反映的才是中心语概念内涵方面的信息。

（2）动—名两项异类式定语

A. 首位动词定语表数量或程度

西晋《生经》：与<u>无央数诸天眷属围</u>绕 （叁84a3）

西晋《普曜经》：<u>无央数菩萨眷</u>属 （叁515b10）

北魏《贤愚经》：初发<u>无上菩萨</u>之心 （肆372a9） /亦发<u>无上正觉</u>之心 （肆363a1） /致斯<u>无极灯供</u>果报 （肆371b12）

B. 首位动词定语表功能或状态

西晋《生经》：鳖王海边遥视见之，谓是<u>可依水边好处</u>高陆之地。 （叁96a7）

后秦《出曜经》：<u>比居诸村落</u>人 （肆624a倒5）

通过对以上动—名两项异类式定语的观察，可以看出，居首位的动词定语反映的是中心语概念外延方面的信息，而居次位的名词定语反映的才是中心语概念内涵方面的信息。所以，名—动两项异类式定

语和动—名两项异类式定语只是表象上语序相反，从本质上看反映的
是同样的规律。

2. 名—形两项异类式定语与形—名两项异类式定语

（1）名—形两项异类式定语

因为次位的形容词定语基本上就是描述中心语的性质状态的，以
下仅依据首位名词定语的语义情况进行分类。

A. 首位名词定语表领属

隋《佛本行集经》：<u>大王最胜童子</u>（叁 694b4）/<u>童子真正姨母</u>
（叁 701c10）/<u>太子深心之意</u>（叁 731a11）/<u>菩萨好容仪</u>（叁 745b 倒
4）/<u>父王愚痴之儿</u>（叁 776c12）/<u>右手柔软五指</u>（叁 778a4）

东汉《中本起经》：为说<u>心本旨</u>（肆 149b 倒 12）/天帝释承<u>佛圣</u>
<u>旨</u>（肆 151b8）/王即案<u>先王遗令</u>（肆 152a 倒 5）/蒙<u>佛慈恩</u>（肆
152b 倒 2）/必令<u>佛清净梵行</u>不得久住（肆 158c2）/必令<u>佛清净大道</u>
不得久兴盛（肆 158c4）/<u>国大夫人</u>（肆 160b 倒 7）/余是<u>如来末行弟</u>
<u>子</u>（肆 161a 倒 8）/<u>六师邪术</u>，一皆毁废。（肆 162c13）/<u>诸天名味</u>，
国王供膳，每谓其味不可尊口。（肆 163a13）

三国吴《六度集经》：若违<u>佛慈教</u>（叁 45b 倒 6）/宣<u>佛奥典</u>，开
化众生。（叁 37a1）/以<u>佛明法</u>正心治国（叁 49b 倒 14）/<u>诸佛重戒</u>，
以色为火。（叁 13b12）/是乃为<u>佛正真之大戒</u>也（叁 27c11）/<u>佛经众</u>
<u>戒</u>，贪为元首。（叁 34b4）/常思睹佛，闻<u>经妙旨</u>。（叁 43a15）/<u>天帝</u>
<u>尊位</u>（叁 1b15）/危己济众，<u>菩萨上志</u>也。（叁 1b4）/<u>菩萨宿命</u>（叁
47a 倒 2）/<u>沙门高行</u>（叁 40b1）/不睹<u>沙门贤圣之众</u>（叁 43a15）/至
<u>南王慈惠殿</u>上（叁 49a 倒 7）/<u>圣皇正法</u>，末后欲亏。（叁 48c 倒 5）/
<u>臣等旧君</u>当就终没（叁 5c1）/<u>天魔重毒</u>皆歇快（叁 42b 倒 11）/闻<u>亲</u>
<u>哀声</u>（叁 25a3）/<u>人王元妃</u>，迷在斯山。（叁 27a10）/<u>斯王元后</u>（叁
46b9）/尔乃<u>兆民元祸</u>息矣。（叁 46c 倒 6）/<u>太官众味</u>，余其备矣。
（叁 46c 倒 12）/<u>释氏雄士</u>（叁 30c 倒 7）/天帝睹<u>妇高行</u>（叁
38b6）/<u>庶子嬖友</u>（叁 30c 倒 8）/<u>虫身朽肉</u>（叁 32b 倒 1）

西晋《生经》：<u>吾家本业</u>，自应其然。（叁 96c14）/亦无<u>异类奇</u>
<u>妙之禽</u>（叁 104c12）

西晋《普曜经》：知<u>人</u>本意（叁 532a 倒 3）/乱<u>人</u>善意（叁 519b 倒 2）/显<u>佛</u>大德（叁 536b12）/<u>佛</u>大威神（叁 520b13）/<u>菩萨</u>大德（叁 509a 倒 8）/<u>菩萨</u>宿德（叁 486c 倒 10）/<u>揵陟</u>本福（叁 509a 倒 1）/清心<u>众</u>垢（叁 529c 倒 12）/<u>异类众</u>鸟（叁 507a12）/<u>其三千国诸</u>豪尊位（叁 514c9）/烧<u>天</u>名香（叁 509a 倒 1）

后秦《出曜经》：<u>彼国</u>常礼（肆 614a8）/<u>彼国</u>常仪（肆 661b 倒 1）/<u>国大</u>夫人（肆 621a 倒 6）/捐<u>王</u>重位（肆 659b 倒 7）/<u>众法</u>要藏（肆 642b 倒 2）/论讲<u>如来深奥之</u>藏（肆 631b 倒 11）/不受<u>如来真实</u>至教（肆 670c5）/闻<u>佛真实之</u>义（肆 673a15）/舍<u>佛真</u>言（肆 639b3）/信<u>佛浮</u>说（肆 661c7）/<u>诸佛贤圣</u>弟子（肆 645b7）/<u>如来贤圣</u>弟子（肆 680c1）/<u>梵行清净</u>人（肆 689a11）/<u>如孛鹿母前</u>身（肆 643c7）/<u>异类奇</u>鸟（肆 632a5）/<u>他人非法之</u>事（肆 669c 倒 13）/<u>方俗旧</u>法（肆 661b 倒 1）/<u>世俗妙</u>法（肆 659a 倒 10）/<u>俗中妙</u>法（肆 689b 倒 12）/<u>身恶</u>行（肆 660a 倒 14）/<u>口恶</u>行（肆 661a14）

北魏《贤愚经》：蒙<u>佛慈</u>恩（肆 352b 倒 1）/皆各悲叹感<u>佛奇特慈孝之</u>行（肆 357a 倒 1）/不期<u>三界尊荣之</u>乐（肆 352a 倒 2）/<u>世尊奇</u>相（肆 363c2）/<u>世尊故</u>衣（肆 404c14）/<u>世尊残</u>食（肆 404c15）/因为广说<u>法微妙之</u>义（肆 398a10）/<u>波斯匿王最大</u>夫人（肆 357b12）/<u>王大</u>夫人（肆 371b15）/<u>其王小</u>子（肆 352c 倒 10）/<u>王小</u>子（肆 352c 倒 4）/若以<u>大王可爱</u>妻子与我食者（肆 349b9）/广布宣令腾<u>王慈</u>诏（肆 388c10）/道见一人，犯<u>王重</u>罪。（肆 370a 倒 8）/<u>家内奇</u>事（肆 431c11）/<u>师大</u>弟子（肆 395c10）/<u>胜军小</u>儿（肆 394a7）/<u>须达长者末下小</u>女（肆 440c 倒 12）/<u>此人前</u>身（肆 379a12）/<u>济救父母危险之</u>命（肆 356b5）/<u>罗汉神</u>足（肆 386b8）/<u>六师高</u>座（肆 363a5）/<u>遂子本</u>心（肆 411c 倒 14）/悯<u>诸商客迷闷之</u>苦（肆 393b 倒 14）/<u>家中众</u>物（肆 400a 倒 9）/<u>杂宝众</u>色（肆 363b 倒 14）/<u>家余</u>事（肆 394a3）/<u>悉达余</u>术（肆 366b5）/取<u>地少</u>土（肆 387b14）

B. 首位名词定语表处所或来源

隋《佛本行集经》：<u>人间上妙五</u>欲（叁 762c 倒 4）/<u>人间粗弊</u>果

报（叁763b11）/阿耨达池清净之水（叁789a倒10）

　　三国吴《六度集经》：诸佛以仁为三界上宝（叁18c倒12）/四天大王（叁25b9）/吾无道哉，残天仁子矣。（叁6c4）/以天神药，灌其口中。（叁36b倒14）/吾是天帝释，非世庸人也。（叁10b15）/睹国富姓，居舍妙雅。（叁3b12）/吾国旧仪（叁46b倒9）/虽有一国荣华之士，犹浊水满海。（叁13c8）/邻国困民（叁11a12）/邻国小王（叁5a倒7）/以妻嘱邻独母（叁38a12）/邻凶夫者调达是也（叁38c2）/海大鱼饱，小者得活。（叁2a2）/太山饿鬼（叁15a倒8）/济四海饿人不如少惠净戒真贤者（叁14a倒2）/牢狱重罪，逢赦得出。（叁39c10）/秦水名牛（叁12a倒3）/后有鸠留县老贫梵志（叁9a倒3）/天上众欢，圣王之有也。（叁49b12）捡国众宝，为佛精舍。（叁30c倒13）/宫中众物（叁29a10）/十方现在至真世尊（叁43a倒2）

　　西晋《生经》：其背坚燥，犹如陆地高燥之土。（叁96b5）/海中上宝（叁75c倒12）/入海浅水（叁96b11）/故出恶教，救诸四远诸贫穷乞士，不得诣门从王乞丐。（叁92a1）/欲伐他方小国（叁102a12）/阿夷扇持闻之走在其处空闲山中（叁106a14）

　　西晋《普曜经》：观察天下诸大国土（叁485c5）/八方异术（叁501b倒9）/陆地枯树（叁493a1）

　　后秦《出曜经》：世间狂夫（肆653b倒5）/人间微火（肆618c11）/天上自然精气（肆644b倒11）/处在中国平正之土（肆635a12）/地中众草（肆646c14）/旷野大畏冢间（肆612b倒12）/墓堆秽恶之神（肆624a倒12）/南大海（肆621b倒4）

　　北魏《贤愚经》：悉见六欲天中严净宫殿（肆421a1）/世良福田（肆436b7）/世间恶人（肆373b4）/王宫清凉甘膳（肆372b倒8）/城外宽博之处（肆420a倒9）/来至中道险难之处（肆394b9）/东方快士（肆416a倒10）/田中熟谷（肆428a15）/顶上明宝（肆371b倒8）/体上大衣（肆400a15）/其中好椽（肆413b12）/置于佛前众灯之中（肆371a3）/海中众难（肆412a倒1）/身上众疮（肆350a14）

C. 首位名词定语表时间

隋《佛本行集经》：此是往昔希有瑞相（叁 684b 倒 5）/犹如夏天盛热旱草（叁 729a 倒 1）

三国吴《六度集经》：古贤孝行，精诚仰慕。（叁 36c1）

西晋《生经》：前世宿命，亦复如是。（叁 93a 倒 8）

后秦《出曜经》：曩昔本缘（肆 663b 倒 10）

北魏《贤愚经》：三世诸贤圣人（肆 438b11）/宿世本缘（肆 357a 倒 2）/既受现世安乐身福（肆 386b 倒 6）/如前恶言（366a1）

D. 首位名词定语表质地或特征

隋《佛本行集经》：造于金柄上妙伞盖（叁 665b 倒 4）/解众宝妙好璎珞（叁 688c 倒 13）/取迦尸迦微妙衣（叁 738a14）/师子最高之座（叁 777c 倒 11）

笔者按：以上四例中居于首位的表质地或特征的名词性定语，根据笔者的语感，若将它与次位定语相互调换一下位置，好像语序更加顺畅。此处名词性定语居前，属于超常规的用法，凸显了前置部分的信息。

西晋《普曜经》：六牙白象（叁 488b 倒 12）/手持焰光明珠（叁 506c13）

后秦《出曜经》：铁刚钳（肆 665c5）/师子高座（肆 610c15）/此黑衣小儿（肆 658b15）

北魏《贤愚经》：七宝高车（肆 377a 倒 13）/七宝大盖（肆 415a2）/三叉毒箭（肆 378a 倒 10）/垢黑衣（肆 391b 倒 2）/施佛贵价细濡之衣（肆 404c 倒 9）/当得百味上妙之供（肆 403c10）/百味上馔（肆 403c11）/办诸百味盛美饭食（肆 407c 倒 10）/小形毒虫（肆 417c13）/耆年大阿罗汉（肆 395b 倒 10）/周匝多有兽头人身诸恶鬼神（肆 378a 倒 11）

E. 首位名词定语表量度

后秦《出曜经》：吾不见调达有毫厘清白法存在心者（肆 679c 倒 6）/毫厘善法（肆 679c 倒 6）/无毫厘净处（肆 679c 倒 2）/乃无毫厘慈心（肆 623b 倒 12）

北魏《贤愚经》：<u>群小</u>儿（肆 368c8）/<u>百斛大</u>釜（肆 395b9）

F. 首位名词定语是专名

三国吴《六度集经》：<u>六度高</u>行不释于心（叁 45a13）/崇修德操，<u>六度妙</u>行。（叁 37c 倒 3）/各执<u>六度高妙</u>之行（叁 38a7）/令奉<u>六度正真妙</u>行（叁 37a 倒 9）/<u>摩调圣</u>王（叁 48c 倒 5）

西晋《普曜经》：<u>明月神</u>珠（叁 493a 倒 6）/<u>拘萨大</u>国（叁 485b8）/<u>和沙大</u>国（叁 485b15）

北魏《贤愚经》：<u>摩竭大</u>鱼（肆 379b15）

通过对以上名—形两项异类式定语的观察，可以看出，居首位的名词定语反映的是中心语概念外延方面的信息，而居次位的形容词定语反映的才是中心语概念内涵方面的信息。

（2）形—名两项异类式定语

隋《佛本行集经》：父母<u>清净婆罗门</u>种（叁 665a7）/<u>微细迦尸迦</u>衣（叁 667b 倒 7）/<u>微细天</u>雨（叁 689b 倒 2）/<u>微妙迦尸迦</u>衣（叁 738a 倒 2）

笔者按：以上第 1、2、4 例，次位的名词性定语表示中心语的类属。第 3 例次位的名词性定语"天"表示来源。四个例子中首位定语的形容词都是对中心语性质的描写。像以上第 4 例与此前的"<u>迦尸迦微妙</u>衣"（叁 738a14）同时存在于隋《佛本行集经》中，颇能说明汉语句法有一定的灵活性。

三国吴《六度集经》：男名耶利，衣<u>小草</u>服。（叁 9a 倒 6）/有<u>小蓬</u>庐（叁 24c9）/<u>真佛弟</u>子，慎莫惊疑。（叁 36a12）/散<u>众宝</u>华（叁 48c13）/<u>至尊上德菩萨</u>名法来（叁 43c7）

西晋《生经》：犹<u>大宝</u>树（叁 80b 倒 13）

西晋《普曜经》：乘<u>高象</u>车（叁 491b12）/察<u>好玉</u>女（叁 500b 倒 13）/<u>大宝</u>盖（叁 524a15）/彼<u>大天</u>宫（叁 490c10）/<u>紫金莲</u>华（叁 516a 倒 8）/<u>妙金</u>像（叁 500a 倒 2）/是必<u>正真天人</u>之尊（叁 493c 倒 13）/菩萨则坐<u>自然师子</u>之座（叁 515a 倒 4）

后秦《出曜经》：<u>众果树</u>木（肆 614a7）/<u>众多毗舍离诸童子</u>等（肆 610a 倒 13）/<u>热铁</u>丸（肆 636b 倒 8）/有<u>自然羽宝</u>之车（肆 609c

倒 3）／<u>至要</u>泥洹之道（肆 644b7）／诸<u>贤圣正见</u>之人（肆 645b6）／此<u>愚痴凡夫</u>之人（肆 666a 倒 3）

北魏《贤愚经》：<u>热</u>铁针（肆 368b 倒 6）／<u>热</u>沙道（肆 366c8）／<u>大宝</u>山（肆 409c 倒 13）／著<u>大宝</u>衣（肆 382c 倒 1）／敷<u>大宝</u>床（肆 395c8）／施<u>大宝</u>座（肆 395b 倒 8）／敷<u>众宝</u>座（肆 396a 倒 13）／<u>大金</u>铃（肆 422b6）／击<u>大金</u>鼓（肆 391a14）／<u>大金</u>案（肆 394b 倒 10）／<u>大木</u>桥（肆 400c 倒 1）／<u>净草</u>座（肆 384a 倒 7）／恒有<u>自然七宝大</u>盖（肆 403a 倒 10）／<u>自然百味</u>饮食（肆 440a2）／此诸<u>圣贤大德</u>之众（肆 386b13）

通过对以上形—名两项异类式定语的观察，可以看出，居首位的形容词定语反映的是中心语概念外延方面的信息，而居次位的名词定语才凸显了中心语概念内涵方面的信息，这才是最本质的。所以，名—形两项异类式定语和形—名两项异类式定语只是表象上语序相反，其本质是一样的。

3. 动—形两项异类式定语与形—动两项异类式定语

（1）动—形两项异类式定语

因为次位的形容词定语基本上就是描述中心语的性质状态的，以下仅依据首位动词定语的语义情况进行分类。

A. 首位动词定语表状态

东汉《中本起经》：后日佛还树下见<u>弃弊</u>衣（肆 151b7）／当处<u>新受大戒幼稚</u>比丘僧下坐（肆 159a1）／云何当使为<u>新受大戒幼少</u>比丘僧作礼？（肆 159a 倒 7）

三国吴《六度集经》：臣民多不诵<u>带锁小</u>书（叁 50c 倒 10）

西晋《生经》：有一婆罗门，往入<u>闲居寂寞</u>之处。（叁 103a 倒 6）

西晋《普曜经》：道见<u>弃弊</u>衣（叁 531b 倒 5）

后秦《出曜经》：<u>奔逸暴</u>牛（肆 678a3）／解俗缚著<u>牢固</u>之结（肆 679a 倒 13）／<u>持行清净</u>之人（肆 689a11）

北魏《贤愚经》：<u>死小</u>儿（肆 425c9）／不意被下有<u>卧小</u>儿（肆 429a9）／<u>新杀热</u>血（肆 352a5）／<u>新杀热</u>血肉（肆 352c 倒 6）

B. 首位动词定语表性质

东汉《中本起经》：贤者有<u>净戒高</u>行（肆 159a 倒 2）

三国吴《六度集经》：吾闻<u>布施上士</u>名须大挐（叁 9b11）/国内士女皆为<u>清信高行</u>（叁 37b 倒 11）/济四海饿人，不如少惠<u>净戒真贤者</u>。（叁 14a 倒 2）

西晋《普曜经》：<u>杂合小姓</u>（叁 485b 倒 12）/吾常意疑，当有<u>异闻殊妙之道</u>。（叁 533c 倒 13）

后秦《出曜经》：<u>欺诈伪身</u>（肆 675c 倒 13）

C. 首位动词定语表功用

三国吴《六度集经》：三者<u>飞行白象</u>（叁 52a14）

西晋《普曜经》：执<u>澡香水</u>（叁 495a5）/立诸<u>宿卫勇猛之士</u>（叁 503b 倒 12）

后秦《出曜经》：虽尔欲求<u>度人之首良佑福田者</u>（肆 690c14）

北魏《贤愚经》：<u>剃发贱人</u>（肆 377a12）

D. 首位动词定语表数量或程度

三国吴《六度集经》：岂况<u>无上正真佛</u>乎？（叁 43a10）/明晨当索<u>无上正真天中之天</u>为吾师焉（叁 38b 倒 14）/其当获为<u>无上正真道</u>（叁 38c 倒 13）/以致<u>无上正真之道</u>（叁 50a 倒 1）

西晋《生经》：威发<u>无上正真道意</u>（叁 96a 倒 6）/此则<u>无极至深道海</u>（叁 95a3）/而习爱欲，致<u>无央数愦恼之害</u>。（叁 72a1）

西晋《普曜经》：<u>无上正真之道</u>（叁 488b15）/发<u>无上正真道心</u>（叁 487c 倒 10）/<u>无上正真道意</u>（叁 512c 倒 1）

后秦《出曜经》：造诸<u>无量不善之本</u>（肆 663a14）

北魏《贤愚经》：<u>无上正真道意</u>（肆 371c 倒 6）/利益<u>无量苦恼众生</u>（肆 398a5）/<u>极世不轨之事</u>（肆 394c 倒 9）

E. 首位动词定语表领属

北魏《贤愚经》：令其永离<u>生死大苦</u>（肆 353b15）

F. 首位动词定语表时间或原因

北魏《贤愚经》：<u>别离悲泪</u>（肆 392a 倒 6）

（2）形—动两项异类式定语

因为首位的形容词定语基本上就是描述中心语的性质状态的，以下仅依据次位动词定语的语义情况进行分类。

A. 次位动词定语表数量或程度

西晋《生经》：世尊如是常以<u>大哀无极之慈</u>，广说大法。（叁101a1）/至于<u>正真无极之慧</u>（叁97a倒14）

笔者按：以上最后一例与前文的"<u>威发无上正真道意</u>"（叁96a倒6）同时存在于西晋《生经》中，两例的两项式定语次序正好相反，也反映了汉语句法的灵活性。

西晋《普曜经》：今乃奉<u>圣无极大道</u>（叁534a倒11）/由是成就<u>大无极法</u>（叁484c7）

B. 次位动词定语表状态

三国吴《六度集经》：恒闻<u>正真垂诲德音</u>（叁32a13）/睹山谷中有<u>穷陷人</u>（叁27b倒14）/或<u>贫困乏食之时</u>（叁50b倒10）

西晋《生经》：而<u>大积雪</u>现于四远（叁100c13）

后秦《出曜经》：若有<u>至诚执意妄语人</u>（肆668a倒12）/<u>贤圣奉律之人</u>（肆678a6）

北魏《贤愚经》：<u>贫贱乞丐之家</u>（肆371b2）/<u>下秽除粪之人</u>（肆377a12）

总的看，对于两项异类式定语来说，前位定语以表中心语概念的领属、时间、处所、数量等方面的信息为多数，而次位定语以表中心语概念的功能、性质、状态等方面的信息为多。凡是其中的形容词定语，语义上一般都表示中心语概念的性质或状态。

二　多项式定语

（一）多项同类式定语

1. 名词性多项同类式定语

东汉《修行本起经》：菩萨观<u>天上人中地狱畜生鬼神五道先世父母兄弟妻子中外姓字</u>，一一分别。（叁471c10）

此例首位名词性定语表示中心语的范围或处所。

2. 形容词性多项同类式定语[1]

三国吴《六度集经》：<u>众软妙衣</u>（叁22a倒13）/华伪小书，举

---

① 参看董志翘（2007）。

国绝口。（叁 30a14）

西晋《普曜经》：<u>众奇异</u>术，无不博达。（叁 508b 倒 14）/<u>众杂</u>名香（叁 514b 倒 1）/服<u>上好妙</u>英住菩萨前（叁 497c 倒 12）/<u>殊妙众</u>珠（叁 494a5）/<u>奇异妙</u>术（叁 501a4）/值<u>下劣众外</u>学炽盛（叁 510c12）/<u>下劣小</u>姓（叁 485b12）/<u>鲜好白</u>绘（叁 522a1）

后秦《出曜经》：<u>凶弊邪</u>魅（肆 660b12）/给施<u>孤穷裸贱之</u>人（肆 625c9）

3. 综合的多项同类式定语

西晋《生经》：织<u>金缕锦绫罗縠珍好异</u>衣（叁 78b9）

本书调查的中古佛经中多项式定语比起两项式定语来说本来就少，其中的多项同类式定语尤其少。仅就这些例子看，规律性真的不是很明显。比如，形容词性多项同类式定语相关的例子里边既有形容词"众"位于定语首位的，也有"众"位于定语末位的，显得比较灵活。

（二）多项异类式定语

1. 首位为名词语的多项异类式定语

（1）首位名词定语表处所或来源

隋《佛本行集经》：将<u>天细妙骄尸迦</u>衣（叁 687a11）

笔者按：此例中多项定语的语义序列是：来源—性状—种属。

东汉《修行本起经》：佛悉了知<u>世间杂种无量</u>情态（叁 472a15）

笔者按：此例首位名词定语表示中心语的范围或处所。

西晋《普曜经》：佛悉了知<u>世间杂种无量</u>情态（叁 522b 倒 6）/<u>欲界诸天严净</u>宫殿（叁 492a7）/既有<u>宫殿好妙</u>屋宅（叁 493b 倒 14）/无以开化<u>世俗众邪异</u>学（叁 510c 倒 3）/皆召<u>罗卫上好妙</u>女（叁 500c15）/<u>东方极远无数</u>菩萨（叁 490b 倒 8）

后秦《出曜经》：<u>某村某落某甲</u>弟子（肆 687a 倒 7）/彼<u>耨泉守泉青衣</u>鬼（肆 658b5）/<u>三千大千刹土蜎飞蠕动之</u>类（肆 686c15）

北魏《贤愚经》：取我<u>先祖天寺之中大弓</u>具来（肆 364c10）/失<u>人天中五欲美</u>味（肆 381a 倒 14）/<u>王舍城王大健斗</u>将（肆 379a 倒 14）/思<u>宫清净肥美</u>饮食（肆 372b15）

（2）首位名词定语表时间

北魏《贤愚经》：失<u>四月中甘香美</u>味（肆 381a14）

（3）首位名词定语表所属

西晋《生经》：皆是<u>维卫如来至真同时</u>学者（叁99a倒11）

后秦《出曜经》：时大众中多诸<u>外道异学裸形</u>梵志（肆664a2）/
<u>如来出要贤圣妙</u>法（肆666a13）

北魏《贤愚经》：此会<u>清净大</u>施（肆383c倒13）

（4）首位名词定语表质料

西晋《普曜经》：<u>宝净交露</u>棚阁（叁492a3）

北魏《贤愚经》：当有<u>七宝奇妙珍异床</u>座（肆409a12）/<u>极妙容
姿端政有相之</u>女（肆418b倒11）

（5）首位名词定语是专名

西晋《普曜经》：犹如<u>须弥大金刚</u>山（叁499b12）

2. 首位为形容词的多项异类式定语

隋《佛本行集经》：及<u>妙缯彩骄奢耶</u>被（叁667b倒6）

笔者按：此例中多项定语的语义序列是：性状—质料—种属。通
过与上文众多的两项定语比较，可以看出，这里的多项定语是属于描
写性的，主要作用在于刻画中心语概念的内涵。

西晋《生经》：乃昔去世有<u>异旷野闲</u>居（叁93c倒13）

西晋《普曜经》：致<u>众香交露</u>台（叁516a5）/<u>微妙栴檀名</u>香（叁
504b11）

后秦《出曜经》：<u>紫磨好</u>金（肆676b4）

北魏《贤愚经》：上有<u>严净七宝大</u>盖（肆409a13）

3. 首位为动词的多项异类式定语

隋《佛本行集经》：犹如<u>芭蕉内心柔软金色右</u>掌（参736c9）

笔者按：此例中多项定语的语义序列是：比况（质料）—性状—
颜色。

西晋《普曜经》：致<u>无量宝交露之</u>台（叁515c倒4）/取<u>成治四
方好</u>石（叁531b倒4）

从以上例子看，多项异类式定语中的首位定语基本上是表时间、
处所和所属的。首位之后的那些定语基本是从多方面反映中心语概念
的客观本质属性的。

三 小结

以上递归式定语绝大多数都是结构层次仅为两层（指切分到词为止）。而两项定语是构成多项定语的基础，从理论上讲，综合众多两项定语的排序，便可从中总结出多项递归式定语的排序规律。以上各类两项式定语的首位几乎都是表领属、时间、处所①之类意义的名词，按照人们常规的归类法，这些都属于限定性定语，它们一般表现的是被反映事物（即中心语）的外部联系；以上两项式定语的次位大多是表现中心语的属性的，具体说来有功能、质料、颜色等方面，从词性角度看则涵盖了名、动、形等多个词类，这类定语被称为描写性（或修饰性）定语，它反映的是中心语本身的性能特征。

多项描写性定语内部的排列次序，张敏（1998：270）称之为"汉语限定序列（右半部分）"②，对于这右半部分的限定序列，张敏以绘图的形式从词类、表义功能、恒定性与客观性三个方面作了解释：词类方面的序列是状态形容词+性质形容词+区别词、名词、动词等；表义功能方面的序列是从情状到属性，属性内部的序列又是新旧、形体、颜色、质料、功能等；恒定性方面是左边词语的性质易变，越往右性质越恒定，而且左边词语的内容主观性强，越往右边越是具有客观性。"质料、功能"往往是事物最恒定、客观的特性，所以一般位于递归式定语的最右边。张敏说他为"汉语限定序列（右半部分）"绘制的图表体现了陆丙甫（1993）从认知功能角度概括出来的汉语多项定语的两条相关的顺序原则，即"越是反映事物稳定的内在本质的定语越靠近核心"和"外延性定语在外层，内涵性定语在内层"。

---

① 据第二章第一节"名+名"定中语义关系类型的划分，这里的"领属、时间、处所"分属领属定语中的"占有领属、时间领属、处所领属"等小类。

② 之所以如此称名，是因为张敏（1998：266）借鉴其他类型语言的已有研究成果，认定汉语多项定语内部是以数词为转折点，左端定语重在限定概念的外延，右端定语重在刻画概念的内涵。而且张敏所称的"汉语限定序列的右半部分"，一般著作通常称为描写性定语部分；左半部分（含数词）一般著作通常称为限定性定语部分。

以上对多项描写性定语内部排列次序的研究现状进行了概述，应该说，不管是陆丙甫概括出的多项定语两条相关的顺序原则，还是张敏据此绘制的具体图表，都只是指出了汉语多项定语排序的一种总体的倾向而已，到具体的用例中都会有所出入。

第三节　数量短语、代词在复杂定语里的位置

本章引言部分已说过，第三节的内容实际上也属于递归式定语的范围。所以这里首先明确一下，本节的复杂定语指的就是递归式复杂定语。各种词性的词语在递归式定语里的排序是个很有意思的课题。本节选取数量短语与代词两个视点进行观察，是因为人们对这两类词语在复杂定语里的位置是固定的还是灵活的有过不同看法。张敏（1998：226）认为数量定语往往处于由限定性定语转向修饰性定语的转折点的位置，是倾向于认定它位置固定。而崔应贤等（2002：244）认为，代词根据情况分别位于领属性与定指性成分的位置，倾向于认为它位置灵活。笔者认为，这一问题值得研究，把它弄清楚了对于揭示递归式定语内部的排序规则很有意义。

一　数量短语在递归式定语中的位置

本节把数量短语①在递归式定语中的位置分为居首位与非首位两种，分别考察其后续以及前带成分的情况。另外，还将讨论数词与代词"诸"在定语中的共现问题。

（一）数词居于递归式定语的首位

1. 隋《佛本行集经》

（1）数+名$_1$+名$_2$

这里的"名$_1$+名$_2$"的语义结构类型与第二章第一节简单定中结构里的"名+名"几乎一致，分类列举如下：

---

① 习惯的说法是数量短语，本节所论实际上只有数词，以下直接称数词。

A. 名₁表名₂的类属属性

有<u>一释</u>王（叁 770b 倒 14）/有<u>一魔</u>子（叁 779b 倒 1）/<u>一帝释</u>幢（叁 721b 倒 3 等）/即便生出<u>二甘蔗</u>芽（叁 674b 倒 12）/<u>一释种</u>童子（叁 709b2）/<u>一释种</u>大臣（叁 713c 倒 11）/<u>五百释种</u>新妇（叁 701c6）/<u>五百善姓</u>家儿（叁 665a15）

B. 名₁表质料属性

取<u>一金</u>钵①（叁 771c 倒 9）/有<u>二金</u>树（叁 745c 倒 7）/射于<u>一铁</u>瓮彻（叁 711b3）/穿<u>七铁</u>猪过（叁 711a 倒 3）/有<u>一粪</u>山（叁 728b8）/<u>二万众宝</u>妙车（叁 691c2）

C. 名₁表颜色属性

自然涌出<u>二金色</u>树（叁 745c14）

D. 名₁表性别或其他体征，可划归类属属性

有<u>一女</u>天神（叁 692a7）/有<u>一大身</u>众生（叁 686c 倒 14）/<u>一六牙白</u>象（叁 683b13）/<u>一万大力香</u>象（叁 685c15）/<u>三十二丈夫</u>相（叁 716a 倒 10 等）

（2）数+动+名

A. 动词表性状

有<u>四飞</u>鸟（叁 728b4）/化作<u>一病患</u>人（叁 722b13）/<u>一万步行力</u>士（叁 686a6）

B. 动词表功用

备办<u>六万布施</u>之具（叁 665b 倒 6）/有<u>一当直婆罗门</u>子（叁 683b 倒 5）/有<u>一牧羊</u>之子（叁 771a11）/别有<u>一善解海算数占相</u>师（叁 771c12）

注意：以上最后三例中的数词之后名词之前的动词性成分为动宾式结构。本书说的动词，有时指的就是动词语。

（3）数+形+名

此格式中的形容词有单、双音节之别，它们都是从形状、品质、

---

① 现代汉语中一般将"金、银"归为区别词（朱德熙，1985：10），但也有不同意见，如周一民（2000）认为表质料的"金、银"是名词，表通过隐喻产生的派生义时才是区别词。这里根据"金、银"表质料义把它们放在名词里。

颜色等各个方面对作中心语的名词的属性加以描述。如：

将<u>一长</u>刀（叁 788a1）/至<u>一宽</u>地（叁 709a3）/有<u>一高</u>楼（叁721a 倒 10）/取<u>一弱</u>人（叁 766c 倒 5）/<u>五衰</u>相（叁 676c 倒 8 等）/唯造杂业，无<u>一善</u>事。　　（叁 656c10）/自喜村主有<u>一善</u>女（叁765b2）/有<u>四白</u>兽（叁 728b6）/有<u>一白</u>象（叁 698a 倒 9）/梦见<u>一白</u>牛王（叁 727a 倒 4）/有<u>一最大算计</u>之师（叁 709a 倒 8）

有<u>一工巧铁作</u>之师（叁 712c 倒 3）/有<u>一上足</u>弟子（叁665c13）/备办足<u>十六分妙好</u>乳糜（叁 771b 倒 8）/有<u>一微妙</u>之树（叁 727c 倒 11）/值<u>一凉冷阎浮树</u>荫（叁 770a4）/更复有<u>一鲜白伞</u>盖（叁 727b8）/<u>五百鲜白马</u>驹（叁 692b8）/<u>五百劲捷壮</u>夫（叁 725c 倒10）/<u>五百勇健童</u>子（叁 725c 倒 13）/<u>二万劲勇力</u>士（叁 685c 倒8）/<u>一万妙好宝</u>车（叁 685c 倒 10）/<u>五百微妙伞</u>盖（叁 692b 倒 11）

在识别这类"数+形+名"格式时要留意其中的数词是限定性而非描述性的，比如"翻似年少<u>二十小</u>儿"（叁 694a14）和"如<u>八九十衰朽老</u>公全无气力"（叁 767c7）之中的数词就是描述性的，与这里讨论的"数+形+名"不属于同一类。

在数词作限定性定语的"数+形+名"格式里，起描写作用的形容词除了以上所列举的单、双音节形容词之外，还有一个引人注意的"大"。如：

有<u>一大</u>城（叁 664a15 等）/有<u>一大</u>池（叁 660b6）/有<u>一大</u>河（叁 675b6）/有<u>一大</u>树（叁 772a 倒 9）/有<u>一大</u>王（叁 678b 倒 8、叁716a11、叁 751a14）/<u>一大白</u>象（叁 715a 倒 1）/复更别有<u>一大导</u>师（叁 757b14）/忽然自有<u>一大灯</u>明（叁 662a 倒 3）/<u>一大园</u>林（叁686a 倒 11）/有<u>一大帝释幢</u>（叁 721a12）/即生<u>一大清净莲</u>花（叁663a 倒 6）/即有<u>一大娑罗树</u>林（叁 711b5）/白汝<u>一大庆幸欢喜</u>之事（叁 688c12）/其<u>四大</u>河——恒河辛头斯多博叉（叁 683a15）/<u>四大天</u>王（叁 687a 倒 14、叁 727b9、叁 732c 倒 6）/护世<u>四大天</u>王（叁691a 倒 7、叁 729c3、叁 730a3）/何故弃舍<u>四大天</u>下（叁 744b5）/见<u>五大</u>梦（叁 728a 倒 3）/召唤<u>八大占梦婆罗门</u>师（叁 683c1）/乘<u>十大</u>象（叁 721a14）/<u>五百大商贾</u>主（叁 692b 倒 13）/<u>五百大香象</u>王

（叁 692b10）

　　说这一格式引人注意，是因为直到现代汉语中它都很活跃（谷晓恒、李晓云，2005）。此格式中的数词以"一"至"十"十个基数词为主，"大"是用来凸显这一短语语义信息的标记形式，这都是《佛本行集经》与现代汉语一致的地方；不同之处在于现代汉语里此格式中的名词是以双音节抽象名词为主，而隋《佛本行集经》中都是些意义具体的名词，而且音节数不等。此中名词的意义由具体而抽象，反映了该格式所经历的一个语法化的过程。

　　（4）综合

　　有一些定中结构里数词的后续成分比较复杂，综合了以上一些类别。举例如下：

　　例 1. 其中有一最大种姓婆罗门（叁 767b12）

　　例 2. 有一种姓大婆罗门（叁 665b 倒 10）

　　例 3. 一释种明了童子（叁 709a 倒 5）

　　例 4. 一释种豪贵长者（叁 676a7）

　　例 5. 一刹帝利清净之家（叁 679a2）

　　例 6. 一青衣取水婢子（叁 666c13）

　　例 7. 令急追唤八婆罗门大占梦师（叁 683b 倒 9）

　　例 8. 召唤八大占梦婆罗门师（叁 683c1）

　　以上例 1、例 2 中的名词定语"种姓"（表类属属性）和形容词定语"大"（表性状）正好调换了一下次序，按我们的语感，应该是例 1 的语序更合乎常规，因为"种姓"与"婆罗门"联系更紧密。例 2"种姓"提前，起到了突出强调该信息的作用。例 3、例 4、例 5 也都如同例 2，表类属的名词定语"释种""释种""刹帝利"前置，强调突出了该部分信息。例 6 的"青衣"表外观属性，动词性的"取水"在这里表功用属性（尽管可能是临时性的）。从认知角度说，功用属性与中心语的联系一般说来要紧密一些，越是本质的属性，与中心语距离越近，该例定语的语序就是对这种客观事理关系的一种临摹。对例 7、例 8 来说，例 7 数词"八"之后的"婆罗门"是名词定语，表类属属性，形容词"大"表性状，动宾式的"占梦"表功用。按我们的语感，似乎是例 8 语序更顺畅些，这中间有音步节律方面的原因，也有"数+大+名"正逐步格式化、较为大众所熟悉的原因。例 7 的这种语序变化大概是语篇中为了避复而采取的一种临时性修辞手段，"婆罗门"前置，有突出强调该部分信息的作用。

总之，以上八例都是数词定语后带有描写性定语，在本章第二节的"小结"部分讨论过复杂的描写性定语的排序规则，此处例 1、例 6、例 8 都符合这套规则，例 2、例 3、例 4、例 5、例 7 在此基础上语序略有变化，表类属属性的名词定语前置，起到了突出强调该部分信息的作用。

2. 东汉《修行本起经》

于是小前行，见一刈草人。(叁 470a 倒 2)

此例的次位定语是动词语，表功用，属描写性定语。

3. 东汉《中本起经》

十六大国 (肆 153c 倒 8) ／持所得麦，造一老母。(肆 163a15) ／十八特妙之法 (肆 159c2)

这些例子中次位定语都是形容词的，表中心语的性状。

4. 三国吴《六度集经》

(1) 次位定语是名词的

睹一铁城中有丈夫 (叁 19c 倒 7) ／挑七敌国使会女都 (叁 46c 倒 7)

(2) 次位定语是动词的

不如一日饭一清信具戒之女 (叁 12b6) ／吾舍五百供养之妻 (叁 13b13)

(3) 次位定语是形容词的

经一大国 (叁 4b3) ／睹一老翁斗量卖鱼 (叁 35a 倒 11) ／有一小儿 (叁 35b 倒 4) ／父王有一白象 (叁 8a10) ／力势顿却六十巨象 (叁 41c5) ／杀四特牛 (叁 42c 倒 6)

5. 西晋《生经》

(1) 次位定语是名词的

有一猕猴王 (叁 76c1) ／见一栴檀树 (叁 88b 倒 8) ／又有一水牛

犊，寻从后来。（叁 93c 倒 2）

（2）次位定语是形容词的

有一好女（叁 75a 倒 13）/畜一好马（叁 99c4）/将一大牛（叁 98a 倒 11）/有一大国（叁 104c10）/有一异人（叁 80c11）/有一异天（叁 86c9）/有一贤人（叁 72a 倒 6）/尔时有一尊长者（叁 73b12）/化作一小鼠（叁 76b1）

6. 西晋《普曜经》

（1）次位定语是名词语的

立一宝盖（叁 513c5）/坐一道场树下（叁 515b12）/睹一玉女（叁 500b 倒 4）/五千玉女（叁 494b13）/八千玉女（叁 513a 倒 9）/二万玉女（叁 513a 倒 8）/八万玉女（叁 513a 倒 7）/八万四千玉女（叁 490b 倒 2）/而有三十二大人相（叁 496b2）/通三十七道品之行（叁 522a5）/三十有七道品之教（叁 484a 倒 6）/五百释种宗族（叁 501a 倒 4）/五百白象子（叁 493a7）/千梵天王（叁 513a 倒 2）/六万四千国王内伎（叁 493c 倒 4）/八亿世人（叁 530b 倒 9）/八十亿色界天人（叁 530b 倒 9）

（2）次位定语是动词的

见一死人（叁 503a 倒 7）/第二学仙（叁 529a4）/五百化鸟（叁 512c8）

（3）次位定语是形容词的

又见王后处一好车（叁 493c5）/有两好石（叁 531b 倒 2）/睹四大海尚可枯竭（叁 514c11）/得八大藏（叁 537b1）/是为八大法藏（叁 537b9）/以是德本，复得八大福。（叁 537b 倒 12）/三千大导（叁 496b 倒 6）/得八清净心（叁 537b 倒 5）/当得八清净行（叁 537a 倒 9）/用三十六精进之行（叁 525c9）/二百白象（叁 493b 倒 9）/二万白象（叁 495a6）

7. 后秦《出曜经》

（1）次位定语是名词的

一鹿母（肆 685b 倒 6）/二戏人（肆 665b 倒 11）/三华池（肆 681b 倒 14）/三十七道品之法（肆 683a5）

（2）次位定语是动词的

一瞎鳖（肆615c12）/有一远侨智人（肆646a14）/有六非义受罪之法（肆647c倒14）/七家亡失财主（肆676b倒9）/以八解脱清净水洗浴心垢（肆684c倒8）/十六裸形梵志（肆643b倒2）/数十博戏之人（肆665b14）/比丘皆著百补纳衣（肆690c7）

（3）次位定语是形容词的

一薄板（肆615c13）/一孤母（肆618b13）/一毒树（肆635c2）/一暴象（肆646a2）/一智人（肆646a4）/乃遇一良时（肆653a1）/一饿鬼（肆663a3）/获第一妙智（肆645c8）/一恶臣（肆669b15）/十恶行（肆670b倒14）/七秽行（肆662c倒6）/一小床（肆631b倒13）/三大鱼（肆621b倒3）/四大火坑（肆618c8）/获五大功德（肆675a4）/堕八大地狱（肆664a倒12）/十六大国（肆680c2）/五闲净法（肆689c倒9）/七富贵人库藏（肆676b13）/一直信人（肆677a14）

8. 北魏《贤愚经》

（1）次位定语是名词语的

养一狗子（肆386c倒2）/有一牛王（肆413a7）/一鸟卵（肆442a13）/出一鸟雏（肆442a14）/与一宝珠（肆365a倒9）/一宝冠（肆443a倒1）/一银城（肆407b8）/一金城（肆408a4）/一金铃（肆424c倒14）/一金象（肆431c3）/生一男儿（肆358b倒7）/一大国王（肆388b14）/便请一五戒优婆塞（肆354b倒2）/转身作一毒蛇之身（肆369b11）/得二象子（肆372a倒7）/二母人（肆429a倒7）/于时如来化其两边成两宝山（肆362b倒10）/七铁丸（肆372b倒1）/七玉女（肆395c倒14）/八金刚力士（肆433c倒9）/五百宝珠（肆414c倒3）/五百天女（肆412b倒6）/五百群雁（肆437c2）/五百神足弟子（肆396b15）/五百贵姓比丘尼（肆368b倒4）/千铁钉（肆350b3）/千二百五十七宝高车（肆363b15）/三尺乌声（肆390b倒6）

（2）次位定语是动词的

持一死虫（肆433b3）/无一喜心（肆357b15）/一病比丘（肆

374c 倒 4）/有一穿珠师（肆 434a 倒 2）/有一乞食比丘（肆 380b7）/一可信常所使人（肆 375a 倒 10）/一新死女人（肆 378a5）/得一不闻三宝善名处（肆 378c7）/请一持戒清净沙门（肆 434b 倒 11）/作三逆罪（肆 416b13）/百盲人（肆 376b 倒 14）/五百牧牛人（肆 422c3）/五百捕鱼人（肆 422c3）/五百作食之人（肆 387a12）

（3）次位定语是形容词的

一大国（肆 355c 倒 13）/五大城（肆 366b14）/有一大山（肆 368b 倒 13）/有一大河（肆 367c6）/一大石（肆 397b 倒 2）/一大涧（肆 399c 倒 5）/一大象（肆 382c 倒 1）/一大龟（肆 378b9）/有一大虫（肆 443c 倒 1）/一大鱼（肆 422c7）/一大男子（肆 378a 倒 11）/有一大王（肆 372a 倒 12）/有一大仙士（肆 359c 倒 6）/一大身（肆 378a15）/一大骨山（肆 378a 倒 3）/化作一大六牙白象（肆 420b 倒 8）/至一大富婆罗门家（肆 394c 倒 5）/一小国（肆 388c 倒 14）/立一小堂（肆 395a 倒 10）/一小儿（肆 356a 倒 7）/有一小女（肆 358a 倒 3）/其人持一小阿输提（肆 369c5）/一小段（肆 394b2）/一老母（肆 352b 倒 8）/一老翁（肆 418a8）/一贫人（肆 358c 倒 13）/一贫女（肆 371a 倒 4）/一明医（肆 376b 倒 13）/一明镜（肆 385a 倒 11）/一毒鸟（肆 425a7）/一毒蛇（肆 429b5）/一饿狗（肆 444c14）/一富家（肆 385b 倒 12）/有一妙女（肆 406c3）/以一善言相赠（肆 373c2）/有一秘法（肆 423c 倒 4）/一新瓶（肆 385a 倒 10）/得一异桋（肆 353c6）/一壮树（肆 389c 倒 3）/有一亲善居士（肆 380c 倒 13）/有一亲厚婆罗门（肆 399a 倒 2）/有一年少道人（肆 443c 倒 12）/一贫穷豪姓之子（肆 357b 倒 8）/一清净持戒比丘（肆 378c 倒 5）/请一清净沙门（肆 434b 倒 4）/请一净戒沙门（肆 434b 倒 8）/请一净戒比丘（肆 435c10）/第一大会（肆 435c 倒 9）/二大国王（肆 402c 倒 10）/第二大会（肆 435c 倒 8）/施三高座（肆 354b3）/以三奇木头擎镜照面（肆 378b8）/第三大会（肆 435c 倒 7）/寻化四边作四大泉（肆 365b7）/而饮母乳过四大江（肆 392a 倒 7）/四大海水（肆 371a14）/四尊弟子（肆 370a12）/应时即有五

大鬼神（肆 363a5）/六大儿妇（肆 400a6）/七大索（肆 412a 倒
2）/五百白象（肆 408c 倒 3）/五百大阿罗汉（肆 377a1）/五百小国
（肆 411b1）/领五百小国王（肆 410a 倒 6）/八万四千小王（肆
438c4）/便以一把白石似珠，用散众僧。（肆 359b 倒 2）

总之，以上数词定语的右边都是表属性的描写性定语。

（二）数词不是居于递归式定语的首位

数词不是居于递归式定语的首位，它的前边还有其他连带的成分
（多为名词、代词等），以下按照连带成分词性的不同分类。

1. 隋《佛本行集经》

（1）名$_1$+数+名$_2$

名$_1$表领属：菩萨两足（叁 738a 倒 5）/太子二足（叁 736c2）/
马之四足（叁 731b 倒 5）/菩萨一毛（叁 790b5）/菩萨两眼（叁
767c15）/王二使人（叁 748b10）/王之四子（叁 675c15）

以上例子中前五例的名$_1$表器官领属，最后两例的名$_1$表占有领属。

名$_1$表时间：现今五百释童子是（叁 715b 倒 11）

（2）代+数+名①

A. 指示代词+数+名

至彼一园（叁 702b 倒 7）/彼二臣/彼二城/彼二女/彼二人/彼二
使/彼二树/彼二使人/彼五仙人/彼一千帝释幢/彼六万婆罗门/彼等二
人/彼等二树/彼等八神

此二池水/此二华/此二子/此两童/此四王子/此五百牛

其一臣

B. 人称代词+数+名

定语位置上的人称代词的语义关系往往表领属：

我四王子（叁 675c14）/问彼一人②（叁 666b 倒 13）/仁之二手
（叁 760c3）

---

① 像以下这样多项式定语里出现代词定语的用例，在本节"二、代词在递归式定语
里的位置"部分也有所收录，而且两处的举例可能有交叉重复的情况。这样处理是为了两
处总结规律的需要以及查找例证的方便。特此说明，敬请读者谅解。

② 注意：这里的"彼一人"不是"那一个人"，而是"他们中的一个人"的意思。

C. 人称代词+指示代词+数+名

我此四子（叁 674c 倒 4）

（3）有些名词定语、形容词定语等临时用到了数词定语前边

别为**上座**一婆罗门（叁 665b 倒 4）/譬如**最大**二壮力士（叁 766c 倒 5）/彼等**微细**三事会有（叁 755b13）

以上画线部分字体加粗的词或者表类属属性（如"上座"），或者表性状（如"最大""微细"），都是由于临时性需要移用到了数词定语的前边，使该部分内容得以凸显。

总之，数量词前的其他连带成分，如果是临时用法，可以从修辞角度予以解释；如果是固有的用法，我们也可以从语义关系角度作出解释：它们或者表领属，或者表指示，都符合汉语多项定语内部的排序规则，理当位于数词"转折点"的左边位置。

2. 东汉《修行本起经》

舍世八事（叁 469b 倒 4）/便感斯那二女（叁 469c13）/得佛十八法（叁 472a1）/是为佛十八不共之法（叁 472a10）/是为佛十神力也（叁 472a 倒 8）

这些例子的首位定语是由名词充当的，它们表示各中心语的所属或范围。数词定语居次位。

3. 东汉《中本起经》

（1）首位定语由名词语充当

A. 首位定语表示中心语的所属

梵志二女（肆 149c13）/迦叶二弟（肆 149c 倒 9）/迦叶五百弟子（肆 151b3）/汝于来世九十一劫当得作佛（肆 147c10）

B. 首位定语表示中心语的处所

见池边两石（肆 151b10）/彼方二郡（肆 160b8）

（2）首位定语由代词充当

彼二国（肆 160b9）/因此二国（肆 160b10）/如是八事，至危难保。（肆 162b11）

（3）首位定语由动词充当

比居一母，闻叹佛尊，驰出求索。（肆 163a 倒 13）

4. 三国吴《六度集经》

（1）首位定语由名词语充当

A. 首位定语表示中心语的所属

以羹入内，供王八女。（叁 46c 倒 10）/取释氏一子，置吾钵下。（叁 31a 倒 11）/不如三涂怀佛一言也（叁 37a14）

B. 首位定语表示中心语的时间、处所或范围

五百商人者今坐中五百应真是也（叁 36b 倒 5）/犹彼凡人，免上五患。（叁 39c13）

（2）首位定语由代词充当

以尔一女，弄吾七国。（叁 46c 倒 2）/以其一家处于贤者（叁 49a11）/以其一端缚大树枝（叁 32b 倒 7）/其一龙曰（叁 27c2）/其一龟王专愚自由（叁 34a1）/唯斯三珠（叁 4c 倒 14）/将斯三人至似人形神所（叁 45c 倒 7）/行此四事，其心正等。（叁 50a 倒 5）/守斯六行（叁 50a 倒 2）/何不以七女嫡彼七王？（叁 47a 倒 13）/有斯九病（叁 49c 倒 13）

5. 西晋《生经》

（1）首位定语由名词语充当

屈前两脚（叁 98a 倒 3）/时见古世一亲亲人（叁 98b12）

这两例的首位定语表示中心语的方所或时间。

（2）首位定语由代词充当

见一树下，有此一人。（叁 88c6）/计此二人（叁 73a 倒 11）/于此四人（叁 86c14）/问其四乌（叁 102b 倒 8）/其心诵其十事（叁 85c11）

（3）首位定语由形容词充当

独自一身（叁 89b 倒 14）

6. 西晋《普曜经》

（1）首位定语由名词语充当

A. 首位定语表示中心语的所属或来源

魔四女（叁 517a 倒 9）/迦叶五百弟子（叁 531b1）/时有外学五百神仙（叁 499b9）/弃国万民（叁 508b 倒 14）/计身万物（叁

527b11）／天万玉女（叁493a12）／地中二万宝藏（叁493a3）

B. 首位定语表示中心语的方所或范围

前后五千玉女（叁494b倒10）／国中万民（叁532c倒4）／城中万民（叁508b倒10）／东西南北四维上下十方无数百千菩萨（叁492a倒7）／行遍天下十六大国（叁534a14）／前五百世为菩萨母（叁486a倒4）

（2）首位定语由代词充当

不能摇动吾一毛矣（叁521a倒8）／挑我两目（叁508c倒13）／彼五人（叁529a倒12）／假使父王与此四愿（叁503c倒6）／此四难（叁503c倒5）／其四女（叁519a倒5）／又其十指（叁505b倒5）／其百千亿诸佛国土（叁494a倒8）／立是四愿（叁504b倒3）

（3）首位定语由形容词充当

凡庶万民（叁483b8）

7. 后秦《出曜经》

（1）首位定语由名词语充当

A. 首位定语表示中心语的所属或范围

长者第一施（肆675a6）／吾亦是大众之一数（肆691b倒14）／犹不溃爱一尺之地（肆635b倒5）／梵志二女（肆644c1）／胜外道异学尼乾子等九十六种术（肆611a倒10）

B. 首位定语表示中心语的处所或范围

世间第一法（肆622c5）／黔尼罗国第一贤女（肆674b倒5）／受天五乐（肆631c倒13）／地狱五毒（肆667b3）／头上五处（肆687c倒5）／前六子（肆661c倒13）／俗间八事（肆653a13）／度世八事（肆628c倒7）／座上数百千众生之类（肆610a倒5）／坐上数千万人（肆618a1）

（2）首位定语由代词充当

我等三家（肆676b14）／卿三人（肆676b倒12）

彼一人（肆617b倒12）／彼二人（肆637c倒5）／彼二女（肆644c1）／彼二贤（肆664c8）／彼三鱼（肆621c倒8）／彼三家（肆676b倒13）／彼三居士（肆676b12）／彼六人（肆661c倒12）／彼

七家（肆 676b 倒 5）/此一偈（肆 622c7）/唯有<u>此一弟</u>（肆 641b11）/<u>此一论</u>（肆 681c11）/<u>此二论</u>（肆 681c9）/人有<u>此二</u>"刺"，不离生死，受诸苦恼。（肆 632b12）/<u>此二乐</u>（肆 673b 倒 13）/<u>此二人等</u>（肆 637c 倒 6）/<u>此二贤人</u>（肆 664b 倒 8）/<u>此三人</u>（肆 676a 倒 6）/行<u>此三法</u>（肆 654c 倒 6）/修<u>此三业</u>（肆 661a 倒 6）/<u>此三事</u>（肆 618a14）/成<u>此四事</u>（肆 638a 倒 5）/<u>此四梵志</u>（肆 610b7）/有<u>此五苦</u>（肆 655c14）/无<u>此五患者</u>（肆 657a4）/离<u>此五盖</u>（肆 657a7）/有<u>此六非义受罪之法</u>（肆 647c 倒 10）/<u>专其一意</u>（肆 643a13）/<u>其二重罪</u>（肆 664a 倒 8）/<u>其余三人</u>（肆 619a 倒 2）

8. 北魏《贤愚经》

（1）首位定语由名词语充当

A. 首位定语表示中心语的所属

得<u>王一眼</u>（肆 392b 倒 13）/<u>王第一夫人</u>（肆 363c15）/于<u>此骨山一大肋</u>上（肆 378a 倒 1）/披<u>儿两手</u>（肆 358b 倒 5）/捉<u>佛两足</u>（肆 387c 倒 12）/<u>其王三子</u>（肆 352c 倒 12）/杀<u>毗舍离三十二子</u>（肆 401b 倒 7）/<u>仙人五百弟子</u>（肆 360a13）/主<u>此世界八万四千诸小国王</u>（肆 371b14）/领<u>此世界八万四千诸小国邑</u>（肆 349a 倒 9）/典<u>斯天下八万四千小国</u>（肆 439c7）/典领<u>诸国八万四千聚落、二万夫人婇女、一万大臣</u>（肆 349b 倒 5）/典<u>阎浮提八万四千国</u>（肆 368c 倒 4）/领<u>阎浮提八万四千小国王</u>（肆 360b 倒 8）/统<u>阎浮提八万四千国六万山川八十亿聚落</u>（肆 388b15）/主<u>阎浮提八万四千诸小国土六万山川八千亿聚落</u>（肆 351c8）/<u>此阎浮提五十岁</u>（肆 436c 倒 3）/<u>此阎浮提百岁</u>（肆 437a2）/<u>此阎浮提二百岁</u>（肆 437a6）/<u>此阎浮提四百岁</u>（肆 437a9）/<u>此阎浮提八百岁</u>（肆 437a13）/<u>此阎浮提千六百岁</u>（肆 437a 倒 13）/为<u>四王天上一日一夜</u>（肆 436c 倒 2）/为<u>忉利天上一日一夜</u>（肆 437a2）/为<u>炎摩天一日一夜</u>（肆 437a6）/为<u>彼天上一日一夜</u>（肆 437a10）/为<u>第五天上一日一夜</u>（肆 437a14）/为<u>第六天上一日一夜</u>（肆 437a 倒 13）

B. 首位定语表示中心语的处所或范围

即便自取<u>耳二金环</u>而以赏之（肆 374a 倒 14）/缘<u>前一辱</u>，众心离

散。（肆 361b7）

（2）首位定语由代词充当

生我一弟（肆 382b2）/我此一子（肆 380c13）/我两眼（肆 392c5）/汝一目（肆 414a12）/今当打汝前两齿折（肆 429a4）/断汝三毒（肆 360a 倒 9）

彼五人（肆 358a2）/此一人（肆 355c 倒 9）/此一比丘（肆 436b14）/为此一婆罗门（肆 349c 倒 11）/由此一言（肆 397a 倒 11）/见此一灯（肆 371a8）/得此一井（肆 384c 倒 3）/共此一叠（肆 383c5）/此二儿（肆 442c9）/取此二蛇（肆 400b 倒 2）/赐此三愿（肆 404c 倒 14）/唯此三珠（肆 408b14）/求此四愿（肆 401b13）/此五人（肆 402a11）/有此五事（肆 391b2）/此十比丘（肆 441b8）/此三十二人（肆 401b 倒 1）/今此五百比丘（肆 393b 倒 6）/指其一兄（肆 364c 倒 12）/其一儿（肆 440c 倒 4）/其二亲（肆 441c2）/其二夫人（肆 425b10）/其二姊（肆 370c5）/告其二子（肆 393c 倒 3）/其第七儿（肆 418b 倒 12）/割其两手（肆 360a10）/断其两脚（肆 360a10）/于时如来化其两边成两宝山（肆 362b 倒 10）/记其两处（肆 433a6）/其三监（肆 424c11）/如其五人（肆 419a8）/其十年少（肆 441b 倒 14）/其五百采宝之众（肆 394b 倒 1）/是十功德（肆 415c14）/斯四贤士（肆 370a13）/斯十比丘（肆 441b6）

总之，当数词定语不是居于首位时，其左边大致是表外延方面的领属、时地等定语，其右边大致是表内涵方面的属性定语。

（三）数词与"诸"在定语位置上共现的情况

"诸"是代词，"表示同一类对象的整体，或全体中的每一个成员"，可释为"各，各个，所有"等（中国社会科学院语言研究所古代汉语室，1999：859）。依照现代汉语的语感，数词不管是确数还是不定数，都不能与"诸"共现，我们既不能说"三位诸同学"，也不能说"诸三位同学"。而且就笔者的见闻，比较正统的文言中也不怎么有这样用的。

我们推测，代词"诸"与数词所以能共现的原因是："诸"或者数词与紧接其后的名词已凝结成了一个类似于词的固定结构单位（其中的"诸"或者数词的意义已淡化），然后整体再接受另一个成分的限定或修饰。①　"诸"与数词虽然共现，但不是处于同一个结构层次上。

本文把数词与"诸"共现的情况分为两类：

1. 诸+数

这里的"数"指含数词语，"诸"指"诸"类表总括义的词语（如诸、一切、种种等）②。先看隋《佛本行集经》里的用例：

受诸五欲（叁 716b 倒 4）/我今不用一切五欲（叁 743c10）/加足种种五欲诸事（叁 720c 倒 7）

弃舍四方及诸七宝一切眷属（叁 743c 倒 1）

此间大地并诸四海一切山河及林泉等（叁 734c2）

我及群臣诸百官等（叁 760c 倒 12）

以上例子中画线部分总括义词语后的"五欲""七宝""四海""百官"等已经词化了，其中名素"欲、宝、海、官"的意义凸显，数字的意义弱化，所以它们可以接受"诸"类词语的修饰。

隋《佛本行集经》中还有这样一组例子：

例 1.（舍）诸释种五百童子（叁 715b 倒 9、叁 709b6）

例 2.（有）诸释种五百大臣（叁 692a 倒 11）

例 3. 自余诸释五百童子（叁 714c 倒 10）

例 4. 彼 诸 五百童子（叁 704c11）

如果仅看前边三例，会产生一种误解，认为是"诸"先修饰"释种"（或"释"），然后整体再修饰"五百童子"，等到看例 4 就知道"诸"就是中心语（"童子""大臣"）的多项递归式定语里的一项。

_____

① 我们可以提供一个旁证，那就是表复数概念的"众"。"观众、听众、受众"在产生之初肯定是表复数概念的，但到今天如果不是特意提醒，一般人的语感都感觉不到，以为"观众、听众"就是"观的人、听的人"，可以说"一位观众、十位听众"。"众生"表义的情况应该也是这样，但《佛本行集经》中的"众生"一词也有受"一"修饰的，如"（有）一大身众生"（叁 686c 倒 14）。

② 参见本章第四节"一组总括义词语充任定语时的排序"。

拿例 1 来说，"诸释种五百童子"的结构层次按照从大到小的切分不是"诸//释种/五百//童子"，而是"诸/释种//五百///童子"。我们称此种（指前三例）为"诸"和其后数词定语的跨序连接。隋《佛本行集经》中与例 1 密切相关的说法还有"五百释种诸童子等"（叁709a2）①，此时三项定语的次序与上文引的例 1 正好颠倒过来，这也是对"诸"仅仅是"童子"的多项递归式定语里的一项的有力证明。"五百童子、五百大臣"在隋《佛本行集经》中经常出现，已成了习用词语，它们接受"诸"修饰时，其中数字"五百"的意义弱化，其后名词的意义凸显。上引前边三例"释种"前置②，有强调突出该部分内容的作用。

我们调查的其他佛经中只有后秦《出曜经》中出现过"总括义词语+数"的现象：舍诸五乐（肆 627c 倒 1）/语诸五亲（肆 628c4）/一切万物（肆 614c 倒 3）。

2. 数+诸

隋《佛本行集经》中"诸"的出现频率很高（包括"诸"单独使用及与其他总括义词语组合后的使用③两种情况在内），它所限定的名词范围较宽，但其中高频出现的名词语范围较窄，"释种（释）、婆罗门、天、佛"以及以这些词打头的短语，当属其列。这样的词或短语与"诸"组合后反复使用④，必然导致充任定语的代词"诸"意义的弱化，其后名词的意义相应地得以凸显，如此一来，自然整个含"诸"组合就可以再接受数词的限定。最奇特的是数词定语为"一"时，限定的名词语里居然也含有"诸"——"有一净居诸天"（叁

---

① "五百释种诸童子"的层次按照从大到小的次序切分应为"五百/释种//诸///童子"。

② 按照本章第二节末尾讨论的多项描写性定语的语序规则，表类属属性的名词定语"释种"当位于数词定语"五百"的后边。所以无论是"诸释种五百童子"（叁 715b 倒 9）还是"五百释种诸童子等"（叁 709a2）的多项定语次序都有点不同于常规，可参看下文"2. 数+诸"之"（2）跨序连接"。

③ "诸"与其他总括义词语的组合使用见本章第四节。

④ 根据本书初步统计，《佛本行集经》前 30 卷中出现于"诸"后的"释种（释）、婆罗门、天、佛"等词语的次数分别达到了 23、18、101、14。

705c15），可行的解释是"净居诸天"已词化了，其中表总括义的"诸"意义弱化。

根据数词与"诸"间是相连的还是被其他成分隔断的，我们把《佛本行集经》中"数+诸"的情况分为两类，前者叫直接连接，后者叫跨序连接。

（1）直接连接

五百诸释奴仆（叁692b4）/五百诸释种童（叁703b13）/五百诸释种女（叁692b2）/五百诸释种子（叁692a倒1）

五百诸婆罗门（叁702b倒8）/六万诸婆罗门（叁665b倒7）/三万二千诸婆罗门（叁701a8）

十亿诸天（叁668c2）/五百诸天玉女（叁691b8）/八千诸天宝女（叁702c7）

六十四诸佛（叁656a倒7）/五百诸佛（叁656a倒11）/一千诸佛（叁656a倒14）/一万八千诸佛（叁655c倒3）/八亿诸佛（叁655c12）

有必要提及的是，此格式中的"数"不只可以是确数，还可以是表不定数目的大数，第二章第四节本书设计的"位数词连用"的那份表格里最右边一个竖栏反映的就是这种情形。这里再补充两例连用的位数词前边不带"无量无边"的：将领百千诸天眷属（叁730a7）/念百千亿诸佛智慧（叁657a11）。

有时"数+诸"前还有其他连带的修饰或限定成分，往往为代词：

自余五百诸释种童（叁705b倒2）/彼五百诸弟子等（叁665a倒13）/彼五百诸婆罗门（叁702c13）/此六万诸婆罗门（叁665c倒4）

除了以上隋《佛本行集经》中的用例，笔者还调查到其他佛经中也存在"数+诸"的情况：

东汉《中本起经》：八万诸天，皆入道迹。（肆154c倒8）

西晋《生经》：江水大涨，流溢出外，漂没五百诸戏幼童。（叁95a倒1）

西晋《普曜经》：吾以枯竭十二诸海（叁525c15）/五百诸释（叁500a14）/二万诸龙（叁495a6）/八万四千诸玉女众（叁490b

倒 4）／八万四千诸天世人（叁 533b13）／百万诸佛土（叁 492a10）

北魏《贤愚经》：五百诸臣（肆 410a 倒 2）／五百诸贾客（肆 393b 倒 6）／五百诸长者子（肆 431c10）／五百诸大太子（肆 415c 倒 6）／八万诸天（肆 419a6）／八万诸虫（肆 367a11）／八万四千诸王（肆 389b 倒 10）／八万四千诸国兵众（肆 391c2）／八万四千诸小国王（肆 389a14）／八万八千诸佛（肆 377b7）／九万诸比丘众（肆 439a 倒 2）／九万九千诸佛（肆 377b8）／十万诸佛世尊（肆 377b8）

（2）跨序连接

跨序连接的情况其实在上文"诸+数"部分特别标注的例 1—3 里已有所接触，这种现象也仅在隋《佛本行集经》里出现过。此处补充一些用例：

例 1.（别置）五百<u>最胜壮健</u>诸释侍官（叁 725c 倒 6）

例 2.（有）五百<u>释种</u>诸亲（叁 702b 倒 14）

例 3. 五百<u>释种</u>诸童子等（叁 709a2）

例 4. 五百<u>释种</u>诸童子辈（叁 714b14）

例 5.（复有）五百<u>释种</u>诸臣童子（叁 704a 倒 14）

例 6.（复有）一万<u>天</u>诸童女（叁 697a 倒 3）

以上例子中的画线部分，我们认为它们理应紧挨在中心语前边而实际情况是已前置，这一方面是四字一顿的格式要求使然，另一方面这些词语前置也使它们自身的表义功能得以凸显（例 1 的"最胜壮健"表性质，例 2、例 3、例 4、例 5 的"释种"表类属属性，例 6 的"天"表来源属性）。

二　代词在递归式定语里的位置

笔者认为，要研究代词在递归式定语里的位置问题，就必须观察：代词定语的前后有没有其他定语；如有，它们分别是什么性质的，与中心语发生什么样的关系，等等。为了论述的方便，我们将代词分为人称代词、指示代词等类。

（一）人称代词

从搜集到的例子看，在含有人称代词的复杂定语中人称代词基本上都位于首位，也就是说通常只有在它后边才会出现别的定语。对于这类定中结构，本书的描写方法是先按照人称代词所表的第一、第二、第三人称划分大类，然后按照后续定语的词性划分小类，常规的词性排序依次是数词、代词、名词、动词、形容词等。

1. 隋《佛本行集经》

紧承人称代词定语后边由数词或指示代词作定语的例子有：

（1）我四王子（叁 675c14）

此例代表的词类序列是"代+数+名"。

（2）我此四子（叁 674c 倒 4）

此例代表的词类序列是"人称代词+指示代词+数+名"。

（3）我等功德之利（叁 682c4）/必我衰时相貌所至（叁 745c 倒 12）/我释种子（叁 768c 倒 12）

这三例代表的词类序列是"代+名$_1$+（之）+名$_2$"。这三例中的定语是递归式的。其中"我释种子"有解作递加式定语的可能，但查核此句原意，还是应该解作递归式，因为《佛本行集经》中另有"此释种子"（叁 781b 倒 13）的说法可以为证。这三例中居首位的代词定语表领属，次位的名词定语才表功用、时间、类属等属性。

（4）我等爱心（叁 751b 倒 9）/我等恋慕之心（叁 751b 倒 9）/但说于我恶逆之事、无德行处（叁 735b14）

以上三例代表的词类序列是"代+动+（之）+名"。这些也都是递归式定语，注意：它们不是主谓短语充任定语。因为一则可以在人称代词"我等""我"之后有较长时间的停顿，更重要的是"爱心"和"恋慕之心"等之前可以增添别的定语，比方说代词"此"之类。《佛本行集经》中就有类似的例子："（云何能断）圣子是出家事?"（叁 735c1）类似的问题已在第一章第三节"界定"的"歧解之三"里讨论过。以上所举例子的次位定语都表示类属。

（5）我圣大家（叁 728b 倒 4）/我大圣子（叁 686a 倒 14）/我微妙宫（叁 790a 倒 4）/我智慧子（叁 749a8）/我自在威力（叁 776c11）

以上五例代表的词类序列是"代+（之）+形+名"。这些也都是递归式定语。其中次位的形容词定语表性状。

当然也有综合以上几种类型的例子，比如净饭王称悉达多太子为"我妙梵声聪慧之子"（叁 736b15），其词类序列为"代+名+形+名"，其中包含了"我""妙梵声""聪慧"等多项定语，首位定语表领属，次位定语表特征，次次位定语表性状。

以上所有的例子都有一个共同点，就是它们居首位的人称代词几乎都是第一人称的，这是由于《佛本行集经》属叙述性篇章，其中的口语部分大多采用第一人称的口气。

当然，《佛本行集经》中也有少量充当前位定语的人称代词是属于第二、第三人称的用例：

仁之二手（叁 760c3）/暂舍于汝爱法之心（叁 748c 倒 10）/（问）彼一人①（叁 666b 倒 13）/不见彼之最上胜大丈夫（叁 742a14）

2. 东汉《修行本起经》

吾：计吾故身，不能数矣。（叁 461b8）

其：诸名射者，其箭力势，不及一鼓。（叁 465c 倒 8）

3. 东汉《中本起经》

我：我五百弟子，今朝燃火。（肆 151a 倒 7）/听我一言（肆 159a11）

我诸弟子（肆 151b5）

佛圣广覆，照我至心。（肆 153b 倒 8）

汝：现汝罗汉神足（肆 152b 倒 8）

复汝本字，为舍利弗。（肆 154a 倒 12）/佛告梵志："明汝至心。"（肆 163a 倒 1）

彼：彼二人者，亡来七日。（肆 147c 倒 11）/趋彼五人（肆 148a15）

彼方二郡（肆 160b8）

其：是时世尊为其五人，现道神足。（肆 148a 倒 9）/王拔佩剑，

---

① 注：这里的"彼一人"不是"那一个人"，而是"他们中的一个人"的意思。

削<u>其两臂</u>。（肆 148c 倒 5）

承<u>其至心</u>，恐畏消除。（肆 156b1）/钦<u>其异德</u>（肆 161b13）

4. 三国吴《六度集经》

吾：槃特比丘，怀<u>吾一句</u>，乃致度世。（叁 14a 倒 10）/以<u>吾一躬</u>毁兆民之命（叁 26c13）/割<u>吾两乳</u>（叁 10a 倒 7）/以尔一女，弄<u>吾七国</u>。（叁 46c 倒 2）/调达怀<u>吾六亿品经</u>（叁 14a 倒 11）

<u>吾兄子</u>来（叁 26b8）/王欲以贵女为<u>吾王妃</u>（叁 29a7）/尽以名珠雇<u>吾金盘</u>（叁 19b 倒 12）

<u>吾</u>断臂（叁 25b 倒 8）

今来翔兹，成<u>吾本心</u>也。（叁 4b 倒 11）/违<u>吾本愿</u>（叁 9c 倒 11）/<u>吾之本土</u>（叁 37a 倒 6）/斯天座，非<u>吾常居</u>。（叁 49b15）/犹<u>吾往师</u>（叁 42c 倒 11）/坏<u>吾重任</u>也（叁 8c 倒 13）/大夫投危，济<u>吾重命</u>。（叁 33a12）/长寿王子，<u>吾之重雠</u>。（叁 5c 倒 12）/以<u>吾神药</u>传之即愈。（叁 28b 倒 6）/岂可裸形毁<u>吾旧仪</u>乎？（叁 29c 倒 12）/以<u>吾微命</u>请彼少人（叁 31a 倒 3）/卿<u>吾良友</u>（叁 37c9）/焉能遏<u>吾正真之势</u>乎？（叁 4c 倒 2）/<u>吾至诚之言</u>（叁 13b15）/<u>吾普慈之信</u>于今著矣（叁 25c1）/<u>吾等巨海</u>（叁 4c15）

尔：以<u>尔一女</u>，弄吾七国。（叁 46c 倒 2）

汝：不可以<u>汝本时之态</u>（叁 7b 倒 2）

贵<u>汝善行</u>，赐汝必多。（叁 7a13）

彼：无以自由，枉<u>彼天民</u>。（叁 8c 倒 8）/取<u>彼头轮</u>（叁 21b 倒 13）

<u>彼仁国王</u>万福无恙乎？（叁 6b13）/<u>彼仁王者</u>（叁 6b 倒 13）/循<u>彼妙教</u>（叁 14a6）/逾<u>彼慈母</u>（叁 40b 倒 7）

其：以<u>其一家</u>处于贤者（叁 49a11）/以<u>其一端</u>缚大树枝（叁 32b 倒 7）/去<u>其二亲</u>，为绳所缚。（叁 10b 倒 9）

扪<u>其箭疮</u>（叁 24c 倒 5）/见<u>其腰带</u>（叁 26b10）/堕<u>其右翼</u>（叁 26c 倒 6）/解<u>其上衣</u>（叁 45a6）

妇婴<u>其跛婿</u>（叁 18c13）/习<u>其忍行</u>（叁 24b7）/菩萨志隆，欲成<u>其弘誓之重任</u>，妻到坏其高志也。（叁 10a3）

愚欺圣人，原其重尤。（叁1b10）／其私财有三千万（叁3b15）／行得其本国（叁4a3）／王遣鹿去，还其本居。（叁12c倒2）／恣心从其本邪（叁16c倒9）／返其旧居（叁4c15）／群臣黎庶失其旧君（叁5b11）／委其旧匹（叁13a15）／复其旧服（叁51c12）／人王亡其正妃（叁27a12）／睹其宿友（叁37b倒3）／不识此皮是其故体（叁37c15）／卒其至孝之行（叁24a1）

厥：到厥亲所（叁24c12）

5. 西晋《生经》

吾：吾之一国（叁79a7）

是吾宿罪（叁76b7）

我：是我前妇（叁106c倒6）／是我前夫（叁106c倒3）

汝：汝前宝屐，本何从得？（叁78a7）

卿：如卿今身（叁99b15）

其：是为修其身行（叁80c1）／承其德本（叁91a14）

随其来言，当折答之。（叁71a倒4）／复其宠位（叁78a倒6）

比丘睹其好色（叁71a14）／于其神足（叁81c1）／随其本相（叁86a倒6）／出其犷言（叁86c倒9）／降其圣德（叁96a倒8）

6. 西晋《普曜经》

吾：不能摇动吾一毛矣（叁521a倒8）

吾本愿（叁534a倒14）／此吾之正子（叁536c倒11）

我：挑我两目（叁508c倒13）

我诸弟子（叁531c倒13）／我等诸天（叁489a倒6）

坐我佛树下（叁515a倒6）

我小节（叁536b倒10）／我等本性（叁500c倒4）

汝：灭汝五族（叁509b倒12）

现汝罗汉神通（叁532c倒2）

卿：卿等本德（叁533b倒8）

其：其四女（叁519a倒5）／叉其十指（叁505b倒5）／其五百子（叁517c倒11）／其千光明（叁529c倒14）

其光明相（叁499c倒13）／下其右手（叁492a倒10）／其右肋

（叁 492a 倒 8）／其右面子（叁 517c 倒 7）／其左面子（叁 517c 倒
3）／其右面魔子（叁 518a13）／其左面魔子（叁 518a 倒 14）

　　释其沐浴庄严天服（叁 508a 倒 14）／其忍辱力（叁 513b11）

　　其妙名称普闻十方（叁 483b9）／其精进力（叁 494a 倒 6）／现其
本身（叁 497b 倒 5）／其本愿（叁 507b2）／违其本誓（叁 532b 倒
2）／承其圣旨（叁 528b1）／现其神变（叁 534c9）／坏其清净之行
（叁 519a 倒 3）

　　7. 后秦《出曜经》

　　我：我等三家（肆 676b14）

　　我等诸人（肆 659b10）

　　我先祖父母（肆 638c5）／我等曾祖父母（肆 618b 倒 7）／尽我形
寿（肆 650a 倒 1）

　　我宿福（肆 642a 倒 10）／我秽行（肆 659a 倒 14）／我贤圣法律
（肆 690a14）

　　汝：汝先祖父母（肆 688a 倒 4）

　　汝秽形（肆 675c 倒 14）／汝老牛（肆 679c7）／汝等宿缘（肆
653a3）

　　卿：卿三人（肆 676b 倒 12）

　　岂能恕卿此罪？（肆 658c7）

　　彼：彼五亲（肆 625c 倒 7）

　　彼诸子（肆 683b 倒 8）

　　彼亡子（肆 614c 倒 9）

　　去彼恶心（肆 642b6）／彼大儿（肆 661c2）

　　其：大海取其一滴（肆 665b 倒 7）

　　尽其天寿（肆 632a7）／其世寿（肆 659b14）／其法服（肆 659b
倒 3）／正其身行（肆 661a 倒 6）／毕其罪苦（肆 665c11）

　　洗其爱心（肆 634a 倒 3）／毕其施恩（肆 637a11）

　　现其大明（肆 612b 倒 8）／其宿命（肆 619b1）／除其恶念（肆
641a 倒 3）／受其恶报（肆 671a8）／习其恶本（肆 671c13）／其恶言
（肆 667a15）／专其一意（肆 643a13）／修其妙行（肆 655b 倒 2）／其

神力（肆 672c 倒 14）

反身代词：舍己群牛（肆 643c 倒 12）/以己神力翻覆天地（肆 619a15）

8. 北魏《贤愚经》

我：生我一弟（肆 382b2）

我诸子（肆 415c3）/我等诸臣（肆 351a8）/我此一子（肆 380c13）/我此住处（肆 370c10）/我此舍中（肆 381a 倒 1）/我此城外（肆 408a14）/我此村人（肆 374c 倒 9）/得我此眼（肆 392b14）/我此身（肆 389c13）/我此女（肆 406c10）/我此太子（肆 411b4）/我此象（肆 431c 倒 7）/我曹此国（肆 391b4）

我前世（肆 366c 倒 9）/我今境土及以河水（肆 403c15）

捉我食器（肆 386b1）/我施心（肆 389c 倒 13）/失我研斤（肆 428c 倒 2）/我无上道心（肆 349c 倒 8）/莫遮我无上道意（肆 389c 倒 13）/我等同师弟子（肆 395b 倒 13）

我大儿（肆 367c3）/我之宿罪（肆 370c 倒 4）/以我秽形（肆 381c9）/娆毁我清净行（肆 381a 倒 5）/故未办我旷济大事（肆 407c7）/大王未见我等殊变（肆 361b 倒 14）

汝：汝一目（肆 414a12）/断汝三毒（肆 360a 倒 9）

杀汝诸兄（肆 356b 倒 14）/汝等诸人（肆 349c 倒 8）/今汝此珠（肆 407c5）

除汝欲秽（肆 360b1）/除汝口过（肆 365c 倒 8）/今当打汝前两齿折（肆 429a4）/断除汝等结使之病（肆 350b 倒 12）

从汝本道（肆 397c5）/成汝本志（肆 411c6）/由汝邪心（肆 429b15）/汝神力（肆 443b 倒 12）/汝等宿庆（肆 388a4）

彼：彼一人（肆 439b15）

彼大姊（肆 370c6）/彼善恶报（肆 376c7）/被彼少害（肆 415b1）

其：其一儿（肆 440c 倒 4）/指其一兄（肆 364c 倒 12）/其一牙头（肆 395c14）/其一牙上（肆 420b 倒 8）/其第一夫人（肆 388b 倒 13）/其二亲（肆 441c2）/其二姊（肆 370c5）/其二夫人（肆

425b10）／其二子（肆 393c 倒 3）／其第二夫人（肆 410c1）／割其两手（肆 360a10）／断其两脚（肆 360a10）／摄其三衣（肆 388b2）

其诸弟子（肆 387c6）／其傍诸人（肆 355c 倒 8）

其弟长者（肆 382b 倒 10）／尽其形寿（肆 404b11）／腾其法海（肆 409b11）／持其宝珠（肆 408c 倒 8）

闻其哭音（肆 353c 倒 10）／诣其会所（肆 385b11）／从其来意（肆 403a 倒 12）

其白骨（肆 350b14）／忆其先心（肆 353a6）／其老父母（肆 356a 倒 5）／奋其神力（肆 361b 倒 7）／见其神变（肆 365c12）／以其恶言（肆 371b1）／是其恶灾（肆 386c9）／感其善意（肆 404b3）／乘其善心（肆 432c13）／随其宿缘（肆 438c 倒 11）／知其宿行（肆 396c11）／其本缘（肆 396c 倒 13）／其本国（肆 382b 倒 8）／坐其本座（肆 420c 倒 10）／见其奇相（肆 384b 倒 5）／睹其威相（肆 405b14）／其大夫人（肆 405a15）／其大小便（肆 431c 倒 13）／免其众厄（肆 429c 倒 2）／济其急厄危顿之命（肆 353b14）

反身代词：自神力（肆 379c10）

从以上各部经中的用例看，居首位的人称代词定语都是表领属关系的，如果多层定语里有数量定语的话，往往是居其次位。接下来的再是由名词、动词、形容词充当的定语，它们通常表示中心语的材质、功用、类属及性质、状态等方面的语义信息。

（二）指示代词

从我们收集到的例子看，指示代词在递归式定语中的位置似乎比较灵活，有居于首位的，也有居于后边位置的。所以这里先根据指示代词所居位置的先后来分类。

1. 指示代词居于复杂定语的首位

（1）隋《佛本行集经》

我们把《佛本行集经》中指示代词居于复杂定语首位的定中结构从词性角度归纳为下边三类。值得注意的是，这些格式里代词后边的"名+名""动+名""形+名"，与我们在"第二章简单的定中结构"各节里讨论过的情形几乎是一致的，可参照。

A. 指示代词+名+名

据初步统计，《佛本行集经》中这类定中结构共出现 53 次。此处指示代词后的"名+名"与第二章第一节里的"名+名"性质一致，定中之间的语义关系类型也相同。例如：

彼屋室使人　　　　　　　　　［名词定语表处所］

彼邪见之家　　　　　　　　　［名词定语表性质］

此师子吼言　　　　　　　　　［名词定语表比况］

其圣子手　　　　　　　　　　［名词定语表领属］

如是未来之事　　　　　　　　［名词定语表时间］

B. 指示代词+动+名

据初步统计，《佛本行集经》中这类定中结构共出现 28 次。此处指示代词后的"动+名"与第二章第二节里的"动+名"性质一致，定中之间的语义关系类型也相同。例如：

彼病患人　　　　　　［动词定语表性质］

此毁辱之言　　　　　［动词定语表目的］

是别离之事　　　　　［动词定语表内容］

如是授记语　　　　　［动词定语表目的］

与简单定语里的情况相同，这类做定语的动词大多是动宾式的，总共 28 例中就有 14 例，占到一半。如"其当马人［'当马'表功能］、彼护树神［'护树'表功能］、此出家时［'出家'限定'时'］、（作）如是等受苦恼事［'受苦恼'表特征］"等。

C. 指示代词+形+名

据初步统计，《佛本行集经》中这类定中结构共出现 42 次。这里指示代词后的"形+名"与第二章第三节里的"形+名"性质一致，定中之间的语义关系类型也相同。其中形容词为单音节的占到 15 例，它们是大、小、旧、妙、圣、胜等。形容词为双音节的占 27 例。这些形容词主要用于对事物新旧、形体、颜色等方面属性与情状的描述。例如：

彼旧仙人

彼妙罗网

此圣太子

是胜众生

如是美妙音响

如是等吉祥之相

D. 当然也有综合以上几种类型的更为复杂的例子

例 1. 耀彼山林诸仙人眼（叁 745a 倒 14）

此例中的"山林诸仙人眼"属递加关系的定中结构，语序是对客观事物逻辑事理关系的临摹。

例 2. 彼工巧铁师之女（叁 713a2）

此例"工巧"修饰"铁师"，"铁师"再修饰"女"，也属递加关系的定中结构。

例 3. 彼释种净饭王子（叁 776b 倒 8）

例 4. 如是世间五欲境界（叁 735a4）

例 3、例 4 的指示代词后都属于"名+名+名"格式，是递归关系的定中结构。两例中四个定语分别都是表领属关系的，每例都是按照概念外延从大到小的顺序排列，它们与中心语的距离正好反映了客观事物概念距离的远近。

例 5. 彼上座旧婆罗门（叁 666a 倒 5）

此例的关键在于形容词"旧"，《佛本行集经》中已有过"彼上座婆罗门"（叁 666b3）的说法，按递归式定语排序的一般规则，表性质的"旧"应该位于表类属属性的名词"上座"之前。这里超常规的语序可能是受了全句的影响，此句全貌为"时彼上座旧婆罗门心生此念"，如果换成"时彼旧上座婆罗门"则不合佛经四字一顿的音步节律。

例 6. 彼化净发之师（叁 737c 倒 14）

"化"与"净发"皆动词性，"净发"表功用属性，"化"表来源属性，按多项定语排序规则，表功用属性的词语距离中心语更近。

例 7. 作如是等示现妇人谄媚惑著种种之事（叁 781c12）

此例中的三个定语，"如是等"为指示代词，"示现妇人谄媚惑著"为动宾词组，"种种"为量词重叠式，按照多项定语排序的常规，应是"指代+（数）量+动"，此处表"事"之内容的"示现妇人谄媚惑著"前置了，对这部分内容就是一种强调，而且"种种"移至中心语前还有一种划界隔断的作用，若是动宾短语"示现妇人谄媚惑著"放在中心语前，就会碰到一个问题："示现"所带宾语的范围有歧解。通过反复参看上下文当然也会弄清楚真正的意思，但那样一定会增加受众理解的负担。

例 8. 作于<u>如是多种苦切痛楚悲泣酸哽言</u>（叁 741a 倒 13）

此例符合多层递归式定语的常规排列次序"代+数量+由形容词或动词充当的描写性定语"。与常规稍有不同的地方是其中的描写性定语是由多个形容词和动词联合组成的。

从以上分析可知，当指示代词居于复杂定语的首位时，其后的定语多由名、动、形等词性的词语充当，表示的语义关系类型与第二章简单定语中的相同，即使是综合几类而成的复杂一些的定语，它的语序也都符合递归式多项定语的语序常规，偶有反例也可以得到解释。

还有一个问题附带在这里说明一下，就是指示代词居于复杂定语的首位时，代词后边带"之"与否的问题。笔者初步统计的结果是，只有"此"后有带"之"的情况，共 9 例：

此之袈裟色衣（叁 738a2）／此之那罗童子（叁 700b5）／此之悉达太子（叁 767a5）／此之护明菩萨大士（叁 723a5 等）／此之三千大千世界（叁 677c 倒 8）／此之悉达大圣太子（叁 767a7）／此之一子（叁 674c8）／此之二事（叁 750b3）／此之五阴（叁 760a 倒 8）

在第二章第五节，我们分析了隋《佛本行集经》前 30 卷中代词充当简单定语的情形，其中指示代词"彼""此"充任定语时都可以带"之"，但"此"带"之"的数量明显多于"彼"。[①] 现在到了复杂定语里，就只有"此"带"之"[②]，造成此现象的原因尚不清楚。

---

① "此"和"彼"充任简单定语时后边带"之"的情况是，按照所带中心语的词语数，两者的比例为 12∶4；按照所带中心语的词频数，两者的比例为 20∶5。参本书第二章第五节。

② "彼"在复杂定语首位也并非绝对不能带"之"，如"彼之我夫"（叁 742a5）、"彼之我子"（叁 744b6）。只是这两例的定语里有两个代词连用，终归有些不同一般。

对隋《佛本行集经》之外的其他几部佛经，本书的描写将粗线条一些。为了查检的方便，先按照第二章第五节拟定的指示代词的先后次序排定例句的先后，在每一指示代词内部又按照次位定语的词性划分小类，常规的词性排序依次是数词、代词、名词、动词、形容词等。

（2）东汉《修行本起经》

此：汝见<u>此二女</u>不？（叁463b5）

菩萨见<u>此众生品类</u>展转相吞，慈心悯伤。（叁467b倒8）

人生于世，有<u>此老患</u>。（叁466b倒2）/悯伤一切，有<u>此太患</u>。（叁466c10）/思念一切有<u>此大患</u>。（叁467a1）/若<u>此伪身</u>（叁469a14）/何故有<u>此吉祥瑞应</u>？（叁464b4）

其：厥生白象，八万四千，<u>其一白象</u>……（叁465a倒9）

（3）东汉《中本起经》

彼：<u>彼二国</u>（肆160b9）

具陈<u>彼泽树神功德</u>（肆157a倒13）

<u>彼大沙门</u>，有甘露仙化。（肆154a3）

此：<u>此二人</u>者，愿于古佛。（肆154a倒14）/假令大爱道审能持<u>此八敬法</u>者（肆159a4）

今<u>此池边两石</u>妙好（肆151b10）/今偶出游，遇<u>此宝藏</u>。（肆153c倒7）/<u>此儿宿命罪行</u>使然，非父母过。（肆153a13）

凡<u>此众事</u>，无不分散。（肆152c倒9）/南行取<u>此美果</u>，可用愈病。（肆150c14）/<u>此大沙门</u>实神实妙（肆150c15）/<u>此大道人</u>，神妙乃尔。（肆150c倒5）/<u>此老道士</u>，有何异德？（肆161a倒7）

是：无<u>是二事</u>，是真道人。（肆148b3）

<u>是诸长者</u>，亦同斯愿。（肆157b6）

<u>是大沙门</u>，所作实神。（肆150c倒10）/<u>是大道人</u>，至神乃尔。（肆151a倒4）

斯：十六大国，谓吾广博，未曾闻<u>斯真要之义</u>。（肆153c倒8）

（4）三国吴《六度集经》

彼：睹世无足于<u>彼五乐</u>矣（叁21a倒13）/何不以七女嫡<u>彼七王</u>

（叁 47a 倒 13）

惟彼<u>诸毒</u>，其为无量。（叁 20c 倒 14）／于<u>彼诸圣</u>犹星有月（叁 43c7）

<u>处彼天位</u>（叁 52a8）

可以<u>彼死鼠</u>治生成居也（叁 13a3）／今<u>彼裸乡</u>（叁 29c14）

非<u>彼众妖</u>（叁 4a 倒 6）／愿得投身于<u>彼大湖</u>（叁 13b3）／<u>彼小星</u>（叁 48a 倒 2）／度<u>彼小水</u>（叁 45c 倒 14）／以吾微命请<u>彼少人</u>（叁 31a 倒 3）／之<u>彼异国</u>（叁 19b7）／<u>彼凡人</u>（叁 39c13）／<u>彼不祥之人</u>来（叁 28a 倒 1）

此：行<u>此四事</u>（叁 50a 倒 5）

今<u>此祭牛</u>（叁 37c 倒 12）

<u>此小儿</u>（叁 35c3）

其：结<u>其一匹</u>，为众奇巧。（叁 46c14）／<u>其一龟王</u>，专愚自由。（叁 34a1）／是时众中有两比丘，<u>其一比丘</u>名精进辩，一比丘名德乐正。（叁 34b 倒 12）

空<u>其诸藏</u>（叁 5a9）／<u>其诸弟子</u>（叁 50b2）／<u>其诸众</u>者以篝覆之，各捐而去。（叁 34a15）

<u>其王名字</u>，流闻八方。（叁 7a 倒 5）／<u>其国王夫人</u>有疾（叁 13a 倒 13）／<u>其国王城</u>（叁 32b 倒 12）

旋<u>其本土</u>（叁 5a11）／著<u>其故处</u>（叁 25b 倒 1）

是：除<u>是三行</u>，得贤径度。（叁 32b8）

斯：唯<u>斯三珠</u>，为吾荣华。（叁 4c 倒 14）／怀<u>斯三逆</u>（叁 14c4）／自<u>斯三事</u>（叁 39c 倒 14）／<u>斯三人</u>（叁 45c 倒 7）／<u>斯四兽</u>（叁 13c6）／兴<u>斯四念</u>，鬼妻即灭。（叁 47c 倒 14）／以<u>斯五德</u>（叁 16b 倒 8）／<u>斯五欲</u>（叁 21a13）／心怀五盖，犹<u>斯五苦</u>。（叁 39c12）／<u>斯五善</u>（叁 39c 倒 9）／由<u>斯六邪</u>轮转受苦（叁 28a 倒 13）／守<u>斯六行</u>（叁 50a 倒 2）／王<u>斯七宝</u>，睹世希有。（叁 21c 倒 13）／有<u>斯九病</u>（叁 49c 倒 13）

<u>斯诸理家</u>何益于国乎？（叁 3b13）／<u>斯诸玉女</u>（叁 21a 倒 1）

今<u>斯银城</u>（叁 21a 倒 6）／今<u>斯天座</u>，非吾常居。（叁 49b15）

斯含毒类，必有害心。（叁 4b11）

尔何志愿，尚斯高行？（叁 1b5）／以斯猛志（叁 2b 倒 6）／杀斯毒蚖（叁 27c9）／术士得斯重宝，喜以出国。（叁 29b15）／当由谁闻斯尊法乎？（叁 43b9）／怀斯弘德，终始无尤。（叁 45b 倒 7）／以斯元恶，庶望升天。（叁 45b 倒 3）／斯之巨海，深广难测。（叁 4c 倒 7）／斯天仁之君不可失也（叁 5b5）／若斯无道之王矣（叁 31a 倒 1）／斯至孝之子（叁 25a4）／斯极愚之君（叁 25b 倒 12）

（5）西晋《生经》

彼：彼诸仙人（叁 91a1）／彼诸比丘（叁 103a5）／能解彼诸地种永不现不？（叁 83b 倒 9）

闻彼势姓大富梵志（叁 75b2）

彼新弟子（叁 72a13）／于彼异时（叁 104c 倒 13）

此：见一树下，有此一人。（叁 88c6）／计此二人（叁 73a 倒 11）／于此四人（叁 86c14）／观此四大，地水火风，因缘合成。（叁 71a 倒 11）

此诸人等（叁 87b12）／寻知此等诸菩萨心之所念（叁 86a10）

此之宝展（叁 78a9）／此七宝展（叁 77c 倒 10）／有此暴志比丘尼者（叁 76b 倒 9）／此族姓子（叁 84b10）／此经典法律（叁 92c14）／卖与此城中人（叁 98a 倒 11）／于此佛世（叁 98c 倒 1）／此世俗事（叁 83c 倒 5）

此行毒家（叁 96b2）／有人报言："用为见此养身满腹之种？"（叁 103a 倒 4）／此有德之人（叁 106b 倒 4）／此如意珠（叁 75c 倒 12）／其有犯此非义之事（叁 73a 倒 11）

致此异宝（叁 77c 倒 2）／我已摄制于此弊魔（叁 85b 倒 8）／闻此急教，不敢行乞。（叁 91c 倒 5）／掘此毒树（叁 95c7）／此大会（叁 107b5）／此众会（叁 107b6）／此等众学（叁 98c 倒 14）／今此辈愚骏之等（叁 89a9）

其：问其四乌（叁 102b 倒 8）／其四大魁（叁 83c9）／其十事（叁 85c11）／其五百童（叁 95a 倒 3）

其诸菩萨，承佛圣旨。（叁 86a 倒 8）／其彼二人，横相嗟叹。（叁

89a4）/**其彼**梵志，愚骏无智，非是丈夫。（叁 106c 倒 13）/**其此**仙人（叁 90c 倒 3）/心自念言："且是我前妇，非是异人。**其我**前妇，博戏第一。"（叁 106c 倒 6）

　　其大德总持（叁 85c10）/以**其长**者名辞谢问讯（叁 87c 倒 5）/入**其中**门（叁 98c2）

　　其裸形子（叁 90a 倒 12）

　　其毒神者，谓曰四魔。（叁 97a7）/**其好**果蓏（叁 93b2）

　　是：我等观察**是族**姓子（叁 70b6）/**是水**牛犊（叁 94a1）/到斯说**是总**持之印（叁 85c3）

　　缘**是施**德，后作国王。（叁 103b1）/**是清**信士（叁 106b 倒 4）

　　得**是美**食（叁 71a7）/受**是神**咒（叁 85b8）/持**是吉**祥咒（叁 85b9）/**是大**女神（叁 85b15）/为**是凶**人所见侵扛（叁 104a 倒 10）

　　（6）西晋《普曜经》

　　彼：**彼五**人（叁 529a 倒 12）/**彼七**昼夜（叁 526b7）

　　彼诸菩萨（叁 515b14）

　　彼大圣（叁 508a 倒 7）/**彼大**天宫（叁 490c10）

　　此：**此二**人等（叁 534b15）/**此四**愿（叁 503c 倒 6）/蠲除**此四**难（叁 503c 倒 5）/**此十**力（叁 530c1）

　　入**此诸**天处所（叁 495a 倒 13）

　　此维提种（叁 485b2）/志不存**此道**品之义（叁 510c 倒 14）/在**此神**仙树木之间（叁 528c 倒 7）/**此迦**维罗卫大城之中（叁 495a14）

　　见**此死**象（叁 501a 倒 14）/生当有**此老**病死苦（叁 503a 倒 1）

　　亦复俱升**此大**讲堂（叁 485a 倒 2）/以**此净**行（叁 496b 倒 8）/生**此神**人（叁 496b1）/**此弊**欲（叁 506b8）/坐**此高**座（叁 516c 倒 11）/值**此众**难（叁 511a 倒 6）/**此众**伴侣天神（叁 521a15）/**此严**净光（叁 515c3）/自然宣出**此微**妙偈（叁 484c8）

　　其：**其四**天王（叁 489c12）/师问："**其六**十四书，皆何所名？"（叁 498b2）/**其三**千国诸豪尊位（叁 514c9）/**其百**千亿诸佛国土（叁 494a 倒 8）

　　其诸天子（叁 485a 倒 3）/**其诸**天人（叁 508b 倒 12）/**其诸**婇女

（叁 498a7）／其诸释种（叁 497c15）／其诸菩萨（叁 485c5）／其彼国
王（叁 485b 倒 12）／其斯欲界诸天之中（叁 516c 倒 11）

其菩萨母（叁 492a 倒 3）／其魔王女（叁 519c1）／捧其马足（叁
508b 倒 8）／观其道树（叁 526b11）／其迦维越树木药草（叁 501b 倒
10）／其交露帐（叁 486c 倒 7）／其交露台（叁 515c 倒 9）／其菩萨交
露宫殿（叁 492a7）／其人中尊（叁 494a 倒 10）／其外异学（叁
530b13）

其雨香音（叁 516a6）／其无量音（叁 507b12）／其白净王生真太
子（叁 500c1）

论其正法（叁 501a2）／竖其大幢（叁 521c 倒 14）／其炎烟（叁
531a6）／取其淳乳（叁 511c 倒 2）／其异书者，有六十四。（叁
498b1）／其大圣佛（叁 529b 倒 10）

是：是一滴之供（叁 492a14）／立是四愿（叁 504b 倒 3）／用是
五乐（叁 503a11）／以是五欲（叁 525c 倒 8）／是十六事（叁
520c7）／是六十四书（叁 498b 倒 7）

是诸树者（叁 494a3）／见是诸变（叁 517b11）／是诸天子（叁
483b 倒 13）／是诸梵志（叁 500a6）／是诸菩萨（叁 516a15）／是诸
佛国（叁 513b 倒 7）／是诸根源（叁 525c10）／是诸足下（叁 525c1）

以是德本（叁 527a 倒 11）／是菩萨身（叁 513c 倒 8）／虽有是祸
福言辞（叁 533a 倒 2）／是普曜经典（叁 537a10）／是普曜法（叁
537b 倒 14）

是诳惑业（叁 506a9）／谁能睹知是无等伦独行只步（叁 501c4）

是大丈夫（叁 501b 倒 1）／是大沙门（叁 531a8）／与是众人（叁
510b 倒 2）／是清静处（叁 495a 倒 12）／以是羸瘦之体（叁 511c 倒
11）／因是现行四禅之法（叁 511a8）／是广大荒秽浊之事（叁
526a1）

斯：以斯四等（叁 487c7）

斯释宗族（叁 501a 倒 1）／斯佛土（叁 490b 倒 7）

斯大光明（叁 486c 倒 6）／蒙斯尊光（叁 490c6）／斯勤苦行（叁
511a8）／曾奉事斯光显至真圣（叁 509b6）

（7）后秦《出曜经》

彼：彼一人（肆617b倒12）/彼二人（肆637c倒5）/彼二女（肆644c1）/彼二贤（肆664c8）/彼三鱼（肆621c倒8）/彼三家（肆676b倒13）/彼三居士（肆676b12）/彼五人（肆686b倒2）/彼六人（肆661c倒12）/彼七家（肆676b倒5）

彼诸天（肆610a倒6）/彼等诸人（肆650a14）

彼山神（肆659a3）/彼罪虫（肆663b13）/彼群牛（肆616b4）/彼鹿母（肆685c6）/彼戏人（肆649c倒4）/彼人意（肆667b倒13）/受彼天福（肆670c4）/彼鬼舍（肆672c倒8）/彼鬼界（肆672c倒13）/彼国界人民（肆672c1）/彼阎罗王所（肆680a倒10）/彼邪见众生（肆611b倒6）/彼铁作比丘（肆638a1）/彼奢婆罗咒术家女人（肆691a倒5）/彼青衣神鬼（肆658b7）/彼守园人宗族五亲妻息仆使（肆635c11）

彼瞎鳖（肆615c14）/彼系象（肆649a10）/彼学人（肆687a倒4）/彼病比丘（肆623c3）/彼执行人（肆662b倒8）/彼执行之人（肆689a倒8）/彼修行人（肆638b14）/彼禅定比丘（肆639c倒1）/彼守藏主（肆640a1）/彼造福人（肆613c8）/彼习行人（肆689a14）/彼受罪兽（肆663b12）/彼多闻比丘（肆658c倒1）/彼失伴之人（肆642a9）/彼大集鬼界（肆672c倒7）/彼耨泉守泉青衣鬼（肆658b5）/彼酥煎麦（肆688b6）

彼大海（肆663c1）/彼大导师（肆617b倒5）/彼孤母（肆618c倒14）/彼巧匠（肆629c4）/彼巧比丘（肆629c6）/彼朽车（肆629c4）/彼毒树（肆635c6）/彼暴象（肆646a3）/彼强敌（肆656a13）/彼猛将（肆656a倒13）/彼老母（肆662a2）/彼恶人（肆665a倒3）/彼恶鬼（肆672c14）/彼愚人（肆681a3）/彼净水（肆682b倒12）/彼贪淫之人（肆641c10）/彼悭贪长者（肆674c3）/彼贤圣人（肆666c倒12）

此：唯有此一弟（肆641b11）/此一论（肆681c11）/此一偈（肆622c7）/此一句偈（肆610b4）/此二乐（肆673b倒13）/此二论（肆681c9）/人有此二"刺"，不离生死，受诸苦恼。（肆

632b12）/此二人（肆643b1）/此二人等（肆637c倒6）/此三人（肆675a倒6）/行此三法（肆654c倒6）/修此三业（肆661a倒6）/此三事（肆618a14）/此三恶趣（肆636c倒10）/此三贤人（肆664b倒8）/成此四事（肆638a倒5）/此四梵志（肆610b7）/观此四大，无可贪慕。（肆619a5）/有此五苦（肆655c14）/此五德（肆674a倒2）/是谓大王此五"不可得"法（肆621b4）/此七人（肆611c倒11）/此五百人（肆691c12）

　集此诸经（肆610c13）/办此诸法（肆645b倒7）/种此诸根（肆635a倒6）/种此诸苦（肆636c倒9）/此诸行（肆662b倒12）/此诸难（肆682a1）/此诸人等（肆691a9）/此诸人众（肆659c倒11）/此诸鸟兽（肆612b5）/此诸财宝（肆630c10）/此诸居业（肆634b倒7）/此诸众生（肆634c5）/此诸贵族子（肆647a倒11）/有此诸道之法（肆647a10）/此诸黑服之士（肆658a倒8）/于此如是比丘（肆615c倒7）

　此群牛（肆616a倒3）/此辈人（肆613c1）/此众生类（肆613c倒1）/此族姓子（肆623c5）/说此出曜偈（肆614a倒7）/此天前身（肆631c倒2）/此饿鬼苦（肆636c倒10）/得此泥洹要路（肆645c10）/无复此众患之法（肆648a11）/此黑衣小儿（肆658b15）/此色衣之人（肆658b倒2）/此神足道（肆687c3）/此凡夫人（肆671a倒13）/此弊梵志女（肆664a7）/此恶垢水（肆668a13）/此舍利弗比丘（肆687b倒5）/岂当有此淫欲意乎？（肆664b倒3）/此地下他方世界（肆669c6）/此内法禁（肆668b倒1）

　此瞎鳖（肆615c倒9）/此盲小儿（肆631a5）/此生类（肆618a倒4）/此爱流（肆635b2）/此爱箭（肆683c倒14）/此射术（肆647a倒11）/此博戏之人（肆649c倒6）/乃得离此诽谤之声（肆665c倒1）/于此大便处（肆686a13）/此晚学比丘（肆659a3）/此多闻比丘（肆643c倒6）/此少闻比丘（肆659a7）/此放牛女人（肆664b13）/我今有此著身天衣（肆659c5）

　此众香（肆658a2）/此众德（肆674a9）/食此众秽（肆636c倒13）/受此众苦（肆636c14）/此众苦恼（肆635c14）/便得离此众

<u>患苦恼</u>（肆 633b3）/此深义（肆 651a 倒 9）/闻<u>此切教</u>（肆 640b 倒 14）/此暴象（肆 649a13）/此贵邦（肆 691a 倒 6）/此恶鬼（肆 672c2）/此幻形（肆 675c 倒 9）/此正行（肆 684c 倒 10）/此重罪（肆 665a12）/此宿缘（肆 669b 倒 3）/此宿命（肆 669b 倒 2）/此贤圣弟子（肆 689c7）/此贤圣法律（肆 685b1）/有<u>此孝顺之义</u>（肆 686a 倒 10）/此秽陋之女（肆 664a6）/此恶众事（肆 660a 倒 12）/此愚痴凡夫之人（肆 666a 倒 3）

如此： 如此放逸之人（肆 639a 倒 2）/如此淫姝之类（肆 640c 倒 7）/如此凡香（肆 657c11）

其： 其二重罪（肆 664a 倒 8）/其万物（肆 622a5）

其城中人民（肆 631b3）

就<u>其美草</u>（肆 616a 倒 5）

如是： 如是众花（肆 657c 倒 1）

斯： 斯诸法（肆 648a 倒 12）/斯诸人等（肆 650a13）/造<u>斯诸恶</u>（肆 636b12）

斯恶食（肆 690b6）

余指代词： 其余三人（肆 619a 倒 2）

（8）北魏《贤愚经》

彼： 彼五人（肆 358a2）/彼第五天（肆 437a15）/彼第六天（肆 437a 倒 11）

彼诸猎师（肆 366c 倒 12）/彼诸恶人（肆 394c 倒 11）/<u>彼诸蛇毒</u>，皆自除歇。（肆 407a 倒 1）/<u>念彼傍人</u>（肆 429b 倒 14）

生<u>彼辅相之家</u>（肆 355b11）/驰奔至<u>彼死尸之处</u>（肆 353a 倒 12）/彼多罗睺施丑王子（肆 365b 倒 13）/彼长者子（肆 382b5）/称<u>彼毗沙门天名</u>（肆 374b9）/彼四天下宝（肆 435c11）/彼宝渚（肆 412b8）/彼罪人（肆 370a 倒 5）/彼群品（肆 411a 倒 14）/彼坑所（肆 444a3）/彼上村（肆 385b 倒 5）

彼来使（肆 400b 倒 7）/彼死比丘（肆 417c 倒 14）/彼呗比丘（肆 424b 倒 12）/彼乞食比丘（肆 380b12）/彼残千人（肆 386c 倒 11）

彼妙女（肆 354c 倒 4）／彼贫人（肆 357b 倒 1）／彼富家（肆 385b 倒 11）／彼众僧（肆 444a 倒 1）／宜当润彼枯槁之类（肆 351b10）

此：此一人（肆 355c 倒 9）／此一子（肆 382c 倒 5）／此一女（肆 399b8）／由此一言（肆 397a 倒 11）／见此一灯（肆 371a8）／共此一叠（肆 383c5）／得此一井（肆 384c 倒 3）／此一比丘（肆 436b14）／为此一婆罗门（肆 349c 倒 11）／此二儿（肆 442c9）／此二蛇（肆 400b 倒 2）／此二钱（肆 358c 倒 9）／以此二分（肆 394b 倒 12）／此二人福（肆 376b 倒 11）／此三人（肆 352c9）／此三愿（肆 404c 倒 2）／唯此三珠（肆 408b14）／此三界（肆 392b2）／求此四愿（肆 401b13）／此五人（肆 402a11）／持此五钱（肆 394a 倒 6）／有此五事（肆 391b2）／此六师（肆 361a7）／此十比丘（肆 441b8）／此三十二人（肆 401b 倒 1）／此五百释（肆 416b4）／今此五百比丘（肆 393b 倒 6）／此五百阿罗汉（肆 387a 倒 8）

此诸人（肆 427a6）／此诸人等（肆 403b 倒 10）／此诸群生（肆 439c 倒 2）／此诸贤士（肆 370a15）／此诸比丘（肆 386b 倒 13）／此诸医师（肆 393c13）／此诸盲人（肆 393b6）／此诸乞儿（肆 386b 倒 8）／此诸乞儿之等（肆 386c 倒 4）／此诸债主（肆 429b4）／此诸大士（肆 386c 倒 13）／此诸圣贤大德之众（肆 386b13）／此诸年少辈（肆 377c3）／此诸太子（肆 415c 倒 13）／此诸禽兽（肆 357a2）／此诸蛇（肆 407c11）／此诸毒蛇（肆 408a7）／故受此诸灯明之报（肆 371c 倒 8）／此诸事（肆 439a 倒 6）

此铁丸（肆 372c9）／守此金瓶（肆 369b12）／此宝珠（肆 409b7）／此宝池（肆 362c6）／此白象宝（肆 372c2）／今此藏臣（肆 411b 倒 13）／此象师（肆 372b 倒 3）／此儿志（肆 405a 倒 1）／此儿之母（肆 405a 倒 4）／此太子母（肆 410b 倒 5）／此婢子（肆 394a11）／此婢子奴（肆 394a13）／此金天夫妇（肆 385a 倒 5）／此估客长者（肆 382b 倒 6）／此福德人（肆 407b5）／此狗身（肆 444b 倒 4）／脱此鱼身（肆 423a15）／舍此虫身（肆 378c 倒 7）／此骨山（肆 379a 倒 11）／受此花报（肆 379a9）／受此罪报（肆 379c 倒 6）／以此

罪缘（肆379b倒12）/发此大乘无上之心（肆421b倒9）/我愿为此守园人妇（肆413c倒3）/而乃有此多塔之报（肆368c倒5）/于此末法之中（肆376a倒4）

此染衣（肆438b9）/此死狗（肆443b倒5）/在此屏处（肆359a6）/作此无益之用（肆374c7）/此乞丐下贱之人（肆386a倒3）/此如意珠（肆412b倒4）

此小子（肆352c倒14）/此小儿（肆356a倒10）/此小吏（肆406a12）/吞此小鱼（肆385b倒13）/此小事（肆382c倒8）/此大国（肆368c倒1）/杀此多人（肆425a15）/此多人众（肆390b倒10）/此众僧（肆385a12）/此众贾及船珍宝（肆407a15）/有此美果（肆353c14）/无此美称（肆388c倒3）/此慈心（肆436b倒2）/此善心（肆436c倒10）/种此善根（肆432a倒9）/遇此恶缘（肆381b3）/从此恶谋（肆389a1）/为此恶业（肆405c10）/受此毒形（肆407c12）/却此凶敌（肆365a5）/此贱人（肆397b倒7）/今此老母（肆353b13）/此老母人（肆384b1）/此贫女（肆371b5）/此饿婆罗门（肆429a15）/不须以此难事逼也（肆351c倒7）/取此香木（肆394a倒3）/此热丸（肆372c11）/此奇兽（肆366c15）/此垢叠（肆383c倒14）/怪此异诏（肆364a9）/惭此重辱（肆363a7）/吐此不善之言（肆366b8）/此大恶声（肆378a倒12）/怀此弊恶之心（肆416c倒6）/吾今以此臭秽之身（肆351a13）/此下贱之徒（肆386a倒1）/此清净法会（肆373a10）/此老耄比丘（肆377b倒1）/舍此危脆秽恶之头（肆389c14）

如此：如此臭眼（肆392b3）/如此凡陋下贱之人（肆397c倒12）

其：其一山顶（肆362b倒7）/其一山上（肆362b倒6）/其一华上（肆395c15）/其第一太子（肆390c倒1）/其第一仙（肆410b3）/记其两处（肆433a6）/如来化其两边成两宝山（肆362b倒10）/其三监（肆424c11）/其五人（肆419a8）/其六师（肆420a倒4）/到其七日（肆406b倒13）/其七女夫（肆428a4）/其第七儿（肆418b倒12）/其十年少（肆441b倒14）/其十五人（肆433b倒

2）/其十六人（肆 433b 倒 4）/其五百采宝之众（肆 394b 倒 1）/其八万四千诸小国王（肆 416a 倒 7）

其诸龙口（肆 395b 倒 8）/其诸象口（肆 395c14）/其诸毛端（肆 366b 倒 13）/其诸箭头（肆 398c14）/其诸商人（肆 444b 倒 8）/说其诸人叹咏之词（肆 415b15）/其诸人民受道化者（肆 399a 倒 11）/其诸众生食其肉者皆有慈心（肆 402b 倒 14）/其诸树间（肆 444a10）/其彼居士（肆 442c1）

其树功德（肆 387b 倒 9）/其王小子（肆 352c 倒 10）/其王三子（肆 352c 倒 12）/其王夫人（肆 403a 倒 11）/其王内宫（肆 388b 倒 4）/其儿比丘（肆 397a10）/其长者子（肆 442a 倒 12）/其金象（肆 432a7）/其木师子（肆 415c 倒 11）/其狗尸（肆 443b2）/其马毛尾（肆 416a10）/其光明头（肆 398c15）/于其后夜（肆 388a9）/于其中道（肆 396b 倒 2）/于其中路（肆 401c 倒 13）

于其屏处（肆 360a 倒 3）/其典兵臣（肆 416a15）

种其善因（肆 437a 倒 3）/其老比丘（肆 444c 倒 7）/其主长者（肆 399a13）/其次小儿（肆 368c 倒 9）

是： 是十功德（肆 415c14）

是诸众生（肆 405c10）

是估客子（肆 382b 倒 13）/是以今日得是足下千辐相轮（肆 364a 倒 2）

是乞食比丘（肆 380b 倒 13）

是善心（肆 438c8）/有是长刺（肆 413a9）/用是小灯供养于佛（肆 371a4）/是小女辈（肆 430c 倒 5）

如是： 成就如是诸大功德（肆 380a8）/获如是等无量功德（肆 404a 倒 6）

今作如是难及之行，欲求何等？（肆 352a 倒 4）

如是善人（肆 373b6）/而得如是自然天华（肆 359a 倒 8）/而得如是胜妙之利（肆 421b 倒 8）/发如是慈矜之心（肆 439b 倒 9）/显说如是希有妙法（肆 380a4）/如是智慧贤善之人（肆 379c 倒 8）

斯： 斯四贤士（肆 370a13）/斯等五人（肆 395b 倒 4）/斯十比

丘（肆 441b6）

斯诸仙人（肆 440b13）/斯诸玉女（肆 443a 倒 11）/<u>斯诸人等先前来者</u>（肆 395b 倒 13）

致斯无极灯供果报（肆 371b12）

昔种何德，获<u>斯妙果</u>？（肆 353b 倒 7）/受<u>斯恶形</u>（肆 407a 倒 2）

兹：众会睹<u>兹无上之化</u>（肆 363a14）

缘<u>兹善心</u>（肆 437b6）/获<u>兹善利</u>（肆 428a 倒 4）

余指代词：余诸天（肆 357a15）/余诸小医（肆 377a7）/诸余泥木天像（肆 415c 倒 8）

无<u>余生业</u>（肆 405c8）/有<u>余厌辞</u>（肆 413a 倒 9）

其余诸兄（肆 364c5）/其余小国（肆 369a1）/其余众人（肆 361a 倒 3）

<u>拙他小儿</u>（肆 425c 倒 6）

2. 指示代词不是居于复杂定语的首位

上一部分我们讨论了指示代词居于复杂定语首位的情况，这种情况较为普遍。但也有指示代词不是居于复杂定语首位的，根据我们的调查所得，绝大多数是隋《佛本行集经》中的例子。所以本小节以《佛本行集经》的语料建构起主体的结构框架，其他佛经中若有类似用例就穿插补充进去。

（1）指示代词充当的定语紧挨在中心语前边

A. 名词+指示代词+中心语

车匿<u>此言</u>（叁 730c12）/尊师<u>此意</u>（叁 694c 倒 7）/大王<u>此子</u>（叁 690b9）/菩萨<u>此消息</u>（叁 770c2）

菩萨<u>如是相</u>（叁 759b10）/太子<u>如是相貌</u>（叁 725a 倒 11）/菩萨<u>如是苦行</u>（叁 767a12）

除了隋《佛本行集经》，其他经里也有此类用例：

三国吴《六度集经》：<u>王斯七宝</u>，睹世希有。（叁 21c 倒 13）

后秦《出曜经》：是谓<u>大王此五</u>"不可得"法（肆 621b4）

北魏《贤愚经》：闻<u>王此语</u>（肆 411c13）/闻<u>佛此语</u>（肆 435c 倒 2）/闻<u>王是语</u>（肆 390a10）/闻<u>佛是语</u>（肆 379c 倒 8）/闻<u>妻是语</u>

（肆 375c12）／闻<u>儿是语</u>（肆 435c4）

以上例子中首位的名词定语都是表领属性质。

B. 人称代词+指示代词+中心语

a. 人称代词为第一人称的

我此身（叁 720c1 等）／<u>我此处</u>有如是法行（叁 746c 倒 11）／今<u>我此地</u>（叁 740b 倒 10）／我此子（叁 674c9）／我此罪（叁 764b 倒 8）／我此大家（叁 677c7）／我此身形（叁 727c12 等）／我此太子（叁 707a1 等）／我此童子（叁 695b12）／莫复违<u>我此之大事</u>（叁 737b4）／<u>我等此言</u>云何得奏（叁 751b 倒 1）

隋《佛本行集经》之外，其他经中此类例子有：

西晋《生经》：<u>我彼弟子</u>，甚大良谨，仁贤温雅。（叁 92c 倒 1）

东汉《中本起经》：不及<u>我此恩德</u>也（肆 158c 倒 14）

北魏《贤愚经》：我此住处（肆 370c10）／我此舍中（肆 381a 倒 1）／我此城外（肆 408a14）／我此村人（肆 374c 倒 9）／得<u>我此眼</u>（肆 392b14）／我此身（肆 389c13）／我此女（肆 406c10）／我此太子（肆 411b4）／我此象（肆 431c 倒 7）／我曹此国（肆 391b4）

b. 人称代词为第二人称的

如<u>汝彼言</u>（叁 691 a 6）

<u>仁者此法</u>不能究竟（叁 757c 倒 1）／愿<u>仁此心</u>早得圆满（叁 779a 倒 1）／为我解说<u>汝此法行</u>（叁 746a13）／<u>汝等此行</u>（叁 746c 倒 9）

隋《佛本行集经》之外，其他佛经中此类例子有：

后秦《出曜经》：岂能恕<u>卿此罪</u>？（肆 658c7）

北魏《贤愚经》：今<u>汝此珠</u>（肆 407c5）

以上 a、b 两类例子中首位的人称代词定语也都是表领属性质的。

这一部分既呈现了复杂定语里指示代词通常居于首位的情况，又列举了不少的指示代词位于其他定语之后紧挨着中心语的用例。这两者之间矛盾吗？不。当指示代词居于复杂定语的首位时，它后边的定语多表示中心语的属性，或者是对中心语性质状态的描述。而当指示代词紧靠中心语，它前边的定语（不管是名词性的还是代词性的）表示的都是中心语的所属，表领属关系的定语通常位于多项定语的首位，自然也就在指示代词定语之前。所以，打个比方，中心语前的多项定语好比一条线，指示代词是这条线上的一点，当我们以指示代词为立足点向左看，看到的是一种序列；当我们以指示代词为立足点向右看，看到的又是另一种序列。两种序列间不会产生矛盾，而是互为补充的关系，只有把两者综合起来，才会对中心语前复杂定语的排序规则看得更为全面。

（2）指示代词充当的定语居于多项定语的中间位置

隋《佛本行集经》中有些带复杂定语的例子，指示代词既不是居于首位，也不是紧靠中心语，而是处于多项定语的中间位置。这种排序也同样可以用上述观点加以解释：

例1. 我此摩尼宝珠（叁661c12）

例2. 我此钵和蜜乳糜（叁771c倒7）

例3. 云何能断圣子是出家事？（叁735c1）

例4. 闻太子如是教令语（叁722a倒1）

例5. 我此四子（叁674c倒4）

以上例1"此"前有"我"，表领属，"此"后有名词"摩尼"，表类属属性；例2"此"前有"我"，表领属，"此"后有量词"钵"，表指量，紧靠中心语"乳糜"前有动词性的"和蜜"，表性状；例3"是"前有名词"圣子"，表领属，"是"后有动词性的"出家"，表中心语"事"的内容；例4"如是"前有名词"太子"，表领属，"如是"后有动词"教令"，表中心语的性质；例5"此"前有代词"我"，表领属，"此"后有数词定语。综合以上各例，复杂定语中居首位的代词或名词都表领属，次位的指示代词"此""是""如是"表定指，紧靠中心语之前的名词或谓词性成分表中心语的属性、内容或性状。表领属与定指的成分都属于限定性定语，表属性、性状的则属于描写性定语。

另，北魏《贤愚经》里也有一例：我此一子（肆380c13）。与以上隋《佛本行集经》中的例5类似。

（3）需要说明的两种情况

A. 以上以指示代词为立足点讨论了隋《佛本行集经》中递归式

多项定语的排序规则问题，笔者在调查中也发现一些反例，如：

<u>彼之我夫</u>，今何方去？<u>彼我圣主</u>，今何处停？使我孤茕，独居宫内。弃我捐我，舍背我行。（叁 742a5—7）

<u>彼之我子</u>，今捐家出。（叁 744b6）

以上例句中画线的三个地方表领属的定语"我"反而位于指示代词"彼"的后边①，这种超常的语序现象实为特定的语用条件造成的：当时悉达太子已离宫出家，不知去向，夫人耶输陀罗和父亲净饭王都伤心欲绝，他们分别哭喊出了上边的话。当时他们的心中一定觉得，他们最亲近的悉达太子此刻却是多么的遥不可及，所以远指代词"彼"突破句法常规用到了表领属关系的代词"我"的前边，"彼"本身的远指义得以凸显。这些例子也证实了语用对句法选择起决定性作用，同时也说明汉语句法规则有时真的并不是那么刻板，它可以灵活地适应具体的语用需要。

这种所谓的反例，在其他经中也有：

西晋《生经》：心自念言："且是我前妇，非是异人。<u>其我前妇</u>，博戏第一。"（叁 106c 倒 6）

西晋《普曜经》：<u>此吾之正子</u>（叁 536c 倒 11）

这些特例也都是由于语用或篇章的原因造成的。

B. 还有一种指示代词连用充当定语的情况，也有必要在这里介绍一下。先看隋《佛本行集经》的例子：

然<u>其彼</u>弓（叁 710c 倒 14）／然<u>其彼</u>王（叁 678a 倒 1）／然<u>其彼</u>处（叁 677c 倒 4、叁 747b14）／然<u>其彼等</u>（叁 762c10、叁 764c 倒 12）／然<u>其彼等</u>诸人（叁 749a 倒 12）／<u>其彼</u>二女（叁 771c3）

向<u>其此</u>人（叁 765a8）

而<u>其是</u>人（叁 765a 倒 12）

以上各例的"其"都是指示代词，与其后的"彼、彼等、此、是"属同义连用。这种同义连用大多位于表转折或顺接的"然"

---

① 太田辰夫（1987：45）认为："用两个代名词的时候，必定是人称代名词放在前面。"举的例子是"他的这个见解"。但太田辰夫没有说明所以然。

"而"之后，起一种强调作用。若问指示代词同义连用时为什么通常是选择"其"字居前，笔者以为这与"其"语义虚化且常用于句首有关。当然，除了由指示代词"其"打头的，《佛本行集经》中也还有其他代词居前的用例，如：如是此事（叁 747a8）。

这种指示代词连用以充当定语的现象在隋《佛本行集经》以外的其他经中也偶有出现：

西晋《生经》：其彼二人，横相嗟叹。（叁 89a4）/其彼梵志，愚骏无智，非是丈夫。（叁 106c 倒 13）/其此仙人（叁 90c 倒 3）

西晋《普曜经》：其彼国王（叁 485b 倒 12）/其斯欲界诸天之中（叁 516c 倒 11）

后秦《出曜经》：于此如是比丘（肆 615c 倒 7）

北魏《贤愚经》：其彼居士（肆 442c1）

可见，其他佛经中调查所得与隋《佛本行集经》中的情况相仿，指示代词连用也基本都是以"其"打头。至于后秦《出曜经》中那例"此如是"与《佛本行集经》中的"如是此"恰好词序相反，这都是为了适应佛经"四字一顿"的语用节律的需要。

3. 指示代词的辖域与相关的歧义问题

指示代词的所指都有一个辖域问题，这在比较简单的定中结构里容易看清楚，但当遇到比较复杂的定中结构时就可能出现歧解。这种歧解可根据指示代词后续成分的结构情况分作两类：

（1）指示代词后续成分为联合式结构

例 1. 时彼人民及宫婇女（叁 738c 倒 1）

例 2. 其摩诃那及国师等（叁 688c12）

这两例都出自隋《佛本行集经》。两例有歧义，一种理解是代词"彼""其"管辖整个联合结构，另一种理解是代词只管辖与它邻近的那个词。当然，对歧义的理解也有个倾向性的问题。这两例笔者都倾向于认为代词管辖整个联合结构。这是因为从认知角度看，联合式结构内部的各项往往都属于同一意义类别，可以视为一个整体以接受指示代词的限定。

（2）指示代词后续成分为定中式结构

例 1. 彼天神捷闼婆城（叁 662a 倒 10）

例 2. 彼阎浮提摩头罗城 （叁 678b 倒 9）

例 3. 彼善见王所居住城，名阎浮檀。（叁 659c 倒 4）

例 4. 其兜率陀所居诸天 （叁 676b 倒 4）

例 5. 取彼善生村主之女所献乳糜 （叁 772a 倒 1）

例 6. 见其车匿如是忧悲苦恼之语 （叁 736a1）

例 7. 耀彼山林诸仙人眼 （叁 745a 倒 14）

以上七例出自隋《佛本行集经》。

例 8. 西晋《普曜经》：其十方界水陆众华 （叁 513c7）

例 9. 后秦《出曜经》：彼耨泉守泉青衣鬼 （肆 658b5）

例 10. 北魏《贤愚经》：领此世界八万四千诸小国邑 （肆 349a 倒 9）

以上的例 1、例 2 没有歧义，代词"彼"的辖域是整个定中结构（或者说重心在中心语"城"），因为"天神捷闼婆城"和"阎浮提摩头罗城"都是唯一的存在，很明显这是逻辑管控的结果。其余各例，可能的歧解来源于"彼""其""此"的辖域是整个定中结构还是就近的那个名词语。根据笔者的语感，例 3—例 10 中"彼""其""此"都遵循就近匹配的原则，分别限定"善见王""兜率陀""善生村主之女""车匿""山林""十方界""耨泉""世界"。实际上，根据指示代词"彼""其""此"就近匹配和整体限定的两种思路去理解，总体意思差别不大，两者并没有本质的不同。根据人们理解语言时的认知心理，在不受外在其他条件约束的情况下，一般都遵循省力原则。就近匹配实际上就是省力原则的一种体现而已。

三　小结

本节我们探讨了多项递归式定语中数量短语、代词的位置问题，如果以其中的数词为转折点的话，那么实际涉及的多为居于转折点左侧的限定性定语。这正好与本章第二节内容互为补充。崔应贤等（2002：244）给出了一个多项定语的次序图，其中限定性定语部分次序为：（1）领属性定语，（2）时地性定语，（3）定指性定语，（4）数量性定语。本节笔者归纳出的排序情况虽稍显零碎（这也是中古佛经中多项定语总体而言层次不够丰富所造成的），但综合起来看是与之暗合的。总体来说，关于递归式多项定语的语序规则，笔者认为，限定性部分，崔应贤等（2002：244）归纳较好，描写性部分①，张敏（1998：266）归纳较好。而本书调查的中古汉译佛经中的语料恰好印证了这些规则，有的地方还略有补充。

从语义类型上看，以上三类里居首位的代词定语都是表领属的，可归为限定性定语；紧接其后充任定语的名、动、形多表属性或性质，可归为描写性定语。先限定后描写，这符合汉语中多项定语排序的一般规则。一般情况而言，人称代词定语稳居首位，指示代词定语的位置则较灵活，要看它在具体句子中指代的对象而定。

第四节　一组总括义词语充任定语时的排序

笔者在研读中古佛经尤其是隋《佛本行集经》的过程中发现，有一组带总括义的词语，如"所有""一切""种种""诸"等，经常充任定语。实际上，这类现象早有语言学家论及。朱德熙（1987：23）认为："'任何、一切、所有、其他、别的'作定语时，说明中心词所指事物的范围，跟数量词作定语的情形近似，也是限制性定语。"诚然，表总括义词语只是表范围义词语里的一部分。

本书拟探讨的这四个带总括义的词语中，"所有"的词性是形容词，意义为"全部；一切"（吕叔湘，1999：522）；"一切"词性是代词，义指"全部；各种"（吕叔湘，1999：609）；"种种"属量词的重叠，表遍指或者逐指义，可解作"每一，每种"（华玉明，2003：26—28）；"诸"是代词，"表示同一类对象的整体，或全体中的每一个成员"，可释为"各，各个，所有"等（中国社会科学院语言研究所古代汉语室，1999：859）。按惯例，本节也是先研究隋《佛本行集经》，后及其余。

---

① 可参看本章第二节末尾。

一　隋《佛本行集经》中充当定语的总括义词语及其排序

与常规的词语不同，我们发现《佛本行集经》中这组带总括义的词语充任定语有其特别之处：当它们充任多项定语时不是按照递归式的层次来组织的，而是先联合起来组成并列关系的短语，然后对中心语进行限定。这组词语充任多项定语时的排序规则大致是：所有>一切>种种>诸（">"表示"先于"），但有跨序和倒序现象存在。所谓跨序现象是指：一、在总括义定语链里边夹杂进其他类别的定语，典型的例子如"<u>所有一切</u>婆罗门家<u>种种</u>咒术、工巧技能（皆悉洞解）"（叁 665a 倒 4）、"（雨于）<u>种种</u>天<u>诸</u>妙花"（叁 699b15）等；二、总括义定语链本身也可能存在断断续续的情况，如"所有诸"（中间没出现"一切种种"）、"所有种种诸"（"所有"后没出现"一切"）、"一切诸"（中间没出现"种种"）等，但一般不影响内部排序的先后。也有把一、二两点综合起来的例子，如：彼门<u>所有</u>守门<u>诸</u>将（叁 731c 倒 3）。所谓倒序就是指所有违背上述总括义定语排序规则（指"所有>一切>种种>诸"）的情况，不问其跨序与否。如：<u>诸</u>上妙<u>种种</u>璎珞（叁 730a3）。以下按总括义词语组合的情况分类编排用例，若有跨序①与反例一并附在后边（用破折号表示），定性有疑问的于例子后边用"〔?〕"形式标记。

（一）以"所有"开头的

1. 所有一切

以下按后续成分分类编排用例。

复音词：城内所有一切人民／（尽）其所有一切身力／所有一切众生／地上所有一切众生

偏正短语：所有一切布施之物（叁 666a 倒 14）／所有一切吉祥之事（叁 773c6）／若我生来所有一切持戒精进苦行果报（叁 666a 倒 2）

联合短语：侧近所有一切人民长者居士（叁 702a 倒 8）／现今所

---

① 这里的跨序是指其中的第一种跨序现象，而第二种跨序现象已体现在本节分类框架的小标题中。

有一切刹利及婆罗门长者居士沙门智人（叁 668c 倒 14）

跨序——又世间中所有树木一切药草（，菩萨行时，从根悉伏，向于菩萨。）（叁 773c9）［？］

反例——一切所有：

复音词：（障蔽）一切所有光明（叁 665c7）／（禁断）一切所有人民（叁 666a2）

联合短语：一切所有资财宝物（叁 667a 倒 10）

跨序——世间一切若天若人所有亲族眷属识知（叁 723b 倒 12）［？］

2. 所有诸

单音词：所有诸池／所有诸花／（今欲出）其所有诸技／所有诸类／（依）先圣所有诸论／所有诸鸟／所有诸事（2 次）／彼中所有诸树／（乃至）园内所有诸树／又色相内及树木等所有诸物（悉皆分别）

联合短语：（见）其所有诸大兵将夜叉罗刹或鸠槃茶或复龙王（叁 775b 倒 3）①

跨序——彼门所有守门诸将（叁 731c 倒 3）／所有释种诸亲族等（叁 743b 倒 6）

3. 所有一切诸

单音词：城内所有一切诸女（叁 707c15）

复音词：所有一切诸众生等（叁 693c11）

跨序——见其所有一切欲界诸天主等（叁 775c1）

4. 所有种种诸

单音词：时净饭王宫内所有种种诸鸟（叁 739a15）

跨序——所有象驼头项尾脚种种诸技（并悉便能）（叁 705a 倒 5）

5. 所有一切种种

跨序——所有一切婆罗门家种种咒术、工巧技能（，皆悉洞解。）（叁 665a 倒 4）

---

① 此例中"所有诸"的管辖范围是到"罗刹"还是到"龙王"？有歧解。

（二）以"一切"开头的

1. 一切种种

跨序——（耘除）<u>一切</u>荆棘砂砾<u>种种</u>粪秽（，皆令清净。）（叁 698c15）［？］／（欲施）<u>一切</u>杂宝<u>种种</u>玩弄无忧之器（叁707c14）［？］

2. 一切诸

（1）单音词：一切诸病／彼等一切诸虫／一切诸恶（2次）／一切诸法（2次）／宝体如来所得一切诸法／（开穿）一切诸法（之门）／一切诸方／一切诸根（2次）／时彼魔众一切诸鬼／阎浮一切诸国／一切诸患／（能知）有中一切诸患／一切诸秽（2次）／一切诸技／（太子于）此一切诸技／一切诸结／（出离）世间一切诸苦／（复去）世间一切诸乐／一切诸龙／一切诸论／一切诸梦／一切诸命／一切诸鸟（3次）／一切诸女／释种一切诸女／一切诸人／（皆悉胜）彼一切诸人／（隐）彼大云雷电霹雳一切诸声／一切诸圣（2次）／一切诸食／一切诸事（2次）／（取）如是等一切诸事／（以舍）世间一切诸事／虎狼师子及白象等一切诸兽／一切诸树／一切诸水／一切诸天（12次）／（忽见）忉利一切诸天／首陀会一切诸天（2次）／（召唤）他化自在一切诸天／一切诸天诸人／一切诸天诸神／（与）其眷属一切诸天百千万众／（胜）彼一切诸王／彼等一切诸仙／彼等苦行一切诸仙／过去一切诸仙／一切诸相／一切诸相（玉女之宝）／一切诸行／一切诸业／一切诸欲／（明证）一切诸智

（2）复音词：（当打）一切诸烦恼（却）／（欲除）一切诸过患（故）／一切诸释种等／一切诸天众／彼一切诸天众（3次）／（断）一切诸贤圣（种）／彼一切诸小儿／一切诸众生（2次）／一切诸众生等（4次）

（3）三音词：一切诸婆罗门／彼一切诸婆罗门（2次）／彼等一切诸婆罗门／汝等一切诸婆罗门（2次）

（4）偏正短语：（翳障）一切诸宝火焰（一切光明）／（除）其一切诸宝璎珞／（断）其一切诸恶法行／（见）其一切诸魔宫殿／如是一切诸世间人／一切诸世间相／彼等一切诸释童子／一切诸天世人／一切诸不善法／一切诸烦恼结／一切诸烦恼热／一切诸分别观／彼等一切诸魔

鬼众/一切诸邪恶法/汝等一切诸夜叉辈/（舍离）一切诸欲染心/（翳）彼一切诸魔旧宫（本业之光）（叁775a6）/一切诸世间内（净斗之心）（叁792c12）

（5）联合短语：一切诸龙并夜叉等/一切诸鸟四足人等/一切诸王人民士庶/彼一切诸怨贼盗之人/一切诸园林池泉水殿堂（叁742a14）/一切诸草沙砾荆棘朽木土堆粪秽臭处（叁722b4）

跨序：——一切烦恼诸根/一切欲界诸天（彼之魔众）/一切世间诸行/一切释种眷属诸亲（叁702c9）/一切砂砾瓦石蒺藜棘刺诸恶草等（叁778a2）[？]

"一切诸"的反例——诸一切：

偏正短语：诸一切持更人/诸一切妙好璎珞/诸一切众童子

跨序——诸善恶一切法中/（伏）诸非法一切邪众/诸宫内一切婇女/诸如是等一切鬼神/诸生死一切恐怖/诸世间一切众生/诸释一切童子/诸释种一切童子/其诸释种一切童子/诸释种一切宗族

（三）以"种种"开头的

即"种种诸"。

1. 单音词：种种诸宝（2次）/妙种种诸宝/太子种种诸德/蔓陀罗等种种诸华/种种诸技/如是等种种诸技/生老病死种种诸苦/如我身力禅定戒行种种诸力/种种诸论/孔雀鹦鹉鸲鹆命命俱翅罗等种种诸鸟/种种诸器/种种诸食/种种诸事/种种诸香/种种诸相/外道种种诸义/利箭槊矛钩戟刀棒金刚斗轮斧钺种种诸仗

2. 偏正短语：种种诸恶道苦/种种诸恶虫兽/种种诸妙香水/种种诸妙璎珞（2次）/种种诸妙欲事/种种诸天音乐（2次）/种种诸异音声/种种诸杂珍宝

3. 联合短语：种种诸宝无忧之器（叁707c倒10）/种种诸虫或蚌或螺鼋鼍龟鳖（叁795b倒2）

跨序——种种戟矟诸仗（叁686a7）/种种五欲诸事（叁720c倒7）/种种天诸供具（叁661a倒4）/种种天诸妙花（叁699b15）/种种夜叉诸恶神等（叁706a倒3）[？]

"种种诸"的反例——"诸种种"：

　　跨序——（以）诸上妙种种璎珞（叁 730a3）／（及）诸陆地种种杂花（叁 660c 倒 13）／（将）诸山石树木弓箭刀剑金刚杵棒槌矛戟槊铁钺种种器仗（叁 786a 倒 6）／（以）诸末香种种众花（弥满水上）（叁 772a15）[?]／（其手各执）诸妙香花末香涂香杂色衣服宝幢幡盖种种璎珞（叁 774b 倒 8）[?]

　　为了寻求造成以上这些类别的特殊组合的原因，笔者曾对隋《佛本行集经》中"所有""一切""种种""诸"各自单独限定中心语的情况以及形成定中结构后的整体功能、在句子中的分布以及表意情况进行过初步的考察，结果是四个词语间没有非常明显的差异。"所有"在《现代汉语词典》中有"①领有②领有的东西③一切；全部"三个义项。从它们在汉语语法史中产生的先后次序来看，排序应是②①③。因为"所"是古汉语中的名词化标记，"所有"本指"拥有的东西"，但后来"所"的名词化功能逐渐衰退，"所"从一个必有成分变成了一个可选成分（董秀芳，2002：220）。"所有"的第①、第②个义项间有紧密的联系，我们可统称为"领属义"，第③个义项与领属义有质的变化，我们称为范围义。"'全部'的意思是由语境所额外赋予的。"（董秀芳，2002：221）董秀芳并且列举了三国吴支谦译《四愿经》和晋竺法护译《生经》各一例说明在一定的语境中"所有"可作两解的情况。经历了一段两可的过渡时期，"后来，从语境中获得的'全部'的意思被融进了'所有'这个形式本身，'所有'最终粘合为一个指代性形容词，义为'整个，全部'"。（董秀芳，2002：221）她并举了一个《入唐求法巡礼行记》中的例子。《佛本行集经》中的"所有"，纯表领有义的有一个例子："汝所有女，今可嫁与我子为妻。"（叁 713a13）因为实际上对方只有一女，"所有"不可能表"全部"义。《佛本行集经》中其他的"所有"几乎都是表"全部"义①，可以从以下几方面论证：

　　1. "所有"前或隐或现的名词有时不是一个可以有"领有权"的

---

　　① 只有少数用例在具体语境中有两可的理解，如"尽其所有一切身力"（叁 710c 倒 9）、"时净饭王宫内所有种种诸鸟"（叁 739a15）等。

主体名词，如：<u>地上</u>所有一切众生/<u>侧近</u>所有一切人民长者居士（叁702a 倒 8）/<u>现今</u>所有一切刹利及婆罗门长者居士沙门智人（叁 668c 倒 14）。

2. 有些对举的格式中"所有"与其他表"全部"义词语对举：

世间<u>中</u>所有树木<u>一切</u>药草（叁 773c9）/世间<u>一切</u>若天若人<u>所有</u>亲族眷属识知（叁 723b 倒 12）

所举这两例都是有歧义的，本书前边已点明。一种理解是遵照字面，每例都是由对举的两个部分组成的联合短语；另一种理解是它们分别是"所有一切+名"的跨序或反例现象。不管是哪种理解，整体的意思都差不多，"所有"都表"全部"义。

3. 《佛本行集经》语言有异常繁复的一面，有时同样一个内容反复陈述。不过对语言研究来说这也未尝没有好处，就是我们可以利用这些反复的陈述来进行语言方面的异同比较。如"所有不净"（叁 684c4）、"一切不净"（叁 684c8）、"种种不净"（叁 684c6）意思相同，可证"所有"跟"一切""种种"一样，也是表总括义。其他像"所有人民""一切人民"等同一名词带不同定语但意思相同的用例不烦引。

4. 本节前边我们还列举了总括义词语组合充任定语时有所谓的"反例"，语序上虽有"正"有"反"，但意思不变，这也颇能说明问题：比如《佛本行集经》中既有"城内<u>所有一切</u>人民"（叁 710c 倒 5），又有"（禁断）<u>一切所有</u>人民"（叁 666a2）；既有"<u>所有一切</u>布施之物"（叁 666a 倒 14），又有"<u>一切所有</u>资财宝物"（叁 667a 倒 10）。我们认为不管是"所有一切"，还是"一切所有"，都是联合短语充任定语。"所有"也就是"一切"，同义连用起强调作用。

"所有"表"全部"义是由表"领属"义发展而来的。而在本章前边几节里我们讨论过多项定语内部排序问题，知道领属关系定语往往位于多项定语的最前边（自然也在数词"转折点"的左边），因此四个总括义词语组合充当定语时"所有"排在首位就可以得到解释。

"种种"是量词的重叠式，量词往往位于数词后边，所以"种种"居于含有全量义的"所有"与"一切"之后也是顺理成章的。四个总括义词语只有其中的"诸"为单音节，其他的都是双音节，在总括义词语的组合里"诸"往往位于节奏为"2+1"或"2+2+1"格式的末端，因为它最轻盈灵活①，又很容易与其后的中心语名词结合，如果充任中心语的名词语是奇数音节，恰好可以凑成偶数音节，如果中心语是偶数音节，则如何凑成整齐的节奏就必须全句通盘考虑。综合以上各点，"所有>一切>种种>诸"的排列次序就可得到初步的解释。

二　其余几部佛经中该组总括义词语充任定语时的排序规则

其余几部佛经中该组总括义词语充任定语时的排序规则也与隋《佛本行集经》一致，可以拿《佛本行集经》的规则作为参照，只是它们都没有《佛本行集经》中那么复杂而已。

（一）东汉《中本起经》中出现过"一切"或"诸"或"众"作定语的用例，分别是3例、7例和2例。如：佛知母人一切心念（肆155b 倒5）/诸事火具（肆 151c 倒 14）/屋室众具，皆如死状（肆149a 倒 11）。这部经里也出现过总括义词语连用以充当定语的例子（仅1例）：

一切众：一切众祸（，皆由色欲。）（肆 148b8）

（二）东汉《修行本起经》中出现过"诸"作定语的用例，共4例，如：召诸群臣（叁 465b12）。这部经里也出现过总括义词语连用以充当定语的例子（共3例）：

一切诸：一切诸法（，积累不倦。）（叁 472b 倒 10）/一切诸四天王（叁 461a14）

一切众：一切众会（，皆大欢喜。）（叁 472b 倒 8）

（三）三国吴《六度集经》中出现过"一切"或"诸"或"各"作定语的用例，分别是3例、19例和1例。如：尔必得佛，济一切生也（叁 43c 倒 13）/斯诸玉女（叁 21a 倒 1）/捐诸恶行（叁 50a 倒12）/即有各佛五百人来之其国界（叁 2a 倒 11）。这部经里也出现过

---

① 说"诸"轻盈灵活有两层意思，一方面是指四个总括义词语中只有"诸"是单音节，最简短；另一方面是四者中"诸"的使用频率最高，意义最虚泛，很容易与充任中心语的名词语结合。本章第三节已有所论及。

总括义词语连用以充当定语的例子（共 3 例）：

一切诸：（时为）一切诸天人民（不可计数而说经法）（叁 34b
倒 14）

一切众：（当为）一切众人（作师）（叁 36a13）

诸各：诸各佛（曰）（叁 2a 倒 5）

（四）西晋《生经》出现过"所有"或"一切"或"诸"作定语
的用例，分别是 3 例、13 例和 22 例。如：（悉见）所有人民（叁
81b9）/一切恩爱（皆当别离）（叁 80b5）/诸比丘众（叁 103b 倒 2
等）。这部经里也出现过总括义词语连用以充当定语的例子（共 11
例）：

一切诸：一切诸所作为（叁 84a 倒 6）/（摄服）一切诸恶鬼神
（叁 85c4）/（积累）一切诸佛之法（叁 86b1）/（皆除）一切诸无
智法（叁 86b7）/（毁坏）一切诸外异学（叁 104b 倒 3）

一切众：一切众会（叁 84b 倒 10）/一切众魅（叁 85c7）/一切
众人（叁 98a 倒 5）

诸众：诸众僧（叁 86c3）/（除）诸众恼（叁 93a 倒 1）

一切诸所有：（示现）一切诸所有藏（叁 84a 倒 9）①

（五）西晋《普曜经》中出现过"所有"或"一切"或"诸"作
定语的用例，分别是 2 例、5 例和 24 例。如：所有床榻（叁 486c 倒
11）/一切来者（叁 501c9）/诸天众（叁 487a15）。这部经里也出现
过总括义词语连用以充当定语的例子（共 20 例）：

一切诸：（普备）一切诸佛道品（叁 483a12）/（晓了）一切诸
佛法藏（叁 484a6）/一切诸释（叁 486a14、叁 502a15）/（晓了）
一切诸有音声（叁 487b 倒 9）/（普摄）一切诸佛圣慧（叁
487c5）/一切诸树（皆生华实）（叁 494a2）/（请会）一切诸释亲
族（叁 501a5）/一切诸术（叁 501b 倒 8）/（执杖释种）一切诸释
（叁 502a7）/一切诸佛（叁 508c 倒 12、叁 514c 倒 3）/一切诸菩萨身
（叁 513b 倒 6）/一切诸天龙鬼神乾沓和（叁 513c11）/（悉断）一

---

① 前文总结得出的较普遍的语序是"所有一切种种诸"，此例只能作特例看待。

切诸所想念（叁 520a5）/（皆为）一切诸立法行（叁 483b 倒 10）/（普解）一切诸佛经法（叁 537b4）

跨序——一切十方诸会（叁 520c14）

一切众：一切众释（前后导从）（叁 498a10）/一切众宝（叁 529c15）

诸众：诸众僧（叁 536c13）

诸所有：（已过世间）诸所有法（叁 483a 倒 2）①

（六）后秦《出曜经》中出现过"所有"或"一切"或"诸"作定语的用例，分别是 3 例、16 例和 56 例。如：所有财货（肆 624a 倒 9）/一切万物（肆 614c 倒 3）/舍诸五乐（肆 627c 倒 1）。这部经里也出现过总括义词语连用以充当定语的例子（共 11 例）：

一切诸：一切诸善之法（普充满体中）（肆 629b 倒 13）/一切诸縠子（肆 645a7）

"一切诸"的反例——诸一切：（及）诸一切眷属（安隐）（肆 645a8）

一切众：一切众恼（肆 623c 倒 13）/一切众善（肆 642b 倒 2）/一切众行（肆 653b11 等三处）/一切众恶（肆 685a 倒 10）

种种诸：（办具）种种诸馔饮食（肆 690c 倒 7）

诸众：诸众会（肆 629c11）/诸众难（肆 632b7）/诸众行（肆 682c 倒 11）

（七）北魏《贤愚经》中出现过"所有"或"一切"或"种种"或"诸"作定语的用例，分别是 6 例、31 例、1 例和 63 例。如：所有功德，用求佛道（肆 350c4）/一切外物（肆 389b6）/如是种种众多戏事（肆 441c 倒 9）/诸儿妇（肆 400a4）。这部经里也出现过总括义词语连用以充当定语的例子（共 20 例）：

所有一切众：（我家）所有一切众物（肆 406a 倒 1）

一切诸：一切诸行（肆 374b4）/一切诸恶（肆 376c3）/一切诸法（肆 381c11）/一切诸王臣民夫人太子（肆 389c 倒 12）/一切诸天

---

① 前文总结得出的较普遍的语序是"所有一切种种诸"，此例只能作特例看待。

（肆 408c2）／一切诸天世人（肆 438c3）／一切诸藏（肆 409a15、肆 415a5）／一切诸女（肆 427b1）／一切诸苦（肆 438a 倒 11）／一切诸佛（肆 437a 倒 4）

　　跨序——<u>一切</u>世间<u>诸</u>王臣民（肆 402c9）

　　一切众：一切众会（肆 354a 倒 9 等七处）／一切众客（肆 395a12）／一切众僧（肆 395b8）

　　种种诸：种种诸肉（肆 425c4）／种种诸理（肆 430b2）

　　诸众：诸众僧（肆 359a9 等三处）／诸众会（肆 359b7 等八处）／诸众贾（肆 395a8）

第五节　定语从句

　　本节借鉴濮明明、梁维亚（2004）认知研究的方法，对东汉—隋佛经中定语从句的分布情况作了详细的分析，按照中心语承担的语义角色（比如受事、施事等）分门别类地开展描写、统计，所得结论与现代汉语中的情况十分接近。

一　中心语为受事、施事的定语从句

　　濮明明、梁维亚（2004：65—66）根据大部分定语从句是用来修饰主句的主语和宾语的事实把定语从句分为四种类型：主主型、主宾型、宾主型及宾宾型。并举了四个例句分别说明之：

　　（1）主主型　（采猪草的）小孩喜欢摘那嫩豌豆吃。

　　（2）主宾型　（他想买的）那种自行车很贵。

　　（3）宾主型　小王认识那个（在巷口摆货摊的）老太太。

　　（4）宾宾型　她摸摸（自己最为钟爱的）头发。

　　主主型的定语从句在主句中修饰主语，同时从句中删除的成分也是从句的主语；主宾型的定语从句在主句中修饰主语，但从句中删除的成分是从句的宾语；宾主型的定语从句在主句中修饰宾语，但从句中删除的成分是从句的主语；宾宾型的定语从句在主句中修饰宾语，同时从句中删除的成分也是从句的宾语。

（一）隋《佛本行集经》

1. 主主型

守护彼菩提树诸神王（以十六种相赞叹菩萨)①（叁789b3）/彼林守护之神（告诸仙言）（叁706b10）/当诸城门守护之人（向说夜梦所见之事）（叁775c倒8）/共汝一时同生圣子（今在何处）（叁743a15）/今生是童子（有于此等福力）（叁690b倒14）/占梦婆罗门师（告大王言）（叁683c倒13）/余诸方恐怖众生（施与无畏）（叁704a倒1）

调查中发现，有一种定语从句貌似宾主型，实际应算作主主型。又可分为三小类：

（1）整个定中结构充当兼语，带兼语的动词多为"有"

（时彼门前有）一当直婆罗门子（……报于宫监内使人言：）（叁683b倒5）/（有）一牧羊之子（见于菩萨……）（叁771a11）/（别有）一善解海算数占相师（来至彼处）（叁771c12）/（时有）擎挟筌蹄小儿（随从大王，啾唧戏笑。）（叁707a9）/（召唤）解相大婆罗门（教令占相并遣作名）（叁674b倒6）

（2）整个定中结构位于"见"类动词之后，该定中结构多为"见"类动词所带宾语从句里的主语

（见）守魔宫功德大神（，举声大哭。）（叁775c11）/（或复）命终堕落众生（……）（叁794a2）/（见）一青衣取水婢子（……密将七茎优钵罗华，内于瓶中）（叁666c13）

（3）整个定中结构位于"譬如"类动词之后，在"譬如"所带宾语从句里，该定中结构充当主语。"譬如"或为实义，或已虚化为话题标记

（譬如）解脱无事之人（，岂可羡于牢狱系缚有事人不?）（叁762c7）/（譬如）无价阎浮檀金（欲于其边安置丸炭）（叁702c倒13）

---

① 为明晰起见，笔者在定语从句下加下画线以标示。

2. 宾主型

首先从定语从句所修饰中心语的语意角度分为表人与表物两大类。

（1）中心语表人的

又可以从语用信息结构角度分为表新信息和表旧信息两类。

A. 新信息

（得不见于）无有恩义鄙恶人（乎）？（叁 747c13）／（岂可羡于）牢狱系缚有事人（不）？（叁 762c8）／（谁在门前？颇有）入宫婆罗门（不?）（叁 683b 倒 5）／（复无）违逆反叛之人（叁 730b12）／（计我即今应非是）断善根尽人（叁 776b7）／（或见）堕于杂行之人（叁 747c14）／（如）行旷野 无粮食人（叁 790a4）／（犹如）负草贫穷乞儿（叁 789b 倒 13）／（如）无恩义孝德之人（叁 789b 倒 9）／（如）死日到孤独贫儿（叁 789b 倒 3）／（波旬汝今被菩萨伏心内忧愁，如）无法行 忽失权势下代国王（叁 789c 倒 1）

B. 旧信息

（但速被带）我同日生马王乾陟（叁 730a 倒 4）／（语）彼通事 守门人（言:）（叁 694a 倒 11）／（问）于城内居住人（言:）（叁 661a7）

（2）中心语表物的

这些例子里的定中结构充宾语，都是新信息。

（欲求）利益世间之句（叁 735a 倒 7）／（各将）无价妙好衣裳（布于道上）（叁 667b 倒 8）／（太子以手从其天冠头髻解）天无价摩尼之宝（叁 735a13）／（以）无骄慢贪欲恚心（叁 760b 倒 8）／（我今得）好封疮之药（叁 771c 倒 5）

3. 宾宾型

此类定语从句所修饰、限定的中心语皆是表事物的，没有表人的。

（无有）一法可轨之行（叁 678b 倒 12）／（我观）仁者父母立名（叁 765b 倒 13）／（因行渐至）菩萨住林（叁 767b 倒 10）／（以）诸功德万字庄严千幅相轮（叁 736c8）／（既见太子髻里明珠，伞盖横刀，并）摩尼宝庄严蝇拂（叁 739b 倒 12）／（但我欲寻）本来相

承成就之事（叁756c2）

以上最后一例与其他例子比有所不同，它的定语从句里边无主语。

还有几例中心语是结果宾语：

（六种震动，作大音声。犹如）打于摩伽陀国铜钟之声（叁791a倒1）／（闻）地动声（叁774a2）／（持）一纯金雕镂之钵（叁703a15）

结果宾语中有一部分是跟言语行为活动有关的：

（如）我往昔曾发誓愿（叁759c倒12）／（闻）太子命如是言（已）（叁723b倒2）／（此是）圣子父王净饭流泪呜咽向我等敕酸切之语（叁749b9）／（复忆）阿私陀仙授记之语（叁707b倒13）

4. 主宾型

这一类出现的频率最低。

（或复）有人祭祀诸天残余之食（，亦不从受。）（叁766a5）／应当供养尊重之人（，汝莫傲慢。）（叁668b1）

据我们的统计，《佛本行集经》中四种类型的定语从句的总数分别是主主型17、主宾型2、宾主型22、宾宾型13。为了说明《佛本行集经》中定语从句分布的详情，我们就其中定语从句核心词的语意（表人或表物）和信息状态（表旧信息或新信息）制表为表3-2：①

表3-2

核心词	主主型		主宾型		宾主型		宾宾型		总和
	人	物	人	物	人	物	人	物	
旧信息	11	0	0	0	4	0	0	6	21
新信息	6	0	1	1	13	5	0	7	33
小计	17	0	1	1	17	5	0	13	
总和	17		2		22		13		54

（二）东汉《修行本起经》

1. 宾主型

（1）表人

臣言："是国教书师也。"（叁465b3）

---

① 此表格式参照了濮明明、梁维亚（2004：80）的表6。下同。

表新信息。

（2）表物

今供太子<u>尽世</u>珍奇，而故专志未曾欢乐。（叁 466b4）/六万婇女，<u>极世</u>之乐，不以为欢。（叁 466b5）

都表新信息。

2. 主宾型

<u>厩生</u>白象，八万四千。（叁 465a 倒 10）

表物，新信息。

总结为表 3-3：

表 3-3

核心词	主主型		主宾型		宾主型		宾宾型		总和
	人	物	人	物	人	物	人	物	
旧信息	0	0	0	0	0	0	0	0	0
新信息	0	0	0	0	1	2	0	0	4
小　计	0	0	0	1	1	2	0	0	
总　和	0		1		3		0		4

（三）东汉《中本起经》

1. 主主型

只有表人一种。

（1）表旧信息

尔时<u>忍辱</u>道人者，我身是也。（肆 149a6）/<u>好术</u>弟子，凡有五百人。（肆 152b 倒 11）/<u>好仙</u>弟子，凡有二百五十人。（肆 153c3）/<u>学道</u>弟子，名比丘僧，翼从世尊。（肆 154c13）

（2）表新信息

<u>好学</u>弟子，有五百人。（肆 149c 倒 10）

2. 宾主型

（1）表人

A. 表新信息

答曰："是<u>忍辱</u>人。"（肆 148c 倒 5）/当处新受大戒幼稚比丘僧

下坐（肆 159a1）

B. 表旧信息

答曰："实忍辱人。"（肆 148c 倒 4）

（2）表物

只有表新信息一种。

整顿服饰，极世之妙。（肆 155c 倒 9）/亲自执事，极世之味。（肆 156a11）/于是阿耆达还家严供，极世珍奇。（肆 163a3）/严饰幢幡，极世之珍。（肆 163b 倒 8）①

3. 主宾型

仅 1 例。表人。旧信息。

王宿愿人，今系在狱。（肆 152a 倒 1）

总结为表 3-4：

表 3-4

核心词	主主型		主宾型		宾主型		宾宾型		总和
	人	物	人	物	人	物	人	物	
旧信息	4	0	1	0	1	0	0	0	6
新信息	1	0	0	0	2	4	0	0	7
小　计	5	0	1	0	3	4	0		
总　和	5		1		7		0		13

（四）三国吴《六度集经》

1. 主主型

（1）表人

A. 表旧信息

执法大臣曰……（叁 7a15）/卖儿梵志者调达是（叁 11a 倒 7）/卖刍儿即为出眼（叁 18a 倒 10）/时酷龙人者调达是也（叁 29b 倒 8）/女妹者青莲华除馑女是也（叁 29b 倒 8）/岂况怀道施德之士乎？

---

① 此处四句皆是名词谓语句，由定中短语充当谓语，因为定中短语前可添加"为"等判断动词，所以其表达功能与常规句中的宾语类似，表述的是新信息。本节后边遇到类似情况，不再特别说明。

（叁 30b5）/播𡒥儿者本是牛（叁 37c12）/刮母面儿，儿本小妻，母是嫡妻。（叁 37c 倒 11）/宿亭人曰……（叁 47c3）/卖华女者，今俱夷是。（叁 48b 倒 10）/无眼人者，即讲堂梵志是。（叁 51a15）

B. 表新信息

执纲维臣，教以正法。（叁 11b11）/执正臣曰……（叁 18c 倒 13）/护宫神曰……（叁 45c11）/有智之士峙刹于兹（叁 48b12）

（2）表物

A. 表旧信息

有识之类靡不咨嗟（叁 2c5）/有识之类靡不敬慕（叁 48c10）/含血之类莫不蒙佑（叁 3a 倒 2）/斯含毒类，必有害心。（叁 4b11）/守罪人鬼，取彼头轮，著弥兰头上。（叁 21b 倒 13）/尔时欲害蚖龙者，阿难是也。（叁 27c 倒 5）/说忍法龙者吾身是也（叁 27c 倒 4）/含毒蚖者调达是也（叁 27c 倒 4）

B. 表新信息

犹无羽之鸟欲飞升天（叁 13b 倒 11）/治国之政，其法何之？（叁 23b 倒 11）/警备之鸟鸤鸠鸳鸯，惊鸣相属。（叁 41c2 等）/可意之愿，违心之恼，好不欣豫，恶不怨恚。（叁 50a 倒 3）

2. 宾主型

（1）表人

A. 表新信息

又为前施并清信女百，不如清信具戒男一饭。（叁 12b7）/时天大雪，绝行路人。（叁 16b5）/国有妖贼，杀无过民。（叁 23b 倒 13）/吾忍辱人（叁 25b3 等）/睹牧牛儿，问其有无。（叁 29a 倒 8）/或见履非之人（叁 40a 倒 10）/无知佛者明度无极除冥尊师（叁 43b 倒 8）/粗衣自行，就补履翁。（叁 51b 倒 7）/吾梦为补蹯翁（叁 51c5 等）

B. 表旧信息

呼卖珠童曰（叁 18b10）/斯无欲之神雄（叁 20a 倒 12）/若斯无道之王矣（叁 31a 倒 1）/悉将国界无眼人到宫所（叁 50c 倒 6）

（2）表物

只有表新信息一种。

其众皆有信佛之志（叁 1c 倒 3）/斯何人哉？而有无极之灵乎？
（叁 5a8）/赏重多可为传世之资（叁 6b 倒 9）/今欲乞丐行莲华上白
象，象名……（叁 8a 倒 7）/无有害孔雀之心（叁 13b7）/生有道国
难（叁 16c 倒 1）/至则陈治国之政（叁 17a 倒 2）/夫不睹佛经者，
为滔天之恶。（叁 19a2）/夫荣色邪乐者，烧身之炉矣。（叁 20a3）/
清净澹泊，无患之家矣。（叁 20a4）/吾以无足之行，故获斯矣。（叁
21b 倒 10）/又睹白地。曰："睹之。"曰："斯成捣稻米，尔等食
之。"（叁 22a 倒 14）/吾无牙、角、光目之毛（叁 24c2）/王以无辜
之恶痛加吾身（叁 25b 倒 10）/惧兄有损德之心（叁 25b 倒 3）/永保
无终之寿（叁 26b 倒 1）/道逢含毒虺（叁 27c7）/不睹亡身之火（叁
30c4）/获成捣稻米（叁 33c2）/有顾恋之心（叁 33c6）/斯危身之象
矣（叁 33c 倒 1）/沙门以须发为乱志之秽（叁 34a 倒 9）/崇无欲行
（叁 34a 倒 8）/有觉悟心（叁 34b 倒 6）/神生有道之家（叁 38b8）/
太子以无蔽之眼遍观众身（叁 41c14）/不宜散念于无益之世（叁 48c
倒 12）

3. 宾宾型

只有表物一种。

（1）表新信息

路由两山夹道之径（叁 26c 倒 8）

（2）表旧信息

亲忆儿始生之誓（叁 4b1）/王具说道士见己之誓（叁 22c 倒 8）

可总结为表 3-5：

表 3-5

核心词	主主型		主宾型		宾主型		宾宾型		总和
	人	物	人	物	人	物	人	物	
旧信息	11	8	0	0	4	0	0	2	25
新信息	4	5	0	0	9	27	0	1	46
小　计	15	13	0	0	13	27	0	3	
总　和	28		0		40		3		71

（五）西晋《生经》

1. 主主型

只有表人一种。

（1）表旧信息

买珠男子则我身是（叁76b15）/出家比丘为佛弟子（叁80c6）/远来
估客，谓三界人。（叁96a 倒14）/行毒之家，默然以与人。（叁96c5）

（2）表新信息

失圣仙人刚强难化（叁91a12）

2. 宾主型

（1）表人

A. 表新信息

为内匿贼（叁90b 倒2）/但与恶人不成就子共相追随（叁103b
倒5）

B. 表旧信息

前世毁辱此有德之人（叁106b 倒4）/水牛之犊及诸梵志仙人者，
则清信士居家学者。（叁94a 倒2）

（2）表物

A. 表新信息

……无益之义（叁72c 倒1）/念当入海获如意珠（叁75c6
等）/……无极大慧（叁96a 倒8）

B. 表旧信息

其有犯此非义之事（叁73a 倒11）

可总结为表3-6：

表 3-6

核心词	主主型		主宾型		宾主型		宾宾型		总和
	人	物	人	物	人	物	人	物	
旧信息	4	0	0	0	2	1	0	0	7
新信息	1	0	0	0	2	3	0	0	6
小　计	5	0	0	0	4	4	0	0	
总　和	5		0		8		0		13

（六）西晋《普曜经》

1. 主主型

（1）表人

A. 表旧信息

<u>害人</u>鬼……（叁 490b14）/<u>离欲</u>诸天深大悦喜（叁 494a 倒 11）/时<u>执杖</u>释种言……（叁 500c 倒 5 等）/于时<u>奉床</u>龙妻得之（叁 512a 倒 4）

B. 表新信息

有<u>生</u>勇士慈行得胜（叁 517c15）/退<u>降</u>魔众捐弃于兵（叁 520a7）/宿<u>卫</u>佛树诸天以十六事覆蔽于魔（叁 520b4）/如有<u>力</u>人斫截树木（叁 520b15）/<u>怀妊</u>母人蒙斯光明，苦痛微薄（叁 536b3）

（2）表物

A. 表旧信息

于是世尊<u>无等伦</u>德叹其功勋（叁 527a 倒 12）

B. 表新信息

诸<u>可意</u>业都不复现（叁 517b3）

2. 宾主型

（1）表人

A. 表新信息

有一媄女，<u>非人</u>玉女。（叁 495a13）/六曰<u>主藏</u>臣（叁 500a10）/七曰<u>主兵</u>臣（叁 500a10）/因欲相请于<u>无欲</u>人（叁 510a 倒 11）

B. 表旧信息

奉事供养<u>新生</u>太子（叁 495a 倒 7）

（2）表物

A. 表新信息

无<u>转</u>悔心（叁 493b 倒 13）/清除<u>无邪</u>境界（叁 506b 倒 5）/众所舍除如<u>满</u>器土（叁 520a 倒 5）/有得大宝<u>如意</u>明珠及获宝英（叁 534b6）

B. 表旧信息

当共供养其<u>忍辱</u>力（叁 513b11）

3. 主宾型

仅 1 例。表人。旧信息。

梵志答曰："其白净王生真太子，端政无比……"（叁 500c1）

4. 宾宾型

仅 2 例。表物。都是表新信息。

及诸菩萨备悉之愿（叁 483a 倒 1）/消雪自大众生患厌事（叁 488c 倒 12）

可总结为表 3-7：

表 3-7

核心词	主主型		主宾型		宾主型		宾宾型		总和
	人	物	人	物	人	物	人	物	
旧信息	4	1	1	0	1	1	0	0	8
新信息	5	1	0	0	4	4	0	2	16
小 计	9	2	1	0	5	5	0	2	
总 和	11		1		10		2		24

（七）后秦《出曜经》

1. 主主型

（1）表人

A. 表旧信息

时守园人内自思惟（肆 614a10 等）/造功德人……（肆 622b14）/抱患比丘今已命终（肆 623c2）/未断欲众生亦复如是（肆 632c12 等）/有目之士观放逸行（肆 637c15）/彼守藏主亦复如是（肆 640a1）/淫有时节众生辈虽犯于淫，不犯他妻。（肆 640c13）/应受化人今在门外（肆 642a15）/持法人以法自将养也（肆 643b11）/多闻比丘……（肆 643b 倒 7 等）/有缘众生幽系在狱（肆 645a 倒 7）/无放逸人能劝四辈供事三宝（肆 645b 倒 1）/得果证之人不复经此诸缚之难（肆 651a12）/夫行恶人终无有乐（肆 652b9）/修善之人善德具足（肆 654b 倒 5）/是谓持戒之人行此三法，终受其福。（肆 654c 倒 6）/彼多闻比丘……（肆 658c 倒 1）/此少闻比丘言与行相应（肆

659a7）／诸<u>修善行</u>之人心怀仁慈（肆 660c11）／<u>持行</u>之人不许此人在旷野间（肆 660c 倒 6）／<u>无欲</u>之人无量旷大（肆 661b2）／<u>得果</u>之人舍男子身（肆 662a6）／<u>得向</u>之人设遭百千苦恼（肆 662a 倒 6）／<u>好取</u>之士……（肆 670b6）／<u>念法</u>之人当受快乐（肆 673b14）／今日<u>多闻</u>弟子来至我家（肆 674b1）／<u>无欲</u>之人内外清净（肆 678a 倒 2）／<u>少智</u>人者不得为沙门（肆 679a1）／其中智人<u>有目</u>之士……（肆 679a 倒 12）／<u>修梵行</u>人至竟清净（肆 681b6）／<u>兴敬</u>众生……（肆 686a 倒 6）／<u>在家居士</u>家累自随，每兴忌妒。（肆 689a10）／彼<u>习行</u>人复作是念（肆 689a14）／<u>念法</u>人复当求方便（肆 689c 倒 14）／<u>护法根</u>人当求方便至……（肆 689c 倒 13）／夫为<u>道士</u>披僧伽梨者（肆 690a 倒 13）／夫<u>修行</u>人不自为己（肆 690b 倒 14）

B. 表新信息

唯有<u>无闻</u>凡夫愚人乃兴此心（肆 613b7）／唯有凡夫<u>无知</u>之人愿生三有（肆 616a 倒 10）／<u>著欲</u>之人自共叹说（肆 628a 倒 8）／诸<u>乞食</u>比丘游在人间（肆 629a5）／<u>未断欲</u>之人……（肆 632a 倒 2）／<u>无智</u>之士以脚蹈践（肆 633a5）／<u>无目</u>之士以手把持（肆 633a7）／<u>有智</u>之士欲济彼命（肆 635b 倒 11）／于是<u>学道</u>之人外猗法服，内怀奸宄。（肆 637b5）／<u>有形</u>之人非欲不生者（肆 640a 倒 13）／<u>著欲</u>之人所游居处（肆 640b 倒 5）／<u>持律</u>人记律所犯（肆 643c4）／<u>无智</u>之人不能成办（肆 645c13）／<u>持行</u>比丘心不放逸（肆 646b2）／<u>好学</u>之士畏惧生死（肆 667a 倒 6）／<u>不持戒</u>人，外荷法服，内怀奸诡。（肆 668b5）／犹如<u>收苗</u>家恒遮畜生（肆 679a 倒 3）／<u>演道</u>之人为人说道（肆 683b 倒 13）／犹如<u>善射</u>之士，百步射毛，时时乃中。（肆 691a 倒 14）／<u>有智慧</u>人反更轻慢（肆 692c5）

（2）表物

A. 表旧信息

彼<u>受罪</u>兽一身百头（肆 663b12）／<u>顺法</u>财者以理成办（肆 676b 倒 7）／<u>非义</u>财者扛滥人物（肆 676b 倒 6）／<u>无垢</u>道心犹尚兴想（肆 677b 倒 8）

B. 表新信息

<u>越海</u>境界有三大鱼（肆 621b 倒 3）／有<u>碍水</u>舟不得越过（肆 621b

倒1)/<u>无价</u>宝物充满库藏（肆 672c11）/<u>应机</u>之辩，问便能报。（肆 673b 倒 6）/<u>有形</u>之类皆被其毒（肆 680b 倒 13）

2. 宾主型

（1）表人

A. 表新信息

立<u>守门</u>人（肆 630c3 等）/接<u>有缘</u>众生（肆 633a 倒 10）/吾未曾见行<u>正见</u>人（肆 639c8）/犹如曾入海人谙知入海孔穴道路所<u>经过</u>处（肆 648a 倒 4）/召<u>受化</u>人（肆 648c 倒 2）/无想念者何者？是所谓<u>欲爱尽</u>人，永断无余。（肆 650c 倒 14）/施<u>持戒</u>人（肆 655b 倒 10）/无有<u>瞻病</u>之人（肆 657b 倒 8）/所度<u>有缘</u>众生已讫（肆 659b1）/谓为<u>学道</u>之人（肆 659b 倒 1）/先有<u>放牛</u>女人于此止住（肆 664b4）/报曰："<u>护世</u>四天王。"（肆 664c6）/吾今不欲见<u>持行</u>清净之人（肆 689a11）/欲求贤人<u>得道</u>罗汉者（肆 691a 倒 7）

B. 表旧信息

伤害彼<u>造福</u>人（肆 613c8 等）/<u>螫坐禅</u>比丘（肆 631c 倒 5）/何者<u>断欲爱</u>人？（肆 650c 倒 13）/是谓<u>断欲爱</u>人（肆 650c 倒 12）/见目连等与<u>牧牛</u>女人交接（肆 664b 倒 11）/有人诽谤贤圣<u>持戒</u>比丘（肆 665b 倒 2）/见诸<u>持梵行</u>人（肆 668b7）

（2）表物

只有表新信息一种。

如<u>少水</u>鱼斯有何乐？（肆 616c1 等）

便当更受<u>剧</u>是苦恼（肆 623b11）

此等何者？是所谓<u>入地蛰</u>虫。（肆 636b 倒 1）

……<u>无价</u>摩尼珠（肆 645c7）

以<u>无戒</u>身受人恩施（肆 689b 倒 4）

3. 主宾型

（1）表人

A. 表旧信息

此婢<u>生子</u>何所堪办？（肆 624c 倒 10）/<u>牢系</u>罪人厌患狱者，闻辄寻出，如避火灾。（肆 679a14）

B．表新信息

室婢生子要莫退还（肆 624c14）

（2）表物

我非钟磬，后车载宝货乃是钟磬。（肆 653c 倒 7）

仅此 1 例。表旧信息。

4．宾宾型

……遗腹儿息（肆 683c 倒 4）/是世尊教敕之言（肆 612a7）

仅 2 例。前一例表人，后一例表物。都是表新信息。

可总结为表 3-8：

表 3-8

核心词	主主型		主宾型		宾主型		宾宾型		总和
	人	物	人	物	人	物	人	物	
旧信息	37	4	2	1	7	0	0	0	51
新信息	20	5	1	0	14	5	1	1	47
小　计	57	9	3	1	21	5	1	1	
总　和	66		4		26		2		98

（八）北魏《贤愚经》

1．主主型

（1）表人

A．表旧信息

在会之人闻法解悟（肆 363a 倒 2）/前受劝人，行十善者，得善报不？（肆 364a 倒 13）/尔时卖油人者，多罗睺施是。（肆 365c 倒 4）/出家之人乃至行路（肆 373a 倒 2）/寒地狱中，受罪之人，身肉冰燥。（肆 378b 倒 6）/乞食比丘少欲知足（肆 380b8 等）/彼乞食比丘德行淳备（肆 380b12）/日日往白"时到"人者，优填王是。（肆 387a 倒 11）/时乞我眼婆罗门者……（肆 392c 倒 14）/今此国中受化之人……（肆 397a 倒 9）/瞻病比丘……（肆 401b5）/时盗牛人者……（肆 401c10）/时典藏吏往白其父（肆 405c 倒 2）/时牧牛人来前试看（肆413a8等）/时<u>牧牛</u>舍主闻太子言（肆413a倒10）/<u>牧牛</u>之人于我有恩（肆414b倒13）/时<u>捕鱼</u>人网得一大鱼（肆422c7）/复唤<u>牧牛</u>之众合有千人（肆422c8）/<u>守天祠</u>神悲苦懊恼（肆425b倒11）/时<u>化仙</u>人不肯就食（肆425b倒2）/<u>啖人</u>之王云何共治？（肆425c倒1）/尔时<u>执事</u>比丘者……（肆427c倒12）/时<u>守门</u>人即入白之（肆430c倒10等）/尔时<u>治象</u>人者，今象护是。（肆432b5）/<u>穿珠</u>之师在弥勒前，次第听法。（肆434b12）/<u>穿珠</u>师……（肆436c2）

B. 表新信息

况<u>出家</u>人？（肆373a倒2等）/<u>瞻病</u>知识以种种食强劝之言（肆378b倒2）/<u>看病</u>比丘亦给其食（肆401b2）/<u>典藏</u>臣者……（肆416a14）/<u>出家</u>沙门无复过罪（肆423a9）

（2）表物

只有表旧信息一种。

今此世界有命之类依恃大王（肆349c倒14）/<u>忍辱</u>之心不忘失耶？（肆360a14）/<u>著身</u>诸虫亦复如是（肆379b倒13）/<u>如意</u>宝珠，此难得物。（肆408a倒8）/<u>如上</u>教化，悉是汝也。（肆436a1）/<u>有形</u>之类由食得存（肆439c倒1）

2. 宾主型

（1）表人

A. 表新信息

<u>施知法</u>人（肆374a8）/如优波离<u>剃发贱</u>人（肆377a12）/殷勤赞叹<u>持戒</u>之人（肆380a倒10）/尔时有一<u>乞食</u>比丘（肆380b7）/令目连作<u>典兵</u>臣（肆398b倒11）/见<u>捕鱼</u>师（肆405c6）/从<u>沽酒</u>家乞少白酒（肆428b倒10）/是<u>守门</u>婢（肆430c倒5）

B. 表旧信息

见迦梨王挝<u>忍辱</u>仙人（肆360a倒8）/问<u>担蛇</u>人（肆369c8）/观<u>洗手</u>人（肆369c倒6）/即是尔时<u>得物</u>之人（肆379a10）/即请是<u>乞食</u>比丘（肆380b倒13）/捕<u>得吞小儿</u>鱼（肆385b倒9）/语<u>行路</u>人（肆390c7）/由其恶心呵<u>得道</u>人（肆397a倒12）/前者偶值<u>自死小儿</u>

（肆 425c 倒 12）/敬<u>染衣</u>人（肆 438a 倒 6 等）

（2）表物

只有表新信息一种。

修<u>无益</u>事（肆 364a7）/……<u>极世</u>之珍（肆 372a 倒 5）/严饰是女，<u>极世</u>之殊。（肆 381c 倒 2）/如欲常得<u>如我食</u>者（肆 403c7）/求<u>如意</u>珠（肆 407a6 等）/有<u>逾人</u>之德（肆 423b11）/若已见者，更<u>不欲与一钱</u>之心。（肆 424b 倒 9）/意<u>无欲与一钱</u>之想（肆 424b 倒 7）/办<u>如常</u>食（肆 425b 倒 3）/是<u>自死</u>虫（肆 433b5）/正令得满<u>四天下</u>宝（肆 434b 倒 1）

3. 主宾型

仅 2 例。

何况<u>大王遗体</u>之女，今设见赐，奉命纳之。（肆 357b 倒 2）/前<u>仙人誓</u>十二年满（肆 426c 倒 4）

前一例表人，后一例表物。都表旧信息。

4. 宾宾型

引<u>父垂命</u>之言（肆 434c 倒 12）

仅此 1 例。表物。表旧信息。

可总结为表 3-9：

表 3-9

核心词	主主型		主宾型		宾主型		宾宾型		总和
	人	物	人	物	人	物	人	物	
旧信息	26	6	1	1	10	0	0	1	45
新信息	5	0	0	0	8	11	0	0	24
小 计	31	6	1	1	18	11	0	0	69
总 和	37		2		29		1		69

（九）小结

我们把包括隋《佛本行集经》在内的中古八部佛经中定语从句的统计数据分项集中起来，汇总为一表（见表 3-10），然后分析它们之间的关系。

表 3-10

核心词	主主型		主宾型		宾主型		宾宾型		总和
	人	物	人	物	人	物	人	物	
旧信息	97	19	5	2	29	2	0	9	163
新信息	42	11	2	2	53	61	1	11	183
小　计	139	30	7	4	82	63	1	20	
总　和	169		11		145		21		346

　　在说明东汉—隋佛经中定语从句分布特征并解释其原因之先，我们有必要明确一些最基本的观点：句法上，汉语最基本的句子结构形式是主—动—宾，其中主语可以从缺，但及物动词后的宾语轻易不可缺省；语义上，主语多指人，宾语多指物；语用信息上，主语多表旧信息，宾语多表新信息。明乎此，就能对定语从句的结构同相关的认知、语义、语用和篇章因素之间相互作用的关系以及各种因素之间的竞争机制有一个正确的认识。

　　对以上归总表（即表 3-10）中的数据进行分析、归纳可知：

　　a. 东汉—隋佛经中主语定语从句[1]的出现频率比宾语定语从句[2]高。两种定语从句数目的比例是 314∶32。造成这一现象的原因是主语定语从句含零主语，此时的主句和从句都符合汉语句子语序的常规，这种常规语序不增加人们认知方面的负担，便于理解。主语定语从句处于人们造句时的优先选择之列。

　　b. 宾语定语从句里边，宾宾型又比主宾型出现的频率要高。两者间数据比是 21∶11。造成此现象的原因是宾语定语从句主要用来修饰指物的核心词，而主句的宾语多指物，所以宾宾型切合了这种句式语意方面的要求。

　　c. 主宾型定语从句处于绝对的劣势。《佛本行集经》等八部佛经

---

　　① 主语定语从句指定语从句中含零主语的句式，即"主主型"和"宾主型"。参看濮明明、梁维亚（2004：75）。

　　② 宾语定语从句指定语从句中含零宾语的句式，即"主宾型"和"宾宾型"。参看濮明明、梁维亚（2004：76）。

中定语从句总数 346 例，主宾型只占了 11 例。造成此现象的原因有多个方面：首先，主宾型是宾语定语从句，含零宾语而不含零主语，造成理解上的困难。其次，语义上主宾型定语从句的核心词多指物，而指物词语一般不大充当主句的主语。最后，语用信息上，主宾型定语从句用来修饰限定主语的核心词，主语多表旧信息，不大需要定语从句来限定，所以主宾型定语从句较少使用。

d. 主主型定语从句占据压倒性优势。

东汉—隋佛经中定语从句分布的以上四个特点与濮明明、梁维亚（2004：84）对现代汉语定语从句的归纳结果基本一致。所以笔者认为，东汉—隋佛经中的定语从句，至少就其核心的类别（指中心语为受事和施事两类）而言，其性质是接近于白话系统的现代汉语的。

二　中心语为其他语义角色的定语从句

以上第一部分讨论的只是定语从句的核心部分，本部分讨论余下的几种类型。首先仍按照中心语的语义角色分类，大类之下再按照是动宾短语充当定语还是主谓短语充当定语分成甲、乙两小类，其中的甲类与前文简单定语部分讨论的谓词作定语关系密切。

（一）中心语表时间

本书调查的中古汉译佛经中带"时"（限于表"时间"义）的句子出现的量很大，其中有少数又难以划定"时"字到底是属上句之末还是属下句之首。以隋《佛本行集经》为例，如：

例 1. 菩萨入彼仙人处时光明显赫，照彼山林。（叁 745a14）

此句可以作两种理解，一种在"时"字后停顿，另一种在"时"字前停顿。不要觉得后一种理解的语感很特别，《佛本行集经》中就有不少二"时"连用的例子，可以作为佐证。

例 2. 护明菩萨从天下时，时彼诸天，忆菩萨故，一时号哭。（叁 682c1）

例 3. 其婆私吒共彼国师议是事时，时彼园中，有一女人，从岚毗尼疾走而出，来到门外。（叁 688c4）

以上两例各自的第二个"时"可作"尔时""其时"解。连用的两个"时"在口语或书面语中都极有可能凝缩为一个。这么说来，例1的"时"有歧解就很好理解了。不过，下边收集的作为本书研究对象的都是没有争议的例子。

以下逐部列举用例时，都是让中心语为"时"的例子居先，然后再安排中心语为其他时间词语（如"日""夜""顷"等）的例子。①

1. 隋《佛本行集经》

甲、动宾短语充当定语（共 49 例，其中中心语之前带"之"的17 例）

当欲降神入于摩耶夫人胎时（叁 682c14）/来入迦毗罗婆城时（叁 694a9）/我念昔在父王宫内观作田时（叁 770a4）/因立节名供养菩萨发髻冠节（叁 737c 倒 10）/从此树下如是次第到波罗叉树下之时（叁 698c 倒 6）/出外观看四方之时（叁 774a11）

乙、主谓短语充当定语（共 150 例，其中中心语之前带"之"的59 例）

当是童子布身发时（叁 667c 倒 13）/尔时菩萨从天臂城岚毗尼园初欲入于迦毗罗时，一切诸天，洒扫道路。（叁 691b4）/童子生日（叁 697a 倒 1）/譬如力士屈伸臂顷（叁 655b1）/尔时太子共国师子优陀夷等往复来去言论之时（叁 727a 倒 9）/当于菩萨出家之夜（叁745c15）

2. 东汉《修行本起经》

甲、动宾短语充当定语（共 1 例）

于是前行，当过瞽龙池时……（叁 470a 倒 14）

乙、主谓短语充当定语（共 7 例，其中中心语之前带"之"的 1例）

至二十九日月尽夜时（叁 462c 倒 13）/汝见天下水中生一花香，是白净王太子初生时。（叁 469c 倒 11）/太子生日（叁 465a 倒 12）/苦至之日（叁 469a14）

---

① 本书原稿对所调查的中古八部汉译佛经中的每一种语义角色类型的定语从句都进行了穷尽性的列举，但出版时考虑到篇幅因素，作了大幅的删减，每一小类保留的例子不超过 6 个。特此说明。

3. 东汉《中本起经》

甲、动宾短语充当定语（共 2 例）

说<u>是法</u>时（肆 149a8 等三处）/闻说<u>是</u>时（肆 156b 倒 14）

乙、主谓短语充当定语（共 5 例）

<u>悉达眠</u>时（肆 154c2）/<u>佛初生</u>时（肆 158c5）/于<u>春和</u>时（肆 162b4 倒 4）

4. 三国吴《六度集经》

甲、动宾短语充当定语（共 10 例，其中中心语之前带"之"的 3 例）

<u>未有子</u>时（叁 8c 倒 5）/<u>处国</u>之时（叁 9a11）/<u>过日中</u>后（叁 21c11）/<u>立太子</u>之日（叁 5a12）/帝释即<u>如伸臂</u>之顷，至南王慈惠殿上。（叁 49a 倒 7）

乙、主谓短语充当定语（共 15 例，其中中心语之前带"之"的 6 例）

<u>大王出</u>时以幡为帜（叁 8c10）/<u>吾师在</u>时（叁 42c13）/<u>儒童作佛</u>之时，尔当受决矣！（叁 48b 倒 12）/<u>其醒</u>之日（叁 51b 倒 1）/<u>年长</u>之后（叁 16a1）

5. 西晋《生经》

甲、动宾短语充当定语（共 7 例，其中中心语之前带"之"的 1 例）

<u>为菩萨</u>时（叁 94a 倒 5）/ <u>如伸臂</u>顷（叁 90a1 等）/<u>发意</u>之顷（叁 81c15）

乙、主谓短语充当定语（共 13 例，其中中心语之前带"之"的 3 例）

假使春月<u>药果熟</u>时（叁 73c5）/<u>命欲尽</u>时（叁 82c 倒 4）/ <u>日未冥</u>顷（叁 95c8）/<u>命终</u>之后（叁 98c 倒 3）

6. 西晋《普曜经》

甲、动宾短语充当定语（共 14 例，其中中心语之前带"之"的 1 例）

<u>欲诣佛树下</u>时（叁 513a 倒 4）/<u>受五戒</u>时（叁 533b 倒 13）/<u>得是</u>

愿后（叁503c倒9）/发意之顷（叁501b倒5等）

乙、主谓短语充当定语（共15例，其中中心语之前带"之"的1例）

菩萨欲迁神时（叁490b倒8）/如十五日月盛满时（叁519c倒8）/心发意顷（叁526a13）/于时菩萨生七日后，其母命终。（叁494c倒7）/身没之后（叁502a5）

7. 后秦《出曜经》

甲、动宾短语充当定语（共15例，其中中心语之前带"之"的3例）

在世间时（肆635a倒10）/说非法时（肆667a10）/说法之时（肆667a10）/弹指之间（肆638a倒7）

乙、主谓短语充当定语（共19例，其中中心语之前带"之"的1例）

汝生在人间时（肆668c5）/昔我未成佛道时（肆686b倒11）/影未移间（肆635c9）/设我无常后（肆630c8）/命终之后（肆637a11）

8. 北魏《贤愚经》

甲、动宾短语充当定语（共24例，其中中心语之前带"之"的8例）

作是语时（肆377a15）/见王之时（肆401a12）/作食日至（肆369c4）/设食之日（肆369c1）/服药之后（肆364b倒10）

乙、主谓短语充当定语（共70例，其中中心语之前带"之"的21例）

我父在时（肆385a4）/伺其道人端坐之时（肆417c13）/此儿生日（肆431c5）/心未裂顷（肆379a倒8）/信至之日（肆398b倒2）/波斯匿王崩背之后（肆367a倒8）

（二）中心语表处所

1. 隋《佛本行集经》

甲、动宾短语充当定语（共3例）

欲求利益世间之句无愁忧处（叁735a倒7）/起塔名割髻塔（叁

745a3）/起塔称受袈裟塔（叁 745a4）

乙、主谓短语充当定语（共 7 例，其中中心语之前带"之"的 4 例）

彼婆罗门生地（叁 767b 倒 13）/欲入门内观瞻太子左右行动坐卧之处（叁 739a13）/起塔名车匿乾陟回还之塔（叁 745a5）

2. 三国吴《六度集经》

甲、动宾短语充当定语（共 5 例，其中中心语之前带"之"的 2 例）

女至人聚，一蹰步处一莲华生。（叁 14b7）/可谓无人之土（叁 29c15）

乙、主谓短语充当定语（共 3 例，其中中心语之前带"之"的 1 例）

师如命行，之象游处。（叁 17b13）/道经诸释死地（叁 31b15）/其灵集梵志小便之处（叁 14b4）

3. 西晋《生经》

甲、动宾短语充当定语（共 1 例）

奴子俱行，示得屐处。（叁 78a7）

乙、主谓短语充当定语（共 1 例）

数数往至大众会所（叁 102b9）

4. 西晋《普曜经》

只有"动宾短语充当定语"一种情况（共 2 例）

至现术处（叁 501a 倒 2）/入无死地（叁 526a 倒 8）

5. 后秦《出曜经》

甲、动宾短语充当定语（共 6 例，其中中心语之前带"之"的 2 例）

有受请处（肆 674b5 等）/入无忧堂（肆 639a12）/无忧之境（肆 684a 倒 2）

乙、主谓短语充当定语（共 1 例）

恒忆亡儿行来进止处所（肆 649c10）

6. 北魏《贤愚经》

甲、动宾短语充当定语（共 3 例）

无<u>可意</u>处（肆 419c3）/无<u>容身</u>处（肆 422a 倒 12）/<u>养生</u>园宅（肆 394a 倒 13）

乙、主谓短语充当定语（共 4 例，其中中心语之前带"之"的 2 例）

相逐诣<u>彼大王坐</u>所（肆 351c 倒 10）/于<u>河深驶回波覆涌</u>之处（肆 377c11）/坐于<u>仙人常坐</u>之处（肆 425b 倒 3）

（三）中心语表方式方法

1. 隋《佛本行集经》

甲、动宾短语充当定语（共 6 例，其中中心语之前带"之"的 5 例）

皆得<u>除灭身苦</u>方便（叁 695a 倒 2）/兼解<u>祭祀诸天</u>之法（叁 678c 倒 10）/未得<u>免离生死</u>之法（叁 735a4）

乙、主谓短语充当定语（共 2 例，中心语之前都带"之"）

<u>妇人庄饰</u>之法（叁 674c12）/犹如<u>瓦匠旋器</u>之轮（叁 729a 倒 3）

2. 东汉《修行本起经》

只有"动宾短语充当定语"一种情况（共 2 例，其中中心语之前带"之"的 1 例）

迎<u>遮迦越王</u>法，庄严国土，而四十里。（叁 461c7）/是谓<u>无为度世</u>之道（叁 471c 倒 4）

3. 东汉《中本起经》

甲、动宾短语充当定语（共 2 例，其中中心语之前带"之"的 1 例）

谁能共行<u>受斋</u>揩式（肆 157a 倒 10）/<u>说法</u>之仪，先施高坐。（肆 157c7）

乙、主谓短语充当定语（共 1 例）

导从卤簿，壹准<u>圣王出入</u>法则。（肆 155a8）

4. 三国吴《六度集经》

只有"动宾短语充当定语"一种情况（共 5 例，中心语之前都带"之"）

<u>济众</u>之明法（叁 4b 倒 8）/<u>为君</u>之道（叁 33a1）/尔归女宗，以

求有嗣之术。（叁 46b7）

5. 西晋《生经》

只有"动宾短语充当定语"一种情况（共 1 例）

不演度世无极之慧（叁 72c 倒 10）

6. 西晋《普曜经》

只有"动宾短语充当定语"一种情况（共 1 例，中心语之前带"之"）

以不得知度世之道（叁 527b15）

7. 后秦《出曜经》

只有"动宾短语充当定语"一种情况（共 3 例）

习杀生法（肆 625b 倒 8）/诸度世道（肆 615a10）/诸度世要（肆 615b5）

8. 北魏《贤愚经》

甲、动宾短语充当定语（共 9 例，其中中心语之前带"之"的 5 例）

为萨薄法（肆 422a 倒 3）/调象之法（肆 372b 倒 3）/出家之法（肆 376b15 等）

乙、主谓短语充当定语（共 2 例，中心语之前都带"之"）

如转轮王足行之法（肆 419b 倒 3）/唯愿观我调象之方（肆 372b 倒 4）

（四）中心语表材料、工具

这部分所有用例全都是动宾短语充当定语，即甲类。

1. 东汉《中本起经》（共 1 例）

诸事火具（肆 151c 倒 14）

2. 西晋《生经》（共 2 例）

奴曰："欲得车牛覆田耕具。"（叁 101a 倒 5）/啮系魁绳（叁 76b2）

3. 西晋《普曜经》（共 2 例，其中中心语之前带"之"的 1 例）

诸事火具（叁 532a12）/事火之具（叁 532a 倒 12）

4. 后秦《出曜经》（共 1 例，中心语之前带"之"）

养生之具（肆 647c 倒 3）

5. 北魏《贤愚经》（共 5 例，其中中心语之前带"之"的 2 例）

办行道具（肆 366c7）/引作食具（肆 395b9）/作灯之具（肆 371c5）/供身之事（肆 415a 倒 14）

（五）中心语表结果

1. 隋《佛本行集经》

甲、动宾短语充当定语（共 1 例）

说于出家功德之利（叁 663a4）

乙、主谓短语充当定语（共 2 例）

童子在胎希有之事未曾有法及童子生所有异相，我悉说之。（叁 698a 倒 14）

2. 东汉《修行本起经》

只有"主谓短语充当定语"一种情况（共 1 例，中心语之前带"之"）

太子揽牵弹弓之声，闻四十里。（叁 465c 倒 3）

3. 东汉《中本起经》

只有"动宾短语充当定语"一种情况（共 4 例）

今日心悦，情有二喜：一者遇佛解喜，二者离爱快喜。（肆 149b9）/当名此池为指地池（肆 151a5）/善温闻称佛声（肆 156a 倒 5）

4. 三国吴《六度集经》

甲、动宾短语充当定语（共 6 例，其中中心语之前带"之"的 5 例）

说经声妙，无能及者。（叁 35a 倒 5）/堕地之痛（叁 15c 倒 2）/常以履邪之祸自戒其心（叁 17a 倒 6）/尔有慢上之罪（叁 18a14）/得志之乐，其久若电。（叁 34b5）

乙、主谓短语充当定语（共 4 例，其中中心语之前带"之"的 1 例）

遥闻比丘诵说经声（叁 35b 倒 3）/宁知吾入太山地狱烧煮众痛无极之苦乎？（叁 20c15）/尔供养福，吾当共之。（叁 47b5）/未有孤儿无亲之哀音（叁 18a 倒 3）

5. 西晋《普曜经》

甲、动宾短语充当定语（共 3 例，其中中心语之前带"之"的 1 例）

其<u>雨香</u>音（叁 516a6）/名此为<u>指地</u>池（叁 531b 倒 6）/<u>抨弓</u>之声悉闻城内（叁 502a8）

乙、主谓短语充当定语（共 1 例）

<u>门开闭</u>声闻四十里（叁 496b14 等）

6. 后秦《出曜经》

甲、动宾短语充当定语（共 4 例，其中中心语之前带"之"的 1 例）

持<u>禁戒</u>福（肆 654a 倒 8）/<u>织发</u>衣（肆 690a13 等）/我今<u>持戒</u>之福（肆 654a 倒 7）

乙、主谓短语充当定语（共 2 例）

如今大王以自证明<u>恩爱离</u>苦、<u>怨憎会</u>苦（肆 650a 倒 5）

7. 北魏《贤愚经》

甲、动宾短语充当定语（共 11 例，其中中心语之前带"之"的 5 例）

称<u>南无佛</u>声（肆 379b 倒 2）/<u>出家</u>功德（肆 376b 倒 3 等）/不求<u>三界受</u>报之乐（肆 350c4）/<u>弹弓</u>之音（肆 364c13）/<u>浴僧</u>之德（肆 409c 倒 6）

乙、主谓短语充当定语（共 3 例）

我蒙<u>世尊说法</u>音声（肆 437c11）/由<u>其出家持戒</u>功德（肆 398a1）/蒙<u>彼比丘诵经</u>福报（肆 437b10）

（六）中心语表原因

与前文"中心语表时间"的定语从句类似，本书调查的中古汉译佛经中带"故"类表原因义名词的句子出现的量也很大，其中有少数也是难以划定"故"字到底是属上句之末还是属下句之首。[1] 以隋《佛本行集经》为例，如：

---

[1]　关于"故"的问题，可参看许理和（1987：219—221）。

例 1. 菩萨复更如是思惟：以灭无明故诸行灭，诸行灭故识亦随灭。……（叁 795b7）

例 2. 尊者何求故屈到此？（叁 694a 倒 2）

例 3. 大王，我于彼时，闻是语已故，来至此观看童子。（叁 695a13）

例 4. 我怜悯仁故作是语。（叁 785a 倒 12）

这些例句都可以作两种理解，一种停顿在"故"字后，另一种停顿在"故"字前。不要觉得后一种理解的语感很特别，《佛本行集经》中就有不少二"故"连用的例子，可以作为佐证：

例 5. 菩萨如是思惟念已，知因有故故有是生。（叁 794c 倒 13）

菩萨如是思惟念已，知因取故故有是有。（叁 794c 倒 10）

菩萨如是思惟念已，知因爱故故有是取。（叁 794c 倒 7）

菩萨如是思惟念已，知因受故故有是爱。（叁 794c 倒 3）

菩萨如是思惟念已，知因触故故有此受。（叁 794c 倒 1）

例 6. 菩萨复更如是思惟，缘无明故故有诸行，缘诸行故故有于识，缘于识故故有名色，缘名色故故有六入，缘六入故故有于触，缘于触故故有于受，缘于受故故有于爱，缘于爱故故有于取，缘于取故故有于有，缘于有故故有于生，缘于生故故有于老，缘于老故故有病死及以忧悲诸苦恼等。（叁 795a 倒 13—倒 7）

以上例 5 中有 5 处二"故"连用，例 6 中有 12 处二"故"连用，各处连用的第二个"故"可作"所以"解。连用的两个"时"在口语或书面语中都极有可能凝缩为一个。这么说来，例 1—例 4 的"故"有歧解就很好理解了。不过，下边收集的作为本书研究对象的都是没有争议的例子。

以下逐部列举用例时，都是让中心语为"故"的例子居先，这类例子占绝大多数，然后再安排中心语为其他表原因义名词（如"因""因缘"等）的例子。

1. 隋《佛本行集经》

甲、动宾短语充当定语（共 170 例，其中中心语之前带"之"的 1 例）

何以故？如来以<u>具诸佛智慧度彼岸</u>故。（叁 657a12）/时那罗陀，<u>著世利养贪名闻</u>故，心不自定，不能增进。（叁 700b 倒 2）/因<u>爱我</u>故，致令父王生大苦恼。（叁 749c7）/我以<u>求寂静</u>故，所以出家。（叁 760b 倒 5）/以<u>畏生老病死</u>之故（叁 748b15）

乙、主谓短语充当定语（共 61 例）

为于<u>太子欲游戏</u>故（叁 705a7）/耶输陀罗不以<u>种姓端正</u>故得，乃至以于工巧而得。（叁 713c9）

2. 东汉《修行本起经》

甲、动宾短语充当定语（共 1 例）

各三十六反，终而复始。<u>欲度人</u>故，随时而出。（叁 463a 倒 12）

乙、主谓短语充当定语（共 1 例）

太子生七日，其母命终，以<u>怀天师功德大</u>故，生忉利天。（叁 465a 倒 6）

3. 东汉《中本起经》

甲、动宾短语充当定语（共 1 例）

<u>佛受咒愿</u>故，曰祇树给孤独园，王国有事，急召须达，赴行应会。（肆 156c 倒 12）

乙、主谓短语充当定语（共 2 例）

忧陀答王："佛教比丘莫亲白衣，恋于家居，<u>道俗异</u>故。"（肆 154b 倒 9）/佛复语阿难："以<u>女人作沙门</u>故，使我法五百岁而衰微，所以者何？……"（肆 159b9）

4. 三国吴《六度集经》

甲、动宾短语充当定语（共 2 例，其中中心语之前带 "之" 的 1）

至其命终，各生王家。妻有淳慈之惠，生而端正，婿<u>先患而后慈</u>故，初丑而后好也。（叁 47b8）/色为<u>烧身危命</u>之由也（叁 13b12）

乙、主谓短语充当定语（共 4 例）

王忘道士令饿六日，受罪六年，饥馑才息。<u>六日之后王身供养</u>故，今六年殃毕道成。（叁 30b 倒 11）/太子以<u>梵志深著苑内</u>故，六年处于幽冥。（叁 30b 倒 9）/一年之间，<u>淫鬼厌</u>故，以锌刺其咽，饮

其血，食其肉，吮其髓。（叁 33b 倒 1）

5. 西晋《生经》

只有"动宾短语充当定语"一种情况（共 6 例）

尔乃来还，求财不得。用<u>求财</u>故，到郁单国。（叁 72a 倒 1）/其主见牛既大多势，<u>畏犇突</u>故，请十余人，将牛共行。（叁 98a 倒 9）

6. 西晋《普曜经》

只有"动宾短语充当定语"一种情况（共 7 例）

<u>悯伤众生</u>欲度脱故，其心坚住，如须弥山，而不可倾。（叁 506b 倒 12）/吾成甘露，吉祥施座，当得佛道。用<u>施草</u>故，吾无数亿劫修勤苦行，奉若干业。（叁 515a6）

7. 后秦《出曜经》

甲、动宾短语充当定语（共 7 例）

<u>欲除彼狐疑</u>故，是故说曰："随欲能灭欲，后必受永康。"（肆 629c 倒 10）/所以致诽谤者，皆由<u>不护口</u>故。（肆 663a2）

乙、主谓短语充当定语（共 21 例）

是皆由<u>前身贪著爱味</u>故，身口意恶，身坏命终，生疱虫中。（肆 636c5）/时师子兽王审知鹿母不能离子，时往搏撮，鹿母子俱丧。所以然者？以<u>其鹿母恋其子</u>故，师子得便。（肆 640b15）

8. 北魏《贤愚经》

甲、动宾短语充当定语（共 41 例，其中中心语之前带"之"的 2 例）

缘<u>杀人</u>故，堕大海中，为摩竭鱼。（肆 379c3）/海水消涸，以故不增。<u>常流入</u>故，以故不减。（肆 380b4）/由于尔时<u>好布施</u>故，常生豪富，得为财主。（肆 383a 倒 12）/由于<u>彼世治象</u>之故，从是以来，天上人中，封受自然。（肆 432b5）

乙、主谓短语充当定语（共 20 例）

尔时女者今王女是。由<u>其尔时恶不善心，毁告贤圣辟支佛</u>故，自造口过。（肆 358b9）/因<u>其改悔复立誓</u>故，今遭我世，蒙得过度。（肆 387a 倒 13）/缘<u>其敬心奉三尊</u>故，今遭值我，禀受妙化，心垢都尽，逮阿罗汉。（肆 432b7）

（七）定中之间为同一性关系

1. 隋《佛本行集经》

甲、动宾短语充当定语（共 2 例，其中中心语之前带"之"的 1 例）

我知圣子决得<u>利智称心</u>等愿回还不疑（叁 743b8）/常乐<u>勤修法行</u>之事（叁 678c12）

乙、主谓短语充当定语（共 3 例，其中中心语之前带"之"的 2 例）

欲受<u>八禁</u>清净斋戒（叁 682c 倒 14）/说<u>阿私陀授记</u>之事（叁 700c 倒 3）/此今是<u>我最后从家骑乘</u>之务（叁 736c12）

2. 三国吴《六度集经》

甲、动宾短语充当定语（共 7 例，其中中心语之前带"之"的 6 例）

<u>逮佛重任</u>，吾不敢违也。（叁 8c 倒 11）/吾君虽有临终<u>尽仁</u>之诚（叁 5c10）/或致<u>破门</u>之祸（叁 13b 倒 12）/有<u>死友</u>之誓（叁 31a 倒 6）/有<u>戮尸</u>之咎（叁 45b2）

乙、主谓短语充当定语（共 3 例，中心语之前都带"之"）

尚不免<u>首疾</u>之殃（叁 31c 倒 9）/如闻佛德，流泪具陈<u>婿妒</u>之意。（叁 38a 倒 9）

3. 西晋《生经》

只有"动宾短语充当定语"一种情况（共 2 例，其中中心语之前带"之"的 1 例）

弃行<u>毒事</u>（叁 97a4）/此是<u>灭门</u>之忧（叁 97a3）

4. 西晋《普曜经》

甲、动宾短语充当定语（共 1 例）

如<u>失火</u>状（叁 531a7）

乙、主谓短语充当定语（共 1 例，中心语之前带"之"）

畏官鞭杖、加罚之厄（叁 499b1）

5. 后秦《出曜经》

甲、动宾短语充当定语（共 4 例，其中中心语之前带"之"的 3

例）

生有<u>分身</u>忧（肆 633a 倒 1）/无<u>失命</u>之忧（肆 637b11）/有<u>漏</u>之病（肆 640a6）

乙、主谓短语充当定语（共 2 例，其中中心语之前带"之"的 1 例）

得<u>心痛</u>患（肆 637a5）/<u>调达现验</u>之事（肆 688b13）

6. 北魏《贤愚经》

甲、动宾短语充当定语（共 5 例，其中中心语之前带"之"的 2 例）

<u>学法</u>事难，久苦乃获。（肆 351b 倒 12）/<u>请佛</u>之宜（肆 395a 倒 8）/亦无<u>赆输王役</u>之劳（肆 403c 倒 5）

乙、主谓短语充当定语（共 3 例）

闻<u>其二姊平安</u>消息（肆 370c7）/说<u>波婆伽梨刺眼</u>委曲（肆 413c11）

三　小结

本章引言部分曾说过，定语从句是复杂的简单定语。说它复杂，主要是从它自身结构方面着眼；说它简单，因为它结构上再怎么复杂也只是充当其后中心语的单个定语而已。而且从东汉到隋的汉译佛经中定语从句与中心语之间的语义关系情况来看，中心语主要就是担当施事、受事、时间、处所、方法、结果、原因等语义角色，与动词充任定语的简单定中结构的语义关系类型差不多。可见，本章的定语从句与第二章里谓词性成分充任简单定语以及第四章的涉"所"结构，三者间关联紧密。

最后，做一点补充说明。笔者在调查中发现，有一类结构只是外表看似乎是而实际上并不含有定语从句。仍以隋《佛本行集经》为例：

此是<u>菩萨未曾有</u>法（叁 684c8 等）

愿定<u>我等恋慕</u>之心（叁 751b 倒 9）

得<u>阿修罗王算计</u>之法（叁 695a 倒 4）

　　以上例子中的画线部分应该是带有多项式定语的定中结构，检验的方法是，可以在"菩萨、我等、阿修罗王"之后加上"之"而语意不发生改变，符合前文讨论过的"名/代+动+（之）+名"结构里递归式定语的特点。

第四章

"所"字与定中结构

正如第三章第五节的"小结"部分所言,定语从句与涉"所"结构关系密切,所以本章紧承其后,拟对涉"所"结构加以研究。

第一节 "所"字概说

这里要讨论的是与现代汉语的结构助词"的"相当的"所",如隋《佛本行集经》:"我曾闻佛金口所说,闻已系心忆持不忘。"(叁659b倒10),"佛金口所说"用现代汉语表述就是"佛金口说的(话)"。如何认定这种"所"的词性,是困扰语法学界的一个老问题①。有代表性的观点主要是两种。一种是代词说,自《马氏文通》认为"所"是"接读代字",在读内"必居宾次"以来,代词说至今仍有广泛的影响。另一种是助词说,自陈承泽(1922)在《国文法草创》中首次向代词说提出疑问,认为"所"是"助词之含有指示作用者"以来,王克仲(1982)首次明确提出"'所'字不是代词,它是结构助词",但他没有充分展开论述。朱德熙(1983)认为"所"是一个表示转指的谓词性成分名词化的标记。

本书的观点是取助词说,这从学者们对古今汉语的比较中也可见一斑。胡适早就说过:"的字之文法,甚足资研究。盖此字之用,可代文言之者字、之字、所字。"② 朱德熙说:"古汉语里跟助词'的'

---

① 王克仲(1982:69)和赵世举(2000:51)有很好的归纳。

② 参见胡适《"的"字用法》一文所附《"的"字的文法》,姜义华主编《胡适学术文集·语言文字研究》,中华书局1993年版,第86页。

相当的语法成分有两个,一个是'者',一个是'所'。①"所"字语法位置有定,依附于动词前边,不能独立使用,也不能独立表义,这些都符合助词的特点。至于通常认为的"所"具有的指代功能,是由它所依附的语法格式整体赋予的,不能生硬地把指代功能归于动词前的"所"。

关于"所"字,困扰我们的还有一个问题是"所"的分布。通常看到的,"所"字总是依附于其后动词,这只是表象,实质上这里还存在一个如何划分层次(说到底就是"所"在句法上到底和谁结合更紧密)的问题,连带也就牵涉一个涉"所"结构的划界问题。正如宋绍年(1996)在《关于"名(代)+所+动"结构的切分》一文中指出的:"分歧的焦点在于:'所'是嵌在主语和谓语之间的插入成分,即 A 种切分,还是依附于动词的前附成分,即 B 种切分……二者对'所'字结构长度的认识也不一致。"宋绍年认为,"所"是谓词的前附性成分,"所"字管辖的范围其实只有谓词本身,而不包括前面的名词。赵世举(2000:53)援引了宋绍年的文章,对宋持赞同的观点,并列举了两条理由:一是"所"前之"名(代)"经常省略,谈不上主谓齐全;二是"所"前可以加"之",是典型的定中结构标志。我们认为从系统性方面通盘考虑,还是应该持"'所'是嵌在主语和谓语之间的插入成分"的观点。针对赵世举提出的两点理由,我们的回答是:一、在汉语的句子里主谓结构中的主语经常缺位,有的是依赖于具体语言环境的省略(可以还原),有的是没必要或无法道出主语时的"泛指",有的是在习用结构(比如"有所……""无所……")中被压缩掉了。(参看陈朋,1980:388)即使缺位,在意念上还是有一个主语存在。朱德熙曾指出:"动词前边有'所'出现时,'所'蕴含着一个没有出现的潜主语。"②用朱先生的潜主语理论,本节后边就较好地分析了"所+动+名"和"所+动"两种结构形式,并保持了内部逻辑上的一致性。二、对于"名(代)+之+所+

---

① 《朱德熙文集》第 1 卷,商务印书馆 1999 年版,第 91 页。
② 《朱德熙文集》第 2 卷,商务印书馆 1999 年版,第 217 页。

动"结构中的"之",大多数人确实都认为它是定语的标记,比如马
汉麟(1962)对于"名(代)+所+动"的分析是与宋绍年(1996)
的"A 种切分"相符的,但他仍认为这一结构若是在"所"前添加
"之"则结构发生了变化,变成定中结构了,并且比较了加与不加
"之"两者句法功能上的异同。朱德熙(1983)认可"所"具有使谓
词性的主谓结构名词化的功能,但他又说表施事的名词性成分只能作
为整个格式的修饰语(直接或凭借"之"字的联系)在"所"字前
边出现。对此,我们保留自己的观点。针对马汉麟(1962:479)认
为"名(代)+之+所+动"结构不能充当定语的观点,陈朋(1980)
进行了驳正。

　　陆俭明(1990)《关于"他所写的文章"的切分》一文的观点
(即以上宋绍年的 A 种切分)具有鲜明的针对性,从表义的准确性和
"所"前可带介词性结构充当状语两方面论证了自己观点的普适性,
并援引语言中存在非连续性直接成分的观点为之张目。我们赞同陆先
生的处理意见,它发展了朱先生(1983)认为"所"是一个表示转
指的谓词性成分名词化标记的观点,因为主谓结构也是谓词性成分。
陆先生认为该结构的组合层次是"所"前的名(代)词与"所"后
的动词作为一对直接成分先组合,然后再由助词"所"与之组合并使
整个主谓结构名词化。就表层看,主与谓这一对直接成分被"所"隔
断了,"所"成了一个插在中间的助词。

　　用陆俭明(1990)的理论就可以这样来解释古代汉语中的"名$_1$
(代)+所+动+名$_2$"(下文称甲式)、"名$_1$(代)+所+动+之+名$_2$"
(下文称乙式)及"名$_1$(代)+之+所+动+名$_2$"(下文称丙式)结
构。甲式是"名$_1$(代)+动"先组成主谓结构,接着在其动词前插入
"所"标记,然后由这个主谓结构加"所"标记充当定语来修饰或限
定中心语"名$_2$"。乙式与甲式相比,是在定语"名$_1$(代)+所+动"
与中心语"名$_2$"之间添加了结构助词"之",这种定中之间用"之"
的情况在古代汉语中普遍存在,涉"所"结构中用于此处可以看作是
类推的结果,从语义上讲,助词"之"是对其前后成分间为定中关系
的一种强调,也许兼具舒缓语气的功用。丙式与甲式比,多出来的那

个"之"也是助词，它用在主谓结构中间，起取消句子独立性的作用，或者说是帮助句子变换为短语。丙式是在"名$_1$（代）+之+动"这个主谓结构的谓语动词前插入"所"标记，然后整个来修饰或限定中心语"名$_2$"。

总之，本书采纳朱德熙（1983）和陆俭明（1990）的观点，认为"所"是助词或者名词化标记。这所谓的名词化的前提条件是要先有一个主—动—宾结构，其目标是变换出以原宾语为中心语的定中结构。这实际上是一个类似于"重新分析"的过程，具体说来是拿助词"所"黏附于"主+动（谓语动词）"结构的动词前边，使这个"主+动"结构性质发生改变，变换为定语，原宾语也就顺理成章地变成作中心语了。在整个变换过程中，原"主—动—宾"的先后次序不发生挪位，但充当原主语、宾语的名词语可依赖语境而有所缺省。

鉴于以往研究提及的"所"字结构界定不清，长度不一，基本式、变式的认定存在差异（参陈朋，1980；王克仲，1982；朱峻之，1987；刘永铮，1990；姚振武，1998），笔者拟提出涉"所"结构的概念，凡是由助词"所"参与组合的名词性结构统称涉"所"结构。本书把涉"所"结构分作四种：

所$_1$：名$_1$（代）+所+动+名$_2$[含"名$_1$（代）+所+动+之+名$_2$"和"名$_1$（代）+之+所+动+名$_2$"]

所$_2$：所+动+名[含"所+动+之+名"]

所$_3$：名（代）+所+动[含"名（代）+之+所+动"]①

所$_4$：所+动

以上四种涉"所"结构中所$_1$、所$_2$可称为定语带有"所"标记的定中结构，所$_3$、所$_4$可称为"所"字结构（这一术语是严格仿照现代汉语的"的"字结构命名的）。其中所$_1$是最基本式，所$_4$是最简式。这里有必要补充一句，以上所列所$_1$、所$_2$、所$_3$、所$_4$只是分别用来代

---

① 凡是这里用方括号括起来的涉"所"结构的特点是其中都含有"之"字，或在"所"之前，或在中心语之前，笔者在本章第二节涉"所"结构的调查部分对它们都特别作了标注。它们总体上数量不多，在每一类的语料里边一般都只占较小的比例。

表四种复杂程度不一的涉"所"结构,而不是说"所"有四个不同
的变体,此处讨论的"所"只有一个,所$_1$、所$_2$、所$_3$、所$_4$中的
"所"都是同一种性质,就是一个能够使谓词性结构名词化的结构助
词(或者叫标记)而已。

第二节　涉"所"结构的调查与分析

以下我们就用第一节末尾提出的四种涉"所"结构的构想,对东
汉—隋有代表性的八部佛经展开调查分析。调查过程中按照所$_1$、所$_2$、
所$_3$、所$_4$的次序编排语料,每一类别内部又按照中心语语义角色的不
同分了小类。

一　各部佛经涉"所"结构的调查统计

首先要说明的是,考虑到查阅的便利,本书调查的八部佛经中的
涉"所"结构将有选择性地呈现于本节第三部分的附录中。这里仅以
隋《佛本行集经》为代表,每类涉"所"结构撮取数例以说明语料
处理的一些原则和方法而已,对于其他几部佛经则直接出具相关数据
统计表。有关用例,可参看本节第三部分的附录。

(一)隋《佛本行集经》中的涉"所"结构

1. 所$_1$

(1)所$_1$:中心语表受事(142例,16例中心语前带"之")

例1. 其菩萨母所见众生 (叁685b8)

例2. 彼等眷属所围绕者,面失颜色。(叁714c倒9)

例3. 若我得于甘露之句诸圣所叹 (叁732a倒2)

例4. 仁之所发弘誓大愿 (叁762b倒4)

例5. 如我今日所掷之草,应乱不乱。(叁778a11)

以上5例代表了五种情况。例1是最典型的中心语表受事的涉
"所"结构。例2的中心语不是名词,是"者",学术界有把"者"
看作代词的观点,而且在例2中它指代的就是被彼等眷属所围绕之

人，所以这里也归到中心语表受事的类型里。例 3 的中心语是"甘露之句"，临时移置到了"诸圣所叹"之前，属定中倒装或者说定语后置。例 4 的涉"所"结构在"所"字之前带有"之"。例 5 的涉"所"结构在中心语的前边带有"之"。

（2）所₁：中心语表处所（42 例，14 例带"之"）

例 6. 彼善见王所居住城，名阎浮檀。（叁 659c 倒 4）

例 7. 童子在彼所立地处（叁 689a13）

例 8. 此是古仙之所居处（叁 745b 倒 9）

例 9. 知自身所生之处（叁 793c8）

以上 4 例代表了四种情况。例 6 是最典型的中心语表处所的涉"所"结构。例 7 跟例 6 相比，只有细微的差别，就是例 6 中紧承"所"后的是动词"居住"，而例 7 中紧承"所"后的是动词短语"立地"。例 8 的涉"所"结构在"所"字前带有"之"。例 9 的涉"所"结构在中心语的前边带有"之"。

（3）所₁：中心语表施事（14 例，3 例带"之"）

例 10. 其兜率陀所居诸天（叁 676b 倒 4）

例 11. 时彼树林所守护神（叁 777b 倒 6）

例 12. 时四王子所生之母，闻甘蔗王欲摈其子令出国界。（叁 675a11）

以上 3 例代表了两种情况。例 10、例 11 都是典型的中心语表施事的涉"所"结构。例 12 的涉"所"结构在中心语的前边带有"之"。

（4）所₁：中心语表结果（5 例，1 例带"之"）

例 13. 令彼宫内婇女伎儿所作音声歌曲，不顺五欲之事。（叁 716c 倒 14）

例 14. 持诸天华所熏之油（叁 688a 倒 14）

以上 2 例代表了两种情况。例 13 是典型的中心语表结果的涉"所"结构。例 14 的涉"所"结构在中心语的前边带有"之"。

（5）所₁：中心语表工具（1 例）

例 15. 菩萨所浴河内香水（叁 772a 倒 6）

例 15 是中心语表工具的涉"所"结构。

（6）所₁：中心语表时间（1 例）

例 16. 善哉大王！我等所造此妙璎珞，七日七夜。唯愿大王以此璎珞庄严太子，当今我等不空疲劳。（叁 702b 倒 12）

例 16 是中心语表时间的涉"所"结构，这是从上下文语境中推知的。

2. 所₂

（1）所₂：中心语表受事（59 例，9 例带"之"）

例 17. 所梦瑞相，我当具说。（叁 683c6）

例 18. 应所取者更亦不取（叁 745a 倒 3）

例 19. 所作之事（叁 740c9）

以上 3 例代表了三种情况。例 17 是典型的中心语表受事的涉"所"结构，它的中心语是名词。例 18 与例 17 的不同是，它的中心语是代词"者"。而例 19 的涉"所"结构在中心语的前边带有"之"。

（2）所₂：中心语表处所（18 例，9 例带"之"）

例 20. 所行道路（叁 746c 倒 7）

例 21. 所放之处，箭入甚深。（叁 704c 倒 3）

以上 2 例代表了两种情况。例 20 是最典型的中心语表处所的涉"所"结构。例 21 的涉"所"结构在中心语的前边带有"之"。

（3）所₂：中心语表施事（7 例，1 例带"之"）

例 22. 唤所当宫内诸大臣来（叁 721a 倒 3）

例 23. 彼诸王子受父教已，各各自将所生之母并姨姊妹奴婢资财诸驮乘等。（叁 674b5）

以上 2 例代表了两种情况。例 22 是典型的中心语表施事的涉"所"结构。例 23 的涉"所"结构在中心语的前边带有"之"。

（4）所₂：中心语表时间（1 例，带"之"）

例 24. 一切诸鸟在所闻此声吼之时，皆悉从树，自扑落地。（叁 788b13）

例 24 是中心语表时间的涉"所"结构，它在中心语的前边带有"之"。

3. 所₃

（1）所₃：中心语表受事（118例，6例"所"字前带"之"）

例25. <u>阿私陀仙所记</u>必实（叁723c14）

例26. <u>妃之所爱</u>，今夜去矣。（叁741b5）

以上2例代表了两种情况。例25是典型的中心语表受事的"所"字结构。例26的"所"字结构在"所"字的前边带有"之"。

（2）所₃：中心语表处所（6例，1例"所"前带"之"）

例27. 此马鸣时，<u>其声所闻</u>，至半由旬。（叁741b3）

例28. 又复彼地，不居顽钝愚痴众生，唯住圣种，<u>大福德人之所行坐</u>。（叁777c9）

以上2例代表了两种情况。例27是典型的中心语表处所的"所"字结构。例28的"所"字结构在"所"字前边带有"之"。

（3）所₃：中心语表结果（2例）

例29. 赤色犹如<u>燕脂所涂</u>（叁778a4）

例29是中心语表结果的"所"字结构。

（4）所₃：中心语表工具（1例）

例30. <u>世间所缚</u>，此牢强绳。（叁752c倒10）

例30是中心语表工具的"所"字结构。

4. 所₄

（1）所₄：中心语表受事（38例）

例31. 无<u>所</u>乏少（叁662b15等）

例32. <u>所作</u>已办（叁681c15等）

以上2例代表的是典型的中心语表受事的"所"字结构。

（2）所₄：中心语表处所（3例）

例33. 莫知<u>所在</u>（叁663a倒3）

例33代表的是典型的中心语表处所的"所"字结构。

（3）所₄：中心语表施事（1例）

例34. 先典中有如是语：棘针头尖，是谁磨造？……此义自然，<u>无人所作</u>，亦复不可欲得即成。（叁750c倒14）

例34的"无人所作"就是"无所作之人"的意思，画线部分是中心语表施事的"所"字结构。

隋《佛本行集经》中的涉"所"结构可统计如表4-1所示:①

表 4-1

	所₁	所₂	所₃	所₄	小计
受事	142（16）	59（9）	118（6）	38	357
处所	42（14）	18（9）	6（1）	3	69
施事	14（3）	7（1）	0	1	22
结果	5（1）	0	2	0	7
工具/依据	1	0	1	0	2
时间	1	1（1）	0	0	2
小计	205	85	127	42	
总和					459

（二）其他佛经中的涉"所"结构

1. 东汉《修行本起经》涉"所"结构统计表

表 4-2

	所₁	所₂	所₃	所₄	小计
受事	0	1	8	7	16
处所	1	0	1	1	3
施事	0	2（1）	0	0	2
小计	1	3	9	8	
总和					21

2. 东汉《中本起经》涉"所"结构统计表

表 4-3

	所₁	所₂	所₃	所₄	小计
受事	3	3	27	37	70
处所	0	1	4	4	9

---

① 表中带括号的数字指的是其中带"之"字的涉"所"结构的例子数量。下同。

续表

	所$_1$	所$_2$	所$_3$	所$_4$	小计
施事	0	2	0	0	2
工具	0	2	1	1	4
依据	0	0	1	0	1
小计	3	8	33	42	
总和					86

3. 三国吴《六度集经》涉"所"结构统计表

表 4-4

	所$_1$	所$_2$	所$_3$	所$_4$	小计
受事	11	9	58（3）	48	126
处所	4（2）	4（3）	22（5）	6	36
工具	0	0	1	0	1
依据/原因	0	0	8（1）	4	12
小计	15	13	89	58	
总和					175

4. 西晋《生经》涉"所"结构统计表

表 4-5

	所$_1$	所$_2$	所$_3$	所$_4$	小计
受事	19（3）	16（1）	67（11）	111	213
处所	4（2）	9（1）	13	5	31
施事	0	2	0	0	2
工具	1（1）	0	0	0	1
目的	0	0	0	1	1
小计	24	27	80	117	
总和					248

5. 西晋《普曜经》涉"所"结构统计表

表 4-6

	所₁	所₂	所₃	所₄	小计
受事	25	13（2）	67（3）	88	193
处所	5	5	6	7	23
施事	1	0	0	0	1
小计	31	18	73	95	
总和					217

6. 后秦《出曜经》涉"所"结构统计表

表 4-7

	所₁	所₂	所₃	所₄	小计
受事	48（2）	25	113（5）	90	276
处所	4（1）	10（3）	4（1）	5	23
结果	1	0	0	0	1
依据/原因	0	0	1	0	1
小计	53	35	118	95	
总和					301

7. 北魏《贤愚经》涉"所"结构统计表

表 4-8

	所₁	所₂	所₃	所₄	小计
受事	51（6）	50（5）	106（5）	78	285
处所	10（4）	8（2）	1	3	22
施事	0	1	0	0	1
依据/原因	0	0	4	3	7
小计	61	59	111	84	
总和					315

（三）中古八部佛经调查结果的汇总

1. 以上中古八部佛经涉"所"结构的调查统计数据可以汇总为一表

表 4-9

	所$_1$	所$_2$	所$_3$	所$_4$	小计
受事	299	176	564	497	1536
处所	70	55	57	34	216
施事	15	14	0	1	30
结果	6	0	2	0	8
工具/材料	2	2	3	1	8
依据/原因	0	0	14	7	21
目的	0	0	0	1	1
时间	1	1	0	0	2
小计	393	248	640	541	
总和					1822

2. 对以上各部佛经调查统计表里的内容进行重新整合，又可以得到以下两个视角有所不同的表格

表 4-10　　　中古八部佛经中四类涉"所"结构数量统计表

	所$_1$	所$_2$	所$_3$	所$_4$	小计
东汉《修行本起经》	1	3	9	8	21
东汉《中本起经》	3	8	33	42	86
三国吴《六度集经》	15	13	89	58	175
西晋《生经》	24	27	80	117	248
西晋《普曜经》	31	18	73	95	217
后秦《出曜经》	53	35	118	95	301
北魏《贤愚经》	61	59	111	84	315
隋《佛本行集经》	205	85	127	42	459
小计	393	248	640	541	
总和					1822

表 4-11　　　　　中古八部佛经中涉"所"结构的中心语

所承担的语义角色归类统计表

	受事	处所	施事	结果	工具/材料	依据/原因	目的	时间	小计
东汉《修行本起经》	16	3	2	0	0	0	0	0	21
东汉《中本起经》	70	9	2	0	4	1	0	0	86
三国吴《六度集经》	126	36	0	0	1	12	0	0	175
西晋《生经》	213	31	2	0	1	0	1	0	248
西晋《普曜经》	193	23	1	0	0	0	0	0	217
后秦《出曜经》	276	23	0	1	0	1	0	0	301
北魏《贤愚经》	285	22	1	0	0	7	0	0	315
隋《佛本行集经》	357	69	22	7	2	0	0	2	459
小计	1536	216	30	8	8	21	1	2	
总和									1822

二　涉"所"结构论析

正如本章第一节所述，关于"所"的性质，笔者采纳它是助词或者名词化标记的观点。"所"字的功能在所$_1$、所$_2$、所$_3$、所$_4$四种类型的结构中都是一以贯之的，就是使相关谓词性结构实现名词化。在笔者看来，所$_1$、所$_2$结构即定语带有"所"标记、中心语是名词的定中结构，其中所$_1$结构是由主谓结构加"所"充当定语，所$_2$结构是由动词加"所"充当定语；而所$_3$、所$_4$结构分别相当于所$_1$、所$_2$结构里缺省了中心语，可称为"所"字结构（严格仿照现代汉语的"的"字结构而命名），可视为定语代替了中心语（详见第五章第三节）。

关于涉"所"结构，这里打算讨论以下三个问题。

（一）从所$_1$、所$_3$结构看"所"前词语的语义角色

对于涉"所"结构而言，不管其中心语在句子外部形态上出现与

否，在我们的意念中它都是存在的，而且它还是涉"所"结构的结构重心和语义中心。从语义角色看，该中心语主要表示"所"后动词的"受事"。① 既然涉"所"结构的中心语主要表"受事"，那么随之而来的问题是，该结构中的"所"前词语表示的又是什么样的语义角色呢？

笔者以隋《佛本行集经》为例对其中的所₁、所₃结构分别进行了统计（因为所₂、所₄结构中没有"所"前词语），结果见以下两表。

表 4-12　　《佛本行集经》所₁结构中"所"前词语的语义角色

	施事	时间	处所	工具/材料	目的
中心语表受事	107	7	16	10	1
中心语表处所	35	3	1	3	0
中心语表施事	0	1	12	0	0
中心语表结果	4	0	0	1	0
中心语表工具	1	0	0	0	0
中心语表时间	1	0	0	0	0
小计	148	11	29	14	1

表 4-13　　《佛本行集经》所₃结构中"所"前词语的语义角色

	施事	时间	处所	工具/材料	原因
中心语表受事	96	6	11	5	0
中心语表处所	6	0	0	0	0
中心语表结果	0	0	0	1	1
中心语表工具	0	0	1	0	0
小计	102	6	12	6	1

从统计结果看，两表中都是由施事、处所、工具/材料、时间占据主要的四种语义角色类型，其中又是以施事为主，按照各种语义角色在"所"前出现的可能性的高低依次排列为施事>处所>工具/材

---

① "者"字结构通常表示"者"前动词的"施事"，与涉"所"结构的表义方式在一定程度上构成互补的关系。

料>时间（">"表示"优于"），这符合人们对于汉语句子主语语义类型的常规认知。可能有人会问，"所"前词语与主语又有什么关联呢？两者间存在可变换的关系。拿这里涉及的所₁、所₃结构来说，分别可以有如下的变换形式：

定中结构	主谓结构	举例
所₁： N_1 所 V N_2 →	N_1 V N_2	仁者所为此业 → 仁者为此业
所₃： N_1 所 V →	N_1 V	人所乐见　　→ 人乐见

以上变换式中的 N_1 就是"所"前词语，它可以变换成"所"后动词的主语。

（二）"所"后出现介词的情况

杜丽荣（1998）根据"所"字后面词语的组成情况，把"所"字词组分为"所+动词"和"所+介词+动词"两大类。她说："'所'字词组中'所'后介词产生的时间说法不一，通过对《商君书》和先秦不同时期几部重要文献的比较研究，我们认为'所+V'和'所+PP.+其他'是一种具有源流关系的历时现象，这种现象的出现是先秦时期'所'字词组日臻完善的结果。"（杜丽荣，1998：11）为了调查东汉到隋代汉译佛经中"所"后出现介词的情况，笔者梳理了本节所收集的涉"所"结构的全部例子，重点关注其中中心语表处所、依据/原因、工具/材料这三种情况。

1. "中心语表处所"类牵涉的介词有"往、从、在、到、由"等

往：三国吴《六度集经》：而云欲知灵化所往受生之土，岂不难哉？（叁51c倒8）/北魏《贤愚经》：愿所往生，出家学道，净修梵行。（肆381b倒7）

从：东汉《中本起经》：人亦不知生所从来、死所趋向（肆153a倒9）/西晋《生经》：不问本末所从来处（叁71c倒6）/子所从来，今十六国。（叁92a倒9）

在：西晋《生经》：所在生处，常欲相谤。（叁76b倒14）

到：西晋《普曜经》：所至到处（叁510a6）/后秦《出曜经》：

所至到方（肆 666c8）/所至到处（肆 670a14）/隋《佛本行集经》：所至到处（叁 670c10）/菩萨初骑所发到处，止半夜行。（叁 738b 倒 11）①

由：三国吴《六度集经》：行者是地，万物所由生矣。（叁 14a 倒 6）/视敌所由攻城何方（叁 14b 倒 2）

2．"中心语表依据/原因"类牵涉的介词有"以、由"等

以：东汉《中本起经》：所以者何？（肆 159b9）/西晋《生经》：所以者何？（叁 107c11）/后秦《出曜经》：所以然者？（肆 665c8）

由：三国吴《六度集经》：猎士素知太子逃逐所由（叁 9a 倒 7）/道士具陈厥所由然（叁 28b 倒 9）/残杀之所由也（叁 45b2）/北魏《贤愚经》：召问诸医治病所由（肆 400b1）/陈病所由（肆 404b1）

3．"中心语表工具/材料"类牵涉的介词有"用"

用：东汉《中本起经》：所坐用草，清素除贪。（肆 154b 倒 3）②

总之，东汉—隋的汉译佛经中存在"所"后出现介词的情况：有的是"所"后没有动词只有介词；有的是"所"后有动词，那么介词可以出现在动词前，也可以出现在动词后边。但需要说明的是，以上讨论到的介词，有的尚处在由动词向介词虚化的过程之中，也许只能称为准介词。本书第二章第六节已涉及此论题。

（三）"所"字的使用有缩减的趋势

先看以下两个统计表：

表 4-14　　　　　　隋前七部佛经中涉"所"结构统计表

	所₁	所₂	所₃	所₄	小计
东汉《修行本起经》	1	3	9	8	21

---

①　这些例子中"所"后的"至到""发到"，我们认为是"动·介"结构式，一个理由是它们若单用只保留前边的"至"，如：后秦《出曜经》：于是别去，各适所至。（肆 619a 倒 5）/隋《佛本行集经》：所至之处（叁 754b 倒 10）。

②　我们认为此例中的"坐用"也是"动·介"结构式，一个依据是这部经中已有"用"用为介词的例子，如：于今所坐何物用作？（肆 154c10）

续表

	所$_1$	所$_2$	所$_3$	所$_4$	小计
东汉《中本起经》	3	8	33	42	86
三国吴《六度集经》	15	13	89	58	175
西晋《生经》	24	27	80	117	248
西晋《普曜经》	31	18	73	95	217
后秦《出曜经》	53	35	118	95	301
北魏《贤愚经》	61	59	111	84	315
小计	188	163	513	499	
总和					1363

表 4-15　　　　　　隋《佛本行集经》涉"所"结构统计表

	所$_1$	所$_2$	所$_3$	所$_4$	小计
受事	142（16）	59（9）	118（6）	38	357
处所	42（14）	18（9）	6（1）	3	69
施事	14（3）	7（1）	0	1	22
结果	5（1）	0	2	0	7
工具/依据	1	0	1	0	2
时间	1	1（1）	0	0	2
小计	205	85	127	42	
总和					459

　　拿隋代《佛本行集经》和隋前的七部佛经相比，发现其中所$_3$、所$_4$所占比例明显在减退。推测所$_3$、所$_4$在整个涉"所"结构中占比减退的原因有两个，一是《佛本行集经》中涉"所"结构总体呈现缩减趋势；二是由于语言的精密化，像所$_3$、所$_4$这种中心语缺省的现象也在减少。

三 附录①

（一）隋《佛本行集经》

1. 所₁

（1）所₁：中心语表受事（142 例，16 例中心语前带"之"）

从于迦叶佛世尊所护持禁戒（叁 676b10）/如夫人心所爱乐者随意而行（叁 682c 倒 8）/见其从来所爱左右，皆悉自然远离其身。（叁 775b14）/★②我之所著自余璎珞，任意所取。（叁 708a6）/太子所射之箭（叁 711a13）/如羊粪中所覆之火，忽然烧人。（叁 784c 倒 9）

（2）所₁：中心语表处所（42 例，14 例带"之"）

是旧仙人所居停处（叁 677c 倒 4）/众生所没此泥难渡（叁 752c 倒 11）/彼所来方走不能至菩提树下（叁 788a 倒 8）/★我之从来常所坐床（叁 727c13）/见然灯佛所居之城四壁皆出猛火焰炽（叁 662c9）/我常所共圣子眠卧受乐之床（叁 727c15）

（3）所₁：中心语表施事（14 例，3 例带"之"）

其迦毗罗城内所居人民（叁 738b 倒 1）/时菩提树所守护神，生大欢喜。（叁 778c 倒 8）/次复四天所居诸天（叁 779a 倒 14）/★时四王子所生之母，闻甘蔗王欲摈其子令出国界。（叁 675a11）/此城从来所护之神（叁 727c 倒 2）/或言此是毗富罗山所护之神（叁 758b3）

（4）所₁：中心语表结果（5 例，1 例带"之"）

令彼宫内媒女伎儿所作音声歌曲，不顺五欲之事。（叁 716c 倒 14）/太子所出师子无畏吼声（叁 732a 倒 7）/我观仁者所问音声，必欲不受如此之义。（叁 755c 倒 3）/如诸天王所赞叹声（叁 773b4）/★持诸天华所熏之油（叁 688a 倒 14）

---

① 本书原稿对所调查的中古八部汉译佛经中的全部涉"所"结构都进行了穷尽性的分类列举，但出版时考虑到篇幅因素，做了大幅的删减，每一小类保留的例子不超过 6 个。特此说明。

② 每一类别中带"之"字的涉"所"结构的例子都排在末尾位置，而且起始处用★标注。下同。

（5）所₁：中心语表工具（1例）

<u>菩萨所浴河</u>内香水 （叁 772a 倒 6）

（6）所₁：中心语表时间（1例）

善哉大王！<u>我等所造此妙璎珞</u>，七日七夜。唯愿大王以此璎珞庄严太子，当今我等不空疲劳。（叁 702b 倒 12）

2. 所₂

（1）所₂：中心语表受事（59例，9例带"之"）

况复<u>所爱妇儿妻子</u>及余财物，不得悭贪。（叁 667a 倒 14）/随<u>所堪办衣食卧具</u>（叁 754b 倒 5）/<u>所规获者</u>，愿早成办。（叁 764b11）/★<u>所食之物</u>皆为上味 （叁 693a8）/见其四个<u>所爱之女</u> （叁 775b 倒 10）

（2）所₂：中心语表处所（18例，9例带"之"）

向佛而说<u>所行来处</u> （叁 655b 倒 5）/<u>所庄严宫</u> （叁 736c 倒 6）/★<u>所住之劫</u>名小莲花 （叁 658a9）/<u>所猎之处</u>，见一罴虫。（叁 708a 倒 7）

（3）所₂：中心语表施事（7例，1例带"之"）

我今可唤<u>所看如来白衣人众</u>，布施此食。（叁 661b11）/遍告<u>所行诸人</u>如是言已 （叁 733b12）/★彼诸王子受父教已，各各自将<u>所生之母</u>并姨姊妹奴婢资财诸驮乘等。（叁 674b5）

（4）所₂：中心语表时间（1例，带"之"）

★一切诸鸟在<u>所闻此声吼之时</u>，皆悉从树，自扑落地。（叁 788b13）

3. 所₃

（1）所₃：中心语表受事（118例，6例"所"字前带"之"）

我有一论，名为毗陀，乃是往昔<u>诸仙所说</u>。（叁 665b1）/<u>夫人所梦</u>，其相甚善。（叁 683c 倒 13）/睹于太子眼目其<u>所瞻瞩</u>（叁 708b 倒 11）/★与<u>妃心之所愿</u> （叁 674c 倒 7）/不免<u>烦恼之所患害</u> （叁 746b 倒 6）

（2）所₃：中心语表处所（6例，1例"所"字前带"之"）

<u>彼王所统</u>，悉皆丰乐。（叁 659c 倒 6）/随逐<u>菩萨所向</u>而行 （叁

759c 倒 7）／★又复彼地，不居顽钝愚痴众生，唯住圣种，<u>大福德人之所行坐</u>。（叁 777c9）

（3）所₃：中心语表结果（2 例）

<u>必我衰时相貌所至</u>（叁 745c 倒 12）／<u>赤色犹如燕脂所涂</u>（叁 778a4）

（4）所₃：中心语表工具（1 例）

<u>世间所缚</u>，此牢强绳。（叁 752c 倒 10）

4. 所₄

（1）所₄：中心语表受事（38 例）

心无<u>所畏</u>（叁 679c8 等）／无<u>所能</u>（叁 720b 倒 13）／汝善车匿，<u>所语</u>不虚。（叁 736c 倒 1）

（2）所₄：中心语表处所（3 例）

莫知<u>所在</u>（叁 663a 倒 3）／<u>所生</u>得处（叁 679c1）／更无<u>所去</u>，唯当生天。（叁 746b15）

（3）所₄：中心语表施事（1 例）

先典中有如是语：棘针头尖，是谁磨造？……此义自然，无人<u>所作</u>，亦复不可欲得即成。（叁 750c 倒 14）

（二）东汉《修行本起经》

1. 所₁

所₁：中心语表处所（1 例）

佛悉明知来今往古<u>所造</u>行地（叁 472a12）

2. 所₂

（1）所₂：中心语表受事（1 例）

诸<u>所更</u>身（叁 471c 倒 14）

（2）所₂：中心语表施事（2 例，1 例带"之"字）

菩萨举手指言："是吾世世<u>所生</u>母也。"（叁 463b1）／★白净王者，是吾累世<u>所生</u>之父。（叁 463a 倒 2）

3. 所₃

（1）所₃：中心语表受事（8 例）

心念欲贸易，成我志<u>所愿</u>。（叁 469b1）／此非天人<u>所当</u>沮坏（叁

470c 倒 12）/身行口言心所念，悉见闻知。（叁 471c4）

（2）所₃：中心语表处所（1 例）

吾在世间，处处所生。（叁 471a3）

4. 所₄

（1）所₄：中心语表受事（7 例）

菩萨慈心，所问尽答。（叁 471a14）/所作已成（叁 471c 倒 2）

（2）所₄：中心语表处所（1 例）

展转所趣（叁 471c15）

（三）东汉《中本起经》

1. 所₁

所₁：中心语表受事（3 例）

阿难便——为伯母说佛所教敕八敬之事（肆 159a9）/佛所教敕八敬法（肆 159a14）/如卿所说人者，应食马麦。（肆 163b 倒 3）

2. 所₂

（1）所₂：中心语表受事（3 例）

优波替具向拘律陀说所闻偈（肆 153c 倒 3）/所乘象马，四脚布地。（肆 155c 倒 7）/持所得麦（肆 163a15）

（2）所₂：中心语表处所（1 例）

等心普济，无所适处。（肆 154c 倒 4）

（3）所₂：中心语表施事（2 例）

所从弟子，名比丘僧。（肆 156a 倒 7）/所从比丘六万二千人俱（肆 163b 倒 9）

（4）所₂：中心语表工具（2 例）

今所坐具，皆有何等？（肆 154b 倒 4）/所坐用草，清素除贪。（肆 154b 倒 3）

3. 所₃

（1）所₃：中心语表受事（27 例）

是大沙门所作实神（肆 150c 倒 9）/于是如来察众所念，欲决所疑。（肆 161a 倒 5）/吾所偿对，于此了矣。（肆 163c5）

（2）所₃：中心语表处所（4 例）

人亦不知生所从来 死所趣向（肆 153a 倒 9）/五者知众生所趣行

（肆 161b7）/<u>因缘所趣</u>（肆 163b 倒 14）

（3）所₃：中心语表工具（1 例）

<u>于今所坐</u>何物用作？（肆 154c10）

（4）所₃：中心语表依据（1 例）

分部五道，<u>言行所由</u>。（肆 150a12）

4. 所₄

（1）所₄：中心语表受事（37 例）

众失<u>所欢</u>，惆怅屏营。（肆 149b 倒 2）/顾无<u>所使</u>，自提而行。（肆 156c 倒 9）/欲问<u>所疑</u>（肆 162b 倒 9）

（2）所₄：中心语表处所（4 例）

未至<u>所止</u>（肆 150a13）/想无<u>所起</u>（肆 152c 倒 14）/即出<u>所止</u>，往诣竹园。（肆 154a7）/不知<u>所趣</u>（肆 156a 倒 1）

（3）所₄：中心语表工具（1 例）

无<u>所盛贮</u>（肆 162c9）

（四）三国吴《六度集经》

1. 所₁

（1）所₁：中心语表受事（11 例）

商人睹其<u>所得白珠</u>，光耀绝众。（叁 3c 倒 4）/以吾<u>所乘千马宝车</u>迎南王来（叁 49a 倒 2）

（2）所₁：中心语表处所（4 例，2 例带"之"字）

佛在水边，光明彻照龙<u>所居处</u>。（叁 42b1）/★菩萨<u>所处之国</u>（叁 31c14）

2. 所₂

（1）所₂：中心语表受事（9 例）

<u>所牧牛犊</u>散走入山（叁 35c4）/去<u>所贪爱五妖邪事</u>（叁 39a 倒 13）

（2）所₂：中心语表处所（4 例，3 例带"之"字）

<u>所至国</u>（叁 29b2）/★<u>所过之国</u>（叁 5a11）/又伐<u>所生之国</u>（叁 14b 倒 4）

3. 所₃

（1）所₃：中心语表受事（58 例，3 例带"之"字）

吾志<u>所存</u>，子具知之。（叁 3a12）/足其<u>所乏</u>（叁 36a 倒 13）/<u>海</u>

神<u>所恶</u>，死尸为甚。（叁 36b7）/★<u>志之所愿</u>（叁 4c4）/月光知婿<u>之所为</u>（叁 46c13）

（2）所₃：中心语表处所（22 例，5 例带"之"字）

梵<u>志所行</u>，其地岑岩。（叁 10b 倒 1）/行者是地，<u>万物所由</u>生矣。（叁 14a 倒 6）/★<u>珠之所在</u>，众宝寻从。（叁 4c11）/知斯<u>神女之所处</u>也（叁 44c 倒 14）

（3）所₃：中心语表工具（1 例）

道士欲徙，寻<u>果所盛</u>。（叁 13c8）

（4）所₃：中心语表依据或原因（8 例，1 例带"之"字）

猎士素知<u>太子逬逐所由</u>（叁 9a 倒 7）/令群生照<u>祸福所由</u>（叁 31c12）/★<u>残杀之所由</u>也（叁 45b2）

4. 所₄

（1）所₄：中心语表受事（48 例）

<u>所志</u>不成（叁 1b 倒 6）/<u>所欲得</u>者莫自疑难（叁 7b4）/有<u>所短少</u>（叁 36a 倒 14）

（2）所₄：中心语表处所（6 例）

不知<u>所之</u>（叁 4a1）/<u>所游</u>近苑（叁 32c12）

（3）所₄：中心语表依据或原因（4 例）

具陈<u>所由</u>（叁 3b3）/王令录问<u>所由</u>获金（叁 36c11）

（五）西晋《生经》

1. 所₁

（1）所₁：中心语表受事（19 例，3 例带"之"字）

护<u>如来所说</u>言教（叁 84b 倒 13）/卿取<u>树间所藏</u>金（叁 95c6）/★逬<u>其所赍馈遗之具</u>（叁 87c 倒 6）

（2）所₁：中心语表处所（4 例，2 例带"之"字）

<u>佛所行</u>树（叁 84a3）/<u>王所止</u>处（叁 90c9）/★<u>舍利弗所游之处</u>（叁 80b9）/入诸<u>法所趣</u>之心（叁 86a 倒 14）

（3）所₁：中心语表工具（1 例，带"之"字）

<u>前所敬养诸鸟之具</u>（叁 104c 倒 7）

2. 所₂

（1）所₂：中心语表受事（16 例，1 例带"之"字）

所学德行（叁 72a4）/所施九物，尽当相与。（叁 108a1）/★所得之宝，不可称计。（叁 88b 倒 6）

（2）所₂：中心语表处所（9 例，1 例带"之"字）

不问本末所从来处（叁 71c 倒 6）/所诣门族，不可称计。（叁 86b 倒 6）/★所诣之处，不自节量。（叁 86b 倒 2）

（3）所₂：中心语表施事（2 例）

不念所生亲之遗教（叁 97a 倒 5）/所行梵志（叁 99a 倒 13）

3. 所₃

（1）所₃：中心语表受事（67 例，11 例带"之"字）

此人所诵，今已废忘。（叁 77c12）/随力所任而供给之（叁 91c8）/遥听比丘所共讲议（叁 104c2）/★尔之所说（叁 82a10 等）/各各自说己之所长（叁 87c15）

（2）所₃：中心语表处所（13 例）

时和难闻彼新弟子所在（叁 72a14）/吾数往来，到君所顿。（叁 76c 倒 10）

4. 所₄

（1）所₄：中心语表受事（111 例）

观其室中，多所窃取。（叁 72a14）/所求 所慕，不得如意。（叁 82c 倒 11）/所可作者（叁 104a 倒 12）

（2）所₄：中心语表处所（5 例）

诣所止顿（叁 93a 倒 3）/厌所居处（叁 105a 倒 8）

（3）所₄：中心语表目的（1 例）

乃敢启王，说所使来。（叁 92a 倒 1）

（六）西晋《普曜经》

1. 所₁

（1）所₁：中心语表受事（25 例）

诸天所送宫殿屋宅（叁 495a2）/睹前至圣所见瑞应（叁 514c2）/是其宿殃所作善恶（叁 533a 倒 7）

（2）所₁：中心语表处所（5例）

前选菩萨所降神<u>土</u>（叁486c11）／诣<u>其王后所居宇宅</u>（叁490b
倒13）／往诣<u>菩萨所止宫殿</u>（叁502b2）

（3）所₁：中心语表施事（1例）

<u>魔宫殿所居止众</u>裹覆头首（叁517a倒2）

2. 所₂

（1）所₂：中心语表受事（13例，2例带"之"字）

<u>所执用弓</u>（叁502a5）／自睹<u>此等所当行者</u>（叁510b8）／★<u>所持
之钵</u>（叁526c7）

（2）所₂：中心语表处所（5例）

<u>所蒙光处</u>（叁490c6）／<u>所可住止讲堂处所</u>（叁495a2）

3. 所₃

（1）所₃：中心语表受事（67例，3例带"之"字）

吾时默然可<u>其所启</u>（叁483c倒5）／一切<u>众生所可慕乐</u>（叁
520a4）／★奉行<u>诸佛之所颁宣</u>（叁487c12）

（2）所₃：中心语表处所（6例）

<u>光明所照</u>（叁514b倒14）／<u>鬼神所在</u>，能立郡县。（叁521a5）

4. 所₄

（1）所₄：中心语表受事（88例）

不知<u>所归</u>（叁507c倒8）／悉断一切<u>诸所想念</u>（叁520a5）

（2）所₄：中心语表处所（7例）

行无<u>所处</u>（叁513a12）／不安<u>所座</u>（叁529a倒14）

（七）后秦《出曜经》

1. 所₁

（1）所₁：中心语表受事（48例，2例带"之"字）

闻<u>佛所说极深之法</u>（肆618c倒14）／斯是<u>外道异学所服衣被</u>（肆
690a14）／★<u>彼众生所食之物</u>（肆618a15）

（2）所₁：中心语表处所（4例，1例带"之"字）

<u>执行之人所游方域</u>（肆654b4）／★不知<u>神所生之处</u>（肆647b8）

（3）所₁：中心语表结果（1 例）

<u>火所烧疮</u>（肆 633b 倒 5）

2. 所₂

（1）所₂：中心语表受事（25 例）

<u>所种谷子</u>（肆 618a15 等）/<u>所造功德</u>（肆 673b 倒 1）/<u>所求果报</u>（肆 691b 倒 7）

（2）所₂：中心语表处所（10 例，3 例带"之"字）

<u>所至到方</u>（肆 666c8）/★<u>所至之家</u>（肆 618b 倒 6）

3. 所₃

（1）所₃：中心语表受事（113 例，5 例带"之"字）

<u>彼心中所念</u>（肆 611b 倒 2）/<u>如彼契经所说</u>（肆 666b14 等）/★<u>观前众生意之所乐</u>（肆 661b14）/<u>我之所为</u>（肆 690b12）

（2）所₃：中心语表处所（4 例，1 例带"之"字）

<u>贤圣所居</u>（肆 656c1）/<u>不知神识所处</u>（肆 658a 倒 5）/<u>知识所趣</u>（肆 658a 倒 5）/★<u>智之所照无往不在</u>（肆 656b12）

（3）所₃：中心语表依据或原因（1 例）

<u>智观其所由</u>（肆 669b 倒 2）

4. 所₄

（1）所₄：中心语表受事（90 例）

<u>有所求索</u>（肆 610a2 等）/<u>所应造者</u>（肆 641c 倒 11）/<u>无所患恨</u>（肆 678a8）

（2）所₄：中心语表处所（5 例）

<u>所居</u>（肆 615c8）/<u>所至</u>（肆 619a 倒 5）/<u>所往</u>（肆 642b 倒 13）/<u>所游安隐</u>（肆 655c 倒 6）/<u>所适无碍</u>（肆 656b15）

（八）北魏《贤愚经》

1. 所₁

（1）所₁：中心语表受事（51 例，6 例带"之"字）

<u>子所领军众</u>（肆 365a14）/<u>我等大家所尊敬者</u>（肆 373c 倒 4）/★<u>救彼众生所爱之命</u>（肆 366c 倒 4）/此是<u>广济发大心人所施之物</u>（肆 371a15）

（2）所₁：中心语表处所（10 例，4 例带"之"字）

王所住城（肆 351c7 等）/足所触地（肆 416a9）/★火所至之处（肆 386a 倒 12）/灭于力士所住之地（肆 387b 倒 7）

2. 所₂

（1）所₂：中心语表受事（50 例，5 例带"之"字）

我即具以所更苦毒之事告之（肆 367c13）/斯之所获果实之报（肆 387a12）/★所得之物（肆 356a 倒 5）

（2）所₂：中心语表处所（8 例，2 例带"之"字）

所更历处（肆 413c12）/★所生之处（肆 356a10 等）/所坐之床（肆 431a9）

（3）所₂：中心语表施事（1 例）

所生母（肆 429a 倒 3）

3. 所₃

（1）所₃：中心语表受事（106 例，5 例带"之"字）

听其所诵（肆 373c1）/恣汝所欲（肆 411a15）/★闻诸人民之所称宣（肆 359c 倒 13）/众生之类之所亲仰（肆 387c 倒 2）

（2）所₃：中心语表处所（1 例）

知其所在（肆 413c7）

（3）所₃：中心语表原因或依据（4 例）

大家见变，怪其所由。（肆 384b10）/召问诸医治病所由（肆 400b1）/陈病所由（肆 404b1）

4. 所₄

（1）所₄：中心语表受事（78 例）

永无所怙（肆 351a10）/多所饶益（肆 372a14）/知所怀妊（肆 410b14）

（2）所₄：中心语表处所（3 例）

所止（肆 373b 倒 8 等）/愿所往生（肆 381b 倒 7）/所在（肆 393a15 等）

（3）所₄：中心语表原因或依据（3 例）

重问所由（肆 364a10）

第三节 涉"所"结构与定中结构的关系

正如前文所说，本书把涉"所"结构分为所$_1$、所$_2$、所$_3$、所$_4$四种类型。其中所$_1$、所$_2$可归为定语带"所"标记的定中结构；而所$_3$、所$_4$分别相当于所$_1$、所$_2$缺省了中心语，可称为"所"字结构①。如果把所$_1$、所$_2$视为基本式的话，那么所$_3$、所$_4$就属于变式。这样处理是拿古代汉语的"所"与现代汉语中结构助词"的"进行比照的结果，而且可以找到语法变换方面的依据。以隋《佛本行集经》中的"善女所说因缘"（叁666c倒3）为例加以说明：

文言		白话
所$_1$：善女所说因缘	=	善女说的因缘
所$_2$：所说因缘	=	说的因缘
所$_3$：善女所说	=	善女说的
所$_4$：所说	=	说的
↓		↓

两边皆可变换出主谓结构：善女说因缘

本节标题是"涉'所'结构与定中结构的关系"，实际的研究范围比这要小，因为从语言的外部形态上看，只是涉"所"结构中的基本式（即所$_1$、所$_2$结构）与定中结构密切相关。在东汉—隋的汉译佛经中，所$_1$、所$_2$结构和由定语从句引导的定中结构（参本书第三章第五节）都比较发达，两者间可以进行一番对比。

首先，孤立地看，两类结构各有各的结构规律。吕叔湘《中国文

---

① 请注意：此处的"所"字结构是严格仿照现代汉语里的"的"字结构而命名的，相对于人们对这一术语的常规理解，范围要小一些。常规意义上的"所"字结构，本书用涉"所"结构的术语来称呼。

法要略》一书讨论了汉语文言与白话中的众多语法变换规律，其中谈及与"所"相关的变换规则时举过这样一个例子："比如说'猫捉老鼠'，这是个句子，改变成词组，可以拿'猫'做主体，也可以拿'鼠'做主体。拿'猫'做主体词，'捉老鼠的猫'，用文言说，是'捕鼠之猫'，只是把个'的'字换成'之'字就完了。拿'老鼠'做端语，白话是'猫捉的老鼠'，文言可不能照样换个'之'字，作'猫捕之鼠'就完结，要加个'所'字在动词之前，'猫所捕之鼠'。"（吕叔湘，1982：80）从格式的角度看吕先生这段话，它提示我们，涉"所"结构的中心语与受事有着天然的联系。检诸位于本章第二节第一部分末尾的东汉—隋八部佛经统计数据汇总表，所₁结构中中心语表受事的占比76.3%，所有涉"所"结构中中心语（不论隐与现）表受事的占比84.3%，这与吕先生总结的文言系统中"所"字的使用规律大体相符。朱德熙也说过："从语义上说，由于古汉语里双向动词的宾语大都指受事或处所，所以'所VP'也往往指受事或处所。"（参看《朱德熙文集》第3卷，商务印书馆1999年版，第26页）

再看佛经中那些由定语从句引导的定中结构。它们与现代白话文中相应语法点的区别仅在于定语从句与中心语之间的结构助词是使用"之"还是使用"的"。根据本书第三章第五节第一部分末的调查数据可知，佛经中中心语为受事或施事的定语从句也是以主主型、宾主型为多，主宾型、宾宾型较少。这与濮明明、梁维亚（2004）对现代汉语定语从句进行研究后所得结论也大致合拍。

这么说来，佛经中偏文言色彩的涉"所"结构跟偏白话色彩的由定语从句引导的定中结构之间还有没有联系呢？当然有。在东汉—隋的汉译佛经中，两者呈现出从文言系统向白话系统过渡的特点。如以下例子里都含有定中结构，且其中心语都表受事。这些例子就具有两面性：如果它们的定语部分含有"所"，那就是本书所谓涉"所"结构；如果它们的定语部分不带"所"，那就是普通的由定语从句引导的定中结构。

（1）后秦《出曜经》：此诸童子等所著法服 乘载舆辇（肆610a倒7）

（2）后秦《出曜经》：<u>昔所积善</u> 作诸功德乃能断之（肆 628c 倒 10）

（3）后秦《出曜经》：<u>汝所教诲</u>则<u>我教诲</u>，<u>汝演法味</u>则<u>我演法味</u>。（肆 643a 倒 4）

（4）后秦《出曜经》：我非钟磬，<u>后车载宝货</u>乃是钟磬。（肆 653c 倒 7）

（5）西晋《普曜经》：<u>其白净王生真太子</u>，端正无比……（叁 500c1）

（6）隋《佛本行集经》：我观<u>仁者父母立名</u>（叁 765b 倒 13）

（7）隋《佛本行集经》：既见太子髻里明珠，伞盖横刀，并<u>摩尼宝庄严蝇拂</u>（叁 739b 倒 12）

以上例（1）、例（2）的首个画线部分都是涉"所"结构，第二个画线部分分别是第一个画线部分的并列成分，其中的动词"乘载""作"前可以看成承前省略了"所"标记。例（3）的"我教诲""汝演法味""我演法味"中的动词前都可以看成承前边的"汝所教诲"而省略了"所"。例（4）—例（7）画线部分内的动词前边根据文意也可看作分别省略了"所"，它们与例（1）—例（3）的区别仅在于没有明显的含涉"所"结构的上下文而已。

随着偏文言色彩的"所"标记的衰退，同样的语法意义，汉语中将更多采用定语从句等语法形式和手段来表达。

第五章

定中结构的语用变化

如果说第二、第三、第四章是重在对一个个或一类类定中结构进行静态的描写和分析的话，那么本章则侧重于联系定中结构的上下文语境展开讨论。本章重心在于第一节定语的重现与中心语的重现和第二节定语的共用（即中心语是联合结构）与中心语的共用（即定语是联合结构），其中的第二节实际上属于多项式偏正结构。①至于第三节的定语代替中心语和定语后置是大家历来关心得比较多的课题。

多项式偏正结构之所以存在的深层次原因可能是语言交际的效率原则在起作用，效率原则要求用尽可能简洁的语言形式表达尽可能丰富的含义，所以就有了定语的共用和中心语的共用现象。但语言运用的简与繁又是辩证统一的关系，于是除了定语与中心语的共用之外，还有定语或中心语明明相同却不共用，而是重现的情况（即本章第一节将讨论的内容）。当然，从东汉—隋佛经总体的情况看，还是共用多，而重现相对而言少一些。采用共用形式还是重现形式，在很大程度上要受佛经四字格音步节律的限制。

本章第一、第二节基本按照先词性后频次来组织安排语料。我们的研究思路是，遵照"摆事实，讲道理"的做法，先排比语料，然后阐明对这一问题的思考。

---

① 朱德熙（1982：150）认为，"多项式偏正结构是联合结构做定语或中心语的偏正结构"，他并且以定语是形容词为例，列举了多项式偏正结构的几种形式以及每种形式的变化情况。

第一节　定语的重现与中心语的重现

一　定语的重现

（一）隋《佛本行集经》中定语的重现

先大致按定语位置上词语的词性来分类。

1. 名词充任定语

（1）出现两次

（持）<u>大王</u>力 <u>大王</u>威风（叁685c9）／（复悬）无量<u>真珠</u>璎珞 <u>真珠</u>罗网（叁694b倒14）／<u>金</u>瓶 <u>金</u>钵（叁665b倒2）／（金多罗树，）<u>金</u>根 <u>金</u>茎，<u>银</u>枝 <u>银</u>叶，（花果悉银。）（叁660a11）／（银多罗树，）<u>银</u>根 <u>银</u>茎，<u>金</u>枝 <u>金</u>叶，（花果悉金。）（叁660a12）

（2）出现三次

（复闻）<u>天</u>歌 <u>天</u>赞 <u>天</u>咏（叁688b倒4）

（3）出现四次

（可将一好清净伞盖革屣）<u>金</u>杖 <u>金</u>三叉木 <u>金</u>瓶 <u>金</u>钵（上下舍勒五百金钱，如是与我）（叁665b12）

2. 形容词充任定语

（1）出现两次

（此之璎珞，看日所作，）<u>吉</u>星 <u>吉</u>宿。（叁742c6）／<u>总</u>言 <u>总</u>体，（悉以智力，分别能知。）（叁756a倒6）

有的是形容词性词组，如：

（自在获得）<u>最上</u>供养，<u>最上</u>名闻。（叁687c13）

（2）出现五次

（此是）<u>大</u>患 <u>大</u>痾 <u>大</u>疮 <u>大</u>痴 <u>大</u>暗。（叁757c3）

3. 数词充任定语

（1）出现两次

<u>五百</u>童子 <u>五百</u>童女（叁773c2）／<u>五百</u>天子 <u>五百</u>天女（叁773c3）／<u>五百</u>白盖 <u>五百</u>金瓶（叁699c倒10）／复有<u>五百</u>微妙伞盖 五

<u>百</u>金瓶（叁 692b 倒 11）

（2）出现四次

<u>五百</u>奴仆，<u>五百</u>婢媵，<u>五百</u>马驹，<u>五百</u>白象（叁 697a 倒 8）

4. 代词充任定语

（1）人称代词

出现两次：

<u>我</u>相 <u>我</u>身（叁 754a14）

（2）指示代词

a. 出现三次

（此之日月，）<u>如是</u>大德，<u>如是</u>光明，<u>如是</u>威力。（叁 795c 倒 5）

b. 出现四次

（菩萨心得）<u>如是</u>寂定，<u>如是</u>清净，<u>如是</u>无垢，<u>如是</u>无翳。（叁 793b10）

（3）疑问代词

出现两次：

<u>何</u>因 <u>何</u>缘（叁 694c 倒 1、叁 694c 倒 6）

5. 总括义词语充任定语

（1）一切

a. 出现两次

<u>一切</u>魍魉，<u>一切</u>鬼神，（皆悉远离。）（叁 685b9）/<u>一切</u>宫阁，<u>一切</u>楼观，（悉无精光。）（叁 742a 倒 14）/（翳障）<u>一切</u>诸宝火焰，<u>一切</u>光明。（叁 699a 倒 9）

b. 出现四次

<u>一切</u>丛林、<u>一切</u>树木、<u>一切</u>药草、<u>一切</u>时苗，（皆悉肥浓。）（叁 683a 倒 14）

（2）种种

a. 出现两次

（有）<u>种种</u>花树、<u>种种</u>果树（叁 686a 倒 8）/（著于）<u>种种</u>杂色衣服、<u>种种</u>璎珞（叁 714b 倒 8）/（复有）<u>种种</u>渠流池沼、<u>种种</u>杂树（叁 686a 倒 7）/（雨）<u>种种</u>花、<u>种种</u>诸香（叁 688a6）/（复以）<u>种</u>

种杂妙衣服、<u>种种</u>诸宝（及余资财而布施之）（叁 693a 倒 12）

b. 出现四次

<u>种种</u>形容、<u>种种</u>状貌、<u>种种</u>颜色、<u>种种</u>执持，（变现可畏。）（叁 786b1）

（3）诸

a. 出现两次

今日一切<u>诸</u>天 <u>诸</u>人（叁 729b 倒 10）/<u>诸</u>天 <u>诸</u>神（叁 665c 倒 9）/（日夜求守）一切<u>诸</u>天 <u>诸</u>神（叁 739a5）/地居<u>诸</u>天 <u>诸</u>仙（叁 693a 倒 2）/彼地居<u>诸</u>天 <u>诸</u>仙（叁 693b3）/（太子以共同生）<u>诸</u>相 <u>诸</u>好（一齐等者）（叁 725a 倒 14）/（以）<u>诸</u>妙香 <u>诸</u>种花鬘（庄严其身）（叁 698c 倒 13）/彼<u>诸</u>释宿老 <u>诸</u>人（叁 705c 倒 13）①

b. 出现三次

（以）<u>诸</u>种香、<u>诸</u>种花鬘、<u>诸</u>种璎珞庄严其身（叁 685c8）

（二）西晋《生经》中定语的重现

共 4 例，相同的定语都是出现两次。

1. 名词充任定语

（若）<u>族姓</u>子 <u>族姓</u>女（叁 85a 倒 1）

2. 形容词充任定语

（若）<u>善</u>男子 <u>善</u>女人（叁 85b7）

3. 总括义词语充任定语

（海中）<u>诸</u>龙及<u>诸</u>鬼神（叁 75c 倒 13）/（告）<u>诸</u>比丘 <u>诸</u>贤者（听）（叁 82c9）

（三）西晋《普曜经》中定语的重现

共 7 例，全是由总括义词语充任定语。

1. 相同的定语出现两次

（于是世尊明旦与）<u>诸</u>菩萨及<u>诸</u>声闻眷属（围绕）（叁 483c 倒 9）/（其）<u>诸</u>菩萨及<u>诸</u>天子（叁 485c5）/<u>诸</u>菩萨及<u>诸</u>天子（叁 486a8）/诸

---

① 此例因隋《佛本行集经》中另有"聚集诸释宿老智人"（叁 705c14）的说法，可证"宿老"与"人"所指就是同一类人而非两类人的并列。

菩萨及诸玉女（叁486c倒14）／（时白净王与）诸大力宗族 诸释（至现术处）（叁501a倒3）/诸梵王 诸魔官属（叁517b9）

2. 相同的定语出现三次

（告）诸菩萨及诸天子 诸贤者等（叁485c9）

（四）后秦《出曜经》中定语的重现

共8例。

1. 名词充任定语

只有相同的定语出现两次的：

（世倘有人）族姓男 族姓女（肆672a倒11）

2. 形容词充任定语

（1）相同的定语出现两次

（犹如）老牛 老象（肆680a倒14）

（2）相同的定语出现五次

恶财 恶子 恶服 恶处 恶土（，此皆名恶。）（肆660b倒12）/善财 善子 善服 善处 善土（肆660b倒9）

3. 数词充任定语

只有相同的定语出现两次的：

七日 七夜（肆630a14、肆631c倒14）

4. 总括义词语充任定语

（1）相同的定语出现两次

（能分别）诸趣 诸道（肆637b倒11）／（与）诸沙门婆罗门 诸得道者（肆609c倒1）

（2）相同的定语出现四次

（卑漏法者何者是？）一切诸结 一切诸恶行 一切邪见 一切颠倒（，若有众生亲近如斯法者，便具众恶。）（肆639a倒10）

（五）北魏《贤愚经》中定语的重现

共5例，都是相同的定语出现两次。

1. 形容词充任定语

（时有）老翁 老母（，两目既盲。）（肆356a倒14）

2. 总括义词语充任定语

（与）诸四众 诸王臣民（前后围绕）（肆372a7）／（时）诸人天

诸龙鬼神（肆 352b 倒 14）/（毗舍离中）诸律昌辈与诸人民（肆 361b 倒 2）/（王告）诸臣并诸人民（肆 426c7）

二　中心语的重现

从本书调查所得看，重现的中心语几乎全都是名词充当的。所以各经中可以直接按相同中心语出现的频次分类。

（一）隋《佛本行集经》里中心语的重现

1. 二中重现

（仁于彼时，）仁分 法分，（复至我家，当受我食。）（叁 770b3）/（复雨种种）末香 涂香（叁 796a8）/（复持种种）末香 涂香（叁 779a 倒 9）/（璎珞自严）涂香 末香（叁 742c 倒 2）/（或现）象王 龙王之相（叁 771c6）/太子身力及威德力（叁 711c 倒 10）/夜摩诸天、四天王天（叁 677a5）/（得）天五欲及以人间上妙五欲（叁 762c 倒 4）/（恒以）妙好多伽罗香栴檀、沈水牛头栴檀（叁 744a 倒 13）/（生）怜悯心 安乐之心（叁 667a14）/大鼓 小鼓（叁 691c 倒 3）/（以）贡高心 我慢之心（叁 711c 倒 8）/此世 彼世，（流转不息。）（叁 793c12）/彼乐 此乐，（一种无殊。）（叁 701b 倒 10）/（如是）自心 他心（亦然）（叁 794b 倒 3）

2. 三中重现

（兼起种种）香云 华云及以宝云（叁 729c 倒 14）/所有羊子 牛子 马子（叁 767c 倒 12）/（我当别觅）长者之女或大臣女或居士女（叁 713a8）/或驴骡形、象形、马形、骆……狸狗，（诸如是等种种形容）（叁 777a 倒 13）/（复有）涂香 末香 烧香（叁 733a6）/（而菩萨得）如是定心 清净之心 无垢秽心（叁 794c1）/（汝多）漫言、无利益言、愚痴人言（叁 784c 倒 1）

3. 四中重现

（及天无量栴檀末香，）优钵罗华、波头摩花、拘勿头花、分陀利花（叁 667b7）/（或时）意著 身著 语著或意业著（叁 754a 倒 4）/（威力覆蔽）释天、梵天、大自在天、护世诸天（叁 772c 倒 8）

有些复说语里也有四中重现：

（雨于种种天诸妙花，）优钵罗花、分陀利花、拘物头华、波头摩华（叁699b15）／（又世诸神，）风神 水神，火神 地神，（四方四维，彼等诸神，皆作佐助。）（叁744b4）

4. 五中重现

耳根 鼻根 舌根 身根 意根 （叁685a1）／迦尸迦衣、刍摩妙衣、劫波妙衣、骄奢耶衣、拘沈婆衣 （叁670b14）

5. 八中重现

（遍见一切）或复命终堕落众生，或生众生，上界众生，下界众生，端正众生，丑陋众生，或堕恶道一切众生，或生善道一切众生（叁794a2）

有些复说语里也有八中重现的：

（复将天花，）曼陀罗花、摩诃曼陀罗花、曼殊沙花、摩诃曼殊沙花、优钵罗花、拘勿头花、钵头摩花、分陀利花（叁792b4）

（二）西晋《生经》里中心语的重现

仅1例，相同的中心语出现二次。

（时）山神 树神（睹之）（叁99b7）

（三）西晋《普曜经》里中心语的重现

共4例。

1. 相同的中心语出现三次

（其）苏水器及麻油器 石密器（叁488c7）／华香 杂香 捣香（叁506c15、叁529c8）／（降服）身魔 死魔 天魔（叁507c13）

2. 相同的中心语出现四次

（或事）山神 社神 虚空天神 海水泉池树木之神（叁510c倒10）

（四）后秦《出曜经》里中心语的重现

共27例。

1. 相同的中心语出现二次

彼命 此命（俱终变异）（肆653b倒11）／（彼）树神 山神（肆679c1）／（汝等虽得）须陀洹果 斯陀含果（肆640b8）／（即于座上得）须陀洹果 斯陀含阿那含阿罗汉果（肆636a5）／眼根 耳鼻舌身诸根（不与常同）（肆620c倒12）／（于彼便生）欲想 爱想（肆686b倒2）

2. 相同的中心语出现三次

（所谓论者，）施论 戒论 生天之论。（肆621b8等四处）／（或踉）舍神 城神 街陌诸神（肆 624a 倒 13）/初夜 中夜 后夜（肆 637a4 等三处）/（长）地狱世 饿鬼世 畜生世（，不种邪见根者，不与此三世从事。）（肆 639b 倒 5）/（漏诸结使，布在三处，）欲界 色界 无色界。（肆 640a7）/（所更）一生 数生至百千生（肆 643a7）/（先学四非常）苦义 空义 非身之义（肆 687c4）/欲念 恚念 害念（肆 686b 倒 10 等四处）/（汝颇闻有）流沙空野 随沙门空野 闲静空野（不？）（肆 660c 倒 12）/戒品 定品 慧品（，昼夜精勤，不兴放逸。）（肆 657a 倒 13）/（具足）眼根 耳鼻舌身根 意根（肆 655b 倒 4）/（月）八日 十四日 十五日（肆 618c3）

3. 相同的中心语出现四次

（得）初禅 二禅 三禅 四禅（肆 645b 倒 11）/空处 识处 不用处 有想无想处（肆 645b 倒 10）/（何不学四非常？）非常义 苦义 空义 无我之义（肆 687b 倒 13）/（何不修四非常？）非常义 苦义 空义 非身之义（肆 687b 倒 6）/（心开意解，得）须陀洹果 斯陀含果 阿那含果 阿罗汉果（肆 642b1）/（以次得证）须陀洹果 斯陀含果 阿那含果 阿罗汉果（肆 642b 倒 9、肆 659a 倒 8）/山神 树神 天地神下至墓堆秽恶之神（，尽向跪拜。）（肆 624a 倒 12）/（流者流在）界中 有中 生中 趣中（肆 628c13）

4. 相同的中心语出现五次

（诸在）戒品 定品 慧品 解脱见慧品 度知见品（，可敬可贵，为无上道。）（肆 658a12）

5. 相同的中心语出现六次

（所谓苦者，）生苦 老苦 病苦 死苦 恩爱别离苦 怨憎会苦。（肆 626c 倒 13）

6. 相同的中心语出现七次

（苦有八相，）生苦 老苦 病苦 死苦 怨憎会苦 爱别离苦 所求不得苦。（肆 667c 倒 6）

此外还有一些并列的数量结构中相同的量词反复出现，也可视为中心语重现：

（经）数百岁 数千岁 数万岁 数千百万岁（肆 663a 倒 11）/百倍

千倍 万倍 巨亿万倍 （，不可譬喻为比。）（肆 665b 倒 5）

（五）北魏《贤愚经》里中心语的重现

共 5 例。

1. 相同的中心语出现二次

象宝 神珠玉女典兵典藏宝 （，次第来至。）（肆 404a12）

2. 相同的中心语出现三次

（广说妙论，所谓论者，）施论 戒论 生天之论。（肆 442a2）／（佛为说法，）施论 戒论 生天断欲涅槃之论。（肆 374c 倒 10）／（此女为有）风病 癫狂病 羊痫病 （耶？）（肆 381a 倒 6）／（寻明即往罗阅城门，夜三时开。）初夜 中夜 后夜 （，是谓三时。）（肆 419a13）

三 定语或中心语重现情况的总结及原因分析

从以上第一、二部分的调查可以看出，定语或中心语的重现现象以隋《佛本行集经》里的用例最多，而且能涵盖其他经中几乎所有的类型，所以讨论这一问题完全可以用隋《佛本行集经》为代表。这样做还有一个好处是，语料更显得纯粹，方便我们发现和总结规律。以下分析时的统计数据和举例就都来自《佛本行集经》。

1. 从词性看，重现的定语可以是名、形、数、代等词性，而重现的中心语无一例外全是名词。从音节数目看，重现的定语中单音节词 20 例，双音节词 17 例；重现的中心语中单音节词 28 例，双音节词 3 例。从重现的频次看（频次的统计见下表），百分之八九十都集中在二次到四次之间，虽然中心语的重现最多的达到了八次，但毕竟罕见。

表 5-1

	二次	三次	四次	五次	六次	七次	八次	总和
定语重现	32	3	5	1	0	0	0	41
中心语重现	15	7	5	2	0	0	2	31
小计	47	10	10	3	0	0	2	72
占总数百分比	65%	14%	14%	4.2%	0	0	2.8%	

从重现的定语之后的多项中心语之间和重现的中心语之前的多项定语之间的语义关系看，几乎都是并列关系。从定语、中心语的重现

转变为定语、中心语共用[①]的情况看，两者也很不一致。经笔者统计，定语重现共 41 例，其中可转变为定语共用的 28 例，不可转变的 13 例；中心语重现共 31 例，其中可转变为中心语共用的 4 例，不可转变的 27 例。造成前者可转率高，后者可转率低这一现象的原因是联合结构的形成必须具备一定的条件。定语重现（用 $AB_1AB_2AB_3$……表示）之所以比较容易转变为定语共用（用 $AB_1B_2B_3$……表示），是因为在定语重现时 AB_1 与 AB_2 与 AB_3 间本来就是并列关系，而定中短语结构的语义重心一般都在中心语，所以当它们共同的定语 A 被提取后，B_1 与 B_2 与 B_3……间也比较容易构成联合结构。不能转变的只在少数，它们不能转变的主要原因是有的转变后会引起歧义，如"五百童子五百童女"（叁 773c2），变为"五百童子童女"就让人产生误解，以为"童子童女"总共是五百人，"诸天诸神"（叁 665c 倒 9）变为"诸天神"也会引起误解，因为"诸天"的"天"单独讲是"天人"的意思，而"天神"就把"天人、神灵"合二为一了。与定语重现的情况相反，中心语重现（用 $A_1BA_2BA_3B$……表示）之所以难以转变为中心语共用（用 $A_1A_2A_3$……B 表示），是因为虽然中心语重现时 A_1B 与 A_2B 与 A_3B 间是并列关系，但这不能保证 A_1 与 A_2 与 A_3……间可以构成联合结构，如"贡高心我慢之心"（叁 711c 倒 8）可以说"贡高我慢之心"，但"彼乐此乐"（叁 701b 倒 10）不能说成"彼此乐"，"自心他心"（叁 794bb 倒 3）不能说成"自他心"。不能转变的最主要原因是 A_1B 与 A_2B 与 A_3B……这些定中结构比较凝固，词化趋向十分明显[②]，如果勉强提取中心语，转变为 $A_1A_2A_3$……B 则有割裂词语之嫌，如"末香涂香"（叁 796 a 8、叁 779 a 倒 9）不能说成"末涂香"，"释天、梵天、大自在天、护世诸天"（叁 772c 倒 8）不能说成"释、梵、大自在、护世诸天"。还有一个原因是中心语的词性一般都是名词性，比较单纯，而定语的词性就可能较复杂，不太容易组合成联合关系的结构。另外，我们还发现，定

---

① 定语的共用和中心语的共用的概念参看本章第二节。

② 上文已有统计，隋《佛本行集经》里重现的中心语中单音节词 28 例，双音节词 3 例。中心语单音节词占到绝大多数，这也就为定中结构的词化趋向创设了条件。

语与中心语的重现现象较少出现在主语中，大多出现在宾语里。

2. 前文说过，定语与中心语的重现本身是一种繁化的表现，表面上看，有违语言表达的经济原则，但我们不能这样机械地看问题，因为从表达效果看，重现还是有它积极的效果的：一是加强了语言的节奏感和节律性。佛经为了争取受众，本身的音乐性要求也很高，要做到易于念诵。有时为了凑成四字一顿，也有重现部分词语的必要，甚至有的（以下举隋《佛本行集经》为例）还在定中之间带了"之"字，如"以贡高心我慢之心"（叁 711c 倒 8），或者在数个定中结构间用上了"及以""或"等连词，如"（兼起种种）香云华云及以宝云"（叁 729c 倒 14）、"（我当别觅）长者之女或大臣女或居士女"（叁 713a8）。这样说来，重现就成为调整音节、以便使结构稳妥的一种有效手段。二是在语意上也形成一种排比强调的气势。重现的部分反复出现也加强了对受众的语音、语意刺激，给人留下深刻的印象。三是从整体风格上看。本书选取的八部中古汉译佛经中语言最为繁复的是隋《佛本行集经》，该经中反复的地方不少，而定语或中心语的大量重现与整部《佛本行集经》的语言风格是统一的，在其中并没有突兀之感。

第二节　定语的共用与中心语的共用

一　定语的共用

由多项联合的中心语共用一个定语，通常称一定多中。以下先按充当定语词语的词性、后依中心语联合项的数目分类。

（一）隋《佛本行集经》中定语的共用

1. 名词充任定语

（1）一定二中

（犹）火色热，（热不离色，色不离热。）（叁 755b 倒 8）① /

① 为了表述的清晰，本书把容易产生误解的中心语里的并列项或定语里的并列项用下画线标示出来。这里标示的是中心语的并列式。

（作）天歌 赞（叁796a5）/（奉承）大王威德 势力（叁748b2）/
（愿为解释）转轮圣王形状 相貌（叁690b倒6）/（秉持）大王威
神、巍巍势力（叁720a倒6）/计算世间方便 智能（得相入不?）
（叁709b倒5）/童子母摩耶夫人、父善觉释（遣使语我）　（叁
698c8）/（于）世财利及以五欲，（非巧方便）（叁750b倒2）/虚
空日月及诸星宿，（悉皆堕落。）（叁727b倒2）/（并及）太子缘身
璎珞 无价宝冠（叁739a8）

　　（2）一定三中

　　（将）天华鬘 末香 涂香（叁729c倒3）/（以）释意气 种姓 尊
豪（叁712b1）/（或手执）人五脏 肠肚 粪秽（而食）（叁777a4）/
世尊名号 说法 音声，（于世间中最上最胜）（叁655a倒10）/（熟视
瞻仰）太子面颜 上下形容 丈夫之相（叁723c4）/（净饭王敕）迦毗
罗城内街巷 四衢 道头，（悉教振铎大声唱令）（叁708c倒3）/（即
将）太子璎珞 伞盖并马乾陟，（牵诣王前）（叁743b12）/（时净饭
王见）其太子诸宝璎珞并及伞盖 马乾陟等（叁743b倒14）

　　（3）一定五中

　　（或复手执）人肉 骨 血 头目 支节（而啖食之）（叁777a3）/天
上帝释 千眼天主 舍脂之夫 大力天王及诸天众（左右围绕）　（叁
744b2）/太子左右及执作人 僮仆 男女 诸后从等（叁707b90）

　　（4）一定六中

　　（观看菩萨，眼目不瞬。所观）菩萨支节 面额 眉目 肩项 手足 行
步（叁758c13）/（能于）现在天 魔 梵 释 沙门 婆罗门等，一切天
人世间之中（叁655a倒8）/（并）余小王子孙 继袭 住处 名字 次第
少多（叁673a倒4）/（于）此世间梵宫 魔宫 天 人 沙门及婆罗门，
（世皆大明）（叁795c倒7）

　　（5）一定七中

　　（既见）太子髻里明珠、伞盖、横刀并摩尼宝庄严蝇拂、自余璎
珞、乾陟马王及车匿等（叁739b倒12）

　　2. 形容词充任定语

　　（1）一定二中

　　大地及海（叁672b6）/（恐畏更有）或大威德 福力之人（叁

775c 倒 4）/（持）白盖 拂（叁 689b 倒 3）/（恒以）妙好 多伽罗香 栴檀 沈水牛头栴檀（用涂其身）（叁 744a 倒 13）

（2）一定三中

（又不染爱）妙色 声 香（叁 726c12）/（受）大供养 恭敬 尊重（叁 655a15）

（3）一定五中

（所谓）上妙天冠 耳珰 手锁 臂钏及指环等（，种种璎珞庄严于身。）（叁 791a 倒 8）

3. 数词充任定语

（1）一定二中

（满）七日 夜（叁 701a9）

（2）一定七中

或一粳米、小豆、大豆、菉豆、赤豆，大麦、小麦（叁 767b8）/（可将）一好清净伞盖、革屣、金杖、金三叉木、金瓶、金钵、上下舍勒（五百金钱，如是与我。）（叁 665b12）

4. 代词充任定语

（1）人称代词

a. 我

一定二中：

（未曾知）我变化 神通/我姊 外甥/我之父母及诸眷属/（夺）我之国土 父王位（叁 778c12）/我之心意及以口舌（叁 735c 倒 8）

一定三中：

（爱恋之心彻）我皮肉 筋脉 骨髓（叁 774a 倒 11）

b. 其

一定二中：

其天冠 头髻（叁 735a13）/其手及声（叁 715c 倒 13）

一定三中：

其口 鼻及耳（叁 766c12）

一定四中：

其父王 大臣 使人并及国师婆罗门（叁 751c6）

c. 反身代词

一定三中：

（见）自咽喉 唇 腭（干燥）（叁 775b5）/（捐）自眷属 境界 国城（叁 745a10）

（2）指示代词

a. 彼

一定二中：

彼油 酥/彼山林 溪谷/彼地居诸天 诸仙/彼国师及婆罗门/彼大臣及国师等/时彼人民及宫婇女/（告）彼大臣并及国师婆罗门/彼诸沙门及婆罗门

一定三中：

彼日 月 星辰/（如）彼空林 死尸 骸骨（叁 762a 倒 3）/（汝应知）彼城邑 聚落 诸王种族（叁 677c 倒 10）

一定四中：

彼生 老 病 死

b. 彼等

一定二中：

彼等沙门及婆罗门（叁 764c 倒 14）

c. 此

一定三中：

（何因缘有）此老 病 死（叁 794c13）

d. 其

一定二中：

其弓及弦（叁 710c11）/其车匮及马乾陟（叁 733c8）/其摩诃那及国师等（叁 688c12）

e. 是

一定二中：

（汝何用）是粗弊衣服 袈裟色（为？）（叁 738a5）/是诸沙门 婆罗门等

f. 如是

一定二中：

如是希奇之事 未曾有法（叁701b8、叁689c 倒 4）／（今受）如是忧愁 苦恼（叁750b 倒 8）／（今生）如是聪睿大福德子 智慧之子（叁709b 倒 8）

一定五中：

如是兵众 夜叉 罗刹及鸠槃茶 毗舍遮等（叁787b7）

g. 如是等

一定二中：

（有）如是等希奇之事 未曾有法（叁702c 倒 8）／（有）如是等无量无边希奇之事 未曾有法（叁688b11 等）／（有）如是等无量种种希奇之事 未曾有法（叁698c6）

一定三中：

有如是等无量无边威神 德力 未曾有法（叁685b 倒 9）／有如是等种种瑞相 希奇之事 未曾有法（叁700a 倒 9）

5. 一组总括义词语充任定语

（1）所有

a. 一定三中

所有羊子 牛子 马子（叁767c 倒 12）／所有秽恶 瓦砾 粪堆（叁662a10）／所有思念 判事或作方计（叁775c 倒 13）

b. 一定六中

汝之所有眷属 妻儿 兄弟 姊妹 姑姨 舅氏（叁733b 倒 12）／所有华果 树林 药草 根叶 流泉 冷水（叁745b 倒 11）

（2）一切

a. 一定二中

一切敌国 怨家／一切荆棘 砂砾／一切天人 世间／一切烦恼 患累／一切忆念 忧愁／一切稠林 树木／一切亲族 知识／一切眷属 国城／一切山河及林泉等／一切星宿及以日月／一切有为 生老病死

b. 一定三中

一切秋辔 鞍鞴 镫具（叁691b 倒 1）／一切战斗 捔力 拳搥（叁708c6）／一切天人 众生 杂类（叁722c8）

c. 一定四中

一切荆棘 沙砾 粪秽 土堆（叁 685c6）

（3）种种

a. 一定二中

种种幡幢 盖等/种种渠流 池沼/种种饼果 羹臛/种种末香 涂香/种种兵戎 器械/种种兵戈 器仗/种种殊方 善论/（譬如有人说彼月天）种种恶事 毁辱之言（叁 735c 倒 5）

b. 一定三中

种种花雨 末香 涂香（叁 796a10）/种种香云 华云及以宝云（叁 729c 倒 4）/有如是等种种瑞相 希奇之事 未曾有法（叁 700a 倒 9）

c. 一定四中

种种涕唾 痰癊 屎尿 淤血（叁 699a4）/种种末香 涂香 花鬘 璎珞（叁 691c 倒 11）/种种璎珞 金银 饮食 衣服（叁 702b 倒 3）

d. 一定六中

种种璎珞 珠玑 印文 指环 臂璩 腰佩（叁 702b13）

e. 一定七中

（复有诸鸟所谓）种种鸿 鹤 孔雀 鹦鹉 鸲鹆及拘翅罗 鸳鸯等鸟（叁 719c 倒 11）

（4）诸

a. 一定二中

诸龙 夜叉/诸节 支脉/诸音声 歌唱/诸忧愁 苦恼/诸佛及比丘僧/诸沙门及婆罗门/诸沙门 婆罗门等/诸优婆塞及优婆夷/诸璎珞及以衣裳/诸妙药及于甘果/诸欲心及不善法/诸恐怖及以艰难/（恒聚非法）诸恶知识 不善之人（叁 671b 倒 2）

b. 一定三中

诸大臣 公卿 辅相/诸飞禽 走兽 盗贼/诸梵 释 四天王等/诸国王 大臣 宰相/诸蚊 虻 细小毒虫/诸聚落 村邑 国城/诸药草 根果 花叶

c. 一定八中

（无）诸坑坎 堆阜 陵谷 丘壑 沟渠 荆棘 尘埃及沙砾等（叁 675b9）

（二）东汉《修行本起经》中定语的共用

仅 2 例。

（太子下马，解）身宝衣 璎络 宝冠，（尽与阐特。）（叁 468a12）

（一劫始成，人物初兴，能知）十劫百劫至千万亿无数劫中内外姓字、衣食苦乐、寿命长短、死此生彼、展转成趣。（叁 471c13—15）

前一例定语是名词，属于一定三中；后一例定语是方位短语，也是名词性的，属于一定五中。

（三）东汉《中本起经》中定语的共用

1. 名词充任定语

（1）一定二中

举国士 女，（归心师焉。）（肆 158a8）

（2）一定三中

（时）摩竭提国王 吏 民（肆 151b 倒 5）/（见）诸梵志衣被 什物及事火具，（随流漂下。）（肆 151c 倒 12）

（3）一定四中

迦叶裘褐 水瓶 杖屦 诸事火具，（悉弃水中。）（肆 151c15）

2. 形容词充任定语

（以）好华香 珍宝（肆 159a13）

仅此 1 例，属一定二中。

3. 代词充任定语

（令）其父 子，（两不相见。）（肆 149b3）

仅此 1 例，属一定二中。

4. 总括义词语充任定语

诸天 龙 神，（莫不奉承。）（肆 162c 倒 7）

仅此 1 例，属一定三中。

（四）三国吴《六度集经》中定语的共用

1. 名词充任定语

（1）一定二中

（脱）身珠玑 众宝（叁 3a 倒 11）/二国君 民（叁 3b5）/（睹）

佛经妙义 重戒（叁 3c4）/（取）仁王尸及首（叁 6c4）/（恋慕）山中树木 流泉（叁 11a7）/诸国群臣 兆民（叁 29b3）/（吾知）佛三戒 一章（叁 32a 倒 4）/鹿之皮 角（叁 33a 倒 12）/国内士 女（叁 37b 倒 11）/（视）世荣乐 真伪（如梦）（叁 40b9）/（明敕）宫中皇后 贵人（叁 48c 倒 3）/南王容 体（叁 49b9）

（2）一定三中

（闻）佛名号 相好 道力（叁 32a 倒 10）

（3）一定四中

太子车马 衣裘 身宝 杂物（，都尽无余。）（叁 9a10）/其中众宝伎乐 甘食 女色（逾前）（叁 21b11）

（4）一定五中

（明令）宫中皇后 贵人 百官 侍者 执纲维臣，（教以正法。）（叁 11b11）

2. 动词充任定语

（取）断 手 足 耳 鼻（，著其故处。）（叁 25b 倒 2）

3. 代词充任定语

（螫）其胸 腹（叁 34c1）/（而见）其母 兄 妹（叁 29b8）

4. 总括义词语充任定语

这里的总括义词语都是"诸"，而且都是一定三中。

（佛）诸典籍 流俗 众术（叁 4a 倒 4）/诸群臣 后宫 婇女（叁 7c14）/诸龙 鬼 神（叁 31c10）/诸国老 群僚 黎庶（叁 45a 倒 6）/诸天 仙 圣（叁 49b 倒 8）

（五）西晋《生经》中定语的共用

1. 名词充任定语

（1）一定二中

女父 母（叁 75b6）/（时）海龙 神（叁 75c 倒 5）/（诸）海龙神（叁 76a2）/（见）帑藏中琦宝 好物（叁 78b10）/（和上心念）弟子功德 性行（叁 92c 倒 6）/（兴）沙塔 庙（叁 95a 倒 4）/宿命罪 福，（自令其然。）（叁 96b 倒 1）/（不如）山野愚民 痴人（叁 98a13）/（谁令调达除）头须 发（叁 101b 倒 7）

（2）一定三中

（还念）妻子<u>形类</u> 举动 家事（叁 70b7）/和上<u>舍利</u>及钵 衣服（叁 80a3）

2. 形容词充任定语

（示其）至密<u>威仪</u> 法节（叁 97a 倒 3）

3. 代词充任定语

（1）人称代词

a. 一定二中

（乱）我<u>身</u> 心（叁 100b 倒 8）

b. 一定三中

我之<u>父母</u> 家属 亲里（叁 89c6）/（观）仁<u>言行</u> 举动 进止（叁 97c2）/（试）其<u>举动</u> 行步 进止（叁 90a 倒 4）/（取）其<u>法则</u> 举动 长短（叁 90b11）/（及）其<u>颜貌</u> 长短 好丑（叁 106c 倒 4）

（2）指示代词

a. 一定二中

（今）此<u>日</u> 月（叁 81c7）/此<u>经典</u> 法律（叁 92c14）/（系）其<u>牛</u> 马（叁 96b7）

b. 一定三中

（于）此<u>墙壁</u> 山薮 溪谷（叁 81c3）/（遣）此<u>饮食</u> 金银 珍宝（以贡大王）（叁 97c10）

c. 一定五中

（见）此众<u>人</u> 天 龙 鬼 神（来会者不？）（叁 99a5）

4. 总括义词语充任定语

（1）一定二中

诸<u>臣</u> 吏（求诸婇女）（叁 70b 倒 12）/（与）诸<u>贤者</u> 沙弥（俱）（叁 79c 倒 5）/（时）诸<u>臣</u> 吏（叁 91c12）/诸<u>梵志</u> 仙人（叁 94a 倒 3）

（2）一定三中

诸<u>鬼</u> 神 龙（叁 75c 倒 8）/诸<u>天</u> 鬼 神（叁 76a 倒 7）/诸<u>魔</u> 梵 天（叁 79b10）/诸<u>天</u> 龙 神（叁 99a1）/（今者国王）诸<u>兵</u> 臣 吏（叁

102c 倒 13)

（3）一定五中

（伺）诸牛 马 骡 驴 骆驼（叁 96a9）/种种衣服 奴婢 乳酪 醍醐 饮食（叁 101 a 倒 12）①

（六）西晋《普曜经》中定语的共用

1. 名词充任定语

（1）一定二中

其迦维越树木 药草（叁 501b 倒 10）/其树花 果（叁 513c7）/交 露台 阁（叁 516c 倒 11）/吉祥釜 灶（叁 517b8）/（及）国吏 民（叁 533b 倒 6）

（2）一定三中

（脱）身宝 璎 奇珍（叁 508a 倒 6）/头冠帻 珠玑 璎珞（叁 517b1）/（尔时得）佛十种神力 四无所畏 十八之法（叁 522b15）/（吾等当学）彼佛精进 威神 势力（叁 530c5）/（见）诸梵志衣被 什物 事火之具（叁 532a 倒 13）

（3）一定四中

（车匿取）太子衣 众宝 璎珞及白马（还）（叁 508b9）

2. 代词充任定语

（1）一定二中

（取）此果 米（叁 531b 倒 11）

（2）一定三中

其苏水器及麻油器 石蜜器（叁 488c7）

3. 总括义词语充任定语

（1）一定二中

（自然光明照）诸墙壁 树木（叁 503c10）/诸鬼 神（叁 507a 倒 3）/诸群臣 眷属（叁 508b10）/诸宝 璎（叁 513a 倒 8）/诸臣 庶（叁 531c5）/一切男女 大小（叁 504a 倒 3）/所有亲戚 家属（叁 527c 倒 8）

---

① 提醒注意：此例中的"醍醐"通常写作"醍醐"。

（2）一定三中

（摄）诸疲厌 自大 贡高（叁 484c5）/诸大梵志 豪姓 释种（叁 495a 倒 10）/诸鬼 神 龙（叁 509a14）/诸天 龙 神（叁 511b1、叁 536a15）/诸天 鬼 神（叁 519a 倒 8）/诸天 释 梵（叁 532b 倒 11）/诸释种 大臣 百官（叁 536a 倒 11）/（悬垂）一切日 月 明珠（叁 504b2）

（3）一定四中

诸天 龙 神及揵沓和（叁 498a8）/诸鬼 神 龙 阿须伦等（叁 501b2）/诸天 龙 神 阿须伦（叁 530b 倒 4）/（敕）诸大臣 长者 梵志 国中吏民（叁 532b 倒 10）

（4）一定六中

（恼伤）诸天 世间人民 阿须伦 龙 鬼 神（叁 528c11）

（5）一定七中

（豫知）诸天 人 龙 鬼 神 蚑行 蠕动之类（叁 522a15）

（6）一定八中

诸天 龙 神 揵沓和 阿须伦 迦留罗 真陀罗 摩休勒（叁 524c 倒 9）

（7）一定九中

诸有贪淫无贪淫者 有瞋恚无瞋恚者 有愚痴无愚痴者 有爱欲无爱欲者 有大志行无大志行者 有内外行无内外行者 有念善无念善者 有一心无一心者 有解脱意无解脱意者（，一切悉知。）（叁 522a 倒 14）

（七）后秦《出曜经》中定语的共用

1. 名词充任定语

（1）一定二中

（复见）人间村落 城郭（肆 622a10）/（尔时）城里长者 人民（肆 631a 倒 8）/（手执）藕花 叶（肆 659c13）/（不念）人非 恶（肆 669c 倒 4）/（知）草刚 软（肆 678c9）/（亦莫侵）王秋苗 谷食（肆 685c6）

（2）一定三中

（追忆）本时歌笑 伎乐 作倡（肆 686b 倒 7）

（3）一定四中

彼守园人宗族 五亲 妻息 仆使（肆635c11）

2．形容词充任定语

（1）一定二中

野草 木（肆638a6）/众多外道 异学（肆682b6）/好饮 食（肆690b5）/（以）小升 斗（欲量海水）（肆690b15）

（2）一定三中

（封受）自然金床 玉机 七宝殿堂（肆661a2）

3．代词充任定语

（1）人称代词

a．一定二中

我先祖 父母（肆638c5、肆638c13）/（著）吾服饰 天冠（肆641b13）/（观）其威仪 礼节（肆677b8）

b．一定三中

己妇 妻 女（，奸淫无度。）（肆640c倒10）/吾伎女 妻 妾（肆641b3）

c．一定四中

（以）其衣被 饮食 床卧具 病瘦医药（时惠施者）（肆649b倒14）

（2）指示代词

此智慧 光明（肆682a倒14）

4．总括义词语充任定语

（1）一定二中

诸佛世尊及佛弟子（肆637c6）/（除）诸恶法 不净之行（肆637c7）/诸凡夫 行人（肆638a6）/诸天 神仙（肆643c倒1）/诸男女（肆668c6等三处）/诸神人 道士（肆690c倒14）

（2）一定三中

（亦是）诸人 宗族 五亲（怀嫉妒心）（肆630b15）/诸天 龙 鬼（肆658b2）/（造）诸精舍 塔 寺（肆676b倒1）/诸五亲 知识 朋友（肆628b倒10）

（3）一定四中

诸<u>老</u> <u>少</u> <u>壮</u>及<u>中间</u>人（肆614a3）/诸<u>老</u> <u>少</u> <u>壮</u>乃<u>中间</u>人（肆613b倒4）

（八）北魏《贤愚经》中定语的共用

1. 名词充任定语

（1）一定二中

汝家父母 <u>大</u><u>小</u>（肆367c15）/王<u>冠</u> <u>服</u>（肆372b6）/（视）世<u>善</u><u>恶</u>（肆376c11）/三十二儿妇家 <u>亲族</u>（肆401b倒11）/（领）阎浮提<u>八万四千小国</u> <u>八十亿聚落</u>（肆405a5）/（即敕）家内夫人 <u>婇女</u>（肆405a倒12）/（众贾前抱）导师<u>手</u> <u>足</u>（肆407a倒14）/（闻）人<u>香</u> <u>臭</u>（肆407b2）/（王敕）宫内夫人 <u>婇女</u>（肆410b倒14）/其舍内妻子 <u>奴婢</u>（肆413a倒10）/（见）佛光相 <u>威仪</u>（肆424a倒2）/我家屋舍及与<u>园林</u>（肆431c12）/（令）国<u>男</u> <u>女</u>（番休听法）（肆434a5）/（共）家妇 <u>儿</u>（，以自供活。）（肆435a13）/（以）天<u>华</u> <u>香</u>（肆437b12）/（持）天<u>花</u> <u>香</u>（肆437c9）/王之<u>象</u> <u>马</u>（肆440b8）/四远<u>士</u> <u>民</u>（肆351a6）

（2）一定三中

（领）此世界<u>八万四千诸小国邑</u> <u>六万山川</u> <u>八千亿聚落</u>（肆349a倒9）/（典领）诸国<u>八万四千聚落</u> <u>二万夫人婇女</u> <u>一万大臣</u>（肆349b倒5）/（是时）宫中<u>二万夫人</u> <u>五百太子</u> <u>一万大臣</u>（，合掌功请，亦皆如是。）（肆349c倒10）/合国<u>男女</u> <u>尊卑</u> <u>大小</u>（肆371b7）/（而内具足）沙门<u>德行</u> <u>禅定</u> <u>智慧</u>（肆380b倒3）/（而内具足）沙门<u>德行</u> <u>戒定</u> <u>慧解</u>（肆380c2）/我家<u>舍宅</u> <u>床榻</u> <u>坐席</u>（肆431c11）/国中<u>豪贤</u> <u>长者</u> <u>居士</u>（肆439a6）

（3）一定四中

（典领）诸国<u>八万四千聚落</u> <u>二万夫人婇女</u> <u>五百太子</u> <u>一万大臣</u>（肆350a倒10）/（领）阎浮提<u>八万四千国</u> <u>六万山川</u> <u>八十亿聚落</u> <u>二万夫人婇女</u>（肆402a倒14）

（4）一定五中

（出）我库藏<u>金银</u> <u>珠宝</u> <u>衣被</u> <u>饮食</u> <u>所须之具</u>（肆391a10）

（领）阎浮提<u>八万四千国 六万山川 八十亿聚落 二万夫人婇女 一万大臣</u>（肆 436a10）

2. 形容词充任定语

共 5 例，都是一定二中：

（敷）好<u>床 座</u>（肆 350c 倒 11）/（得）好<u>果 菜</u>（肆 356a 倒 12）/盲<u>父 母</u>（肆 356a 倒 6）/（其）老<u>父 母</u>（肆 356a 倒 5）/（得）少<u>钱 谷</u>（肆 409c 倒 8）

3. 代词充任定语

（1）一定二中

（坏）我<u>身 首</u>（肆 423c 倒 9）/（问）其<u>父 母</u>（肆 354a 倒 5）/（白）其<u>父 母</u>（肆 430a 倒 6）/（截）其<u>耳 鼻</u>（肆 360a11）/其<u>父 母</u>（肆 384c 倒 13、肆 431c5）/（劓）其<u>耳 鼻</u>（肆 443a2）

（2）一定三中

（除）汝<u>三毒 诸欲 饥渴</u>（肆 360c8）/（增）我<u>势力 威德 眷属</u>（肆 373c 倒 4）/（令）此<u>众贾及船 珍宝</u>（肆 407a15）

4. 总括义词语充任定语

（1）一定二中

（时）诸<u>小王 群臣之众</u>（肆 350b 倒 6）/诸<u>臣 民</u>（肆 362a5、肆 362a 倒 6、肆 372b3）/诸<u>王 臣</u>（肆 363c 倒 3、肆 409b11）/诸<u>蝇 蚁</u>（肆 367a6）/诸<u>山 大海</u>（肆 373a6）/诸<u>王 大臣</u>（肆 379b14）/（散）诸<u>华 香</u>（肆 392b 倒 5）/诸<u>天 人民</u>（肆 392c7）/（以）诸<u>妙宝 摩尼珠等</u>（肆 394b 倒 10）/诸<u>小王 臣</u>（肆 403b3）/诸<u>龙 夜叉</u>（肆 407c 倒 12、408a 倒 1）/诸<u>禽 兽</u>（肆 411a7、肆 411a9）/诸<u>王 群臣</u>（肆 415c9）/诸<u>虻 蝇</u>（肆 418b4）/（起于恶心向）诸<u>沙门 著染衣人</u>（肆 438a12）/（雨于）一切<u>珍宝 衣食</u>（肆 409a 倒 11）/（办具）种种<u>肴膳 饮食</u>（肆 408c 倒 9）/（为办）种种<u>肴膳 饮食</u>（肆 411c 倒 1）/（屋间刻镂）种种<u>兽形及水虫像</u>（肆 431a3）/种种<u>香 花</u>（肆 374c 倒 12）

（2）一定三中

诸<u>龙 鬼 神</u>（肆 360a 倒 9）/诸<u>群臣 夫人 婇女</u>（肆 359c 倒 5）/

诸狼 狐 狗（肆 368a10）/诸国王 臣 民（肆 369a11）/诸长者 居士 人民（肆 371b 倒 3）/诸天 鬼 神（肆 373a 倒 2）/诸人民 豪贤 长者（肆 385a2）/诸人民 豪贤 居士（肆 385a11）/诸天 龙 鬼（肆 388a 倒 4）/诸王 臣 民（肆 403c3 等十处）/诸小国王 群臣 太子（肆 415c1）/（向于过去）诸佛 辟支佛 阿罗汉（肆 438a13）/（向于未来）诸佛 辟支佛 阿罗汉（肆 438a14）/（向于现在）诸佛 辟支佛 阿罗汉（肆 438a14）/（多）诸粪秽 屎尿 臭处（肆 443c 倒 3）/（办）种种食 香花 坐具（肆 375c 倒 14）

（3）一定四中

诸国王 臣 民 大小（肆 370c 倒 5）/（告）诸臣 民 夫人 大子（肆 389c1）/（告）诸小王 太子 臣 民（肆 389c 倒 8）

（4）一定五中

诸王 臣 民 夫人 太子（肆 390a 倒 11）/一切诸王 臣 民 夫人 太子（肆 389c 倒 12）

二　中心语的共用

所谓中心语的共用，实际上就是多定一中，而且多项式定语之间为并列关系。以下首先按充当多项式定语词语的词性分成形、名、动三大类，接着按定语联合项的数目划分小类，如二定一中、三定一中等，每一小类内部又按充任定语与中心语的词语的音节数划分小小类。最终目标是要找出多项联合式定语内部的排序规则。

（一）隋《佛本行集经》里中心语的共用

1. 并列关系的定语是形容词性的

（1）二定一中

a. 单单+单

长大身（叁 793a 倒 3）/（乘）大白象（叁 698c 倒 11）/（降）大甘雨（叁 749b 倒 4）/（成）大善利（叁 737b 倒 2）/（获）大善利（叁 737b10）/（然）大净灯（叁 706c 倒 3）/（放）大净光（叁 741b 倒 11）/（以）故破皮（作衣）（叁 746a 倒 3）/（著）好净花（叁 662a13）/（取）好利斧（叁 766c11）/（取）好软草（叁

674b9）／（进）好贤车（叁724a11）／（起）疾猛风（叁787b倒6）／（以）妙香华（叁662a11）／（出）妙香气（叁662a倒1）／（以）妙香水（叁661a倒1）／（以）妙香汤（洒散地上）（叁719c倒1）／（出）妙熏香（叁696a倒8）／（有）善恶事（，当任汝心，入山求法。）（叁748c倒2）／生湿木（叁764c倒9、叁765a7、叁765a8）／湿生华（叁729a倒7）／（将）重大石（叁788a倒8）

b. 单单+双

粗大铁棒（叁711b倒7）／（各各皆乘）大黑云队（叁785b10）／大猛威风（叁711b12）／（失于）大小便利（叁728c倒5）／吉凶之相（叁692c6）／（著于一分）净好粳米（叁711c2）／（变身化作）老宿长者（叁705c倒14）／妙好禽兽（叁765c1）／妙好香炉（叁661a2）／妙好枝条（叁760a12）／软细青草（叁675b11）／善胜童子（叁694b5）／细白氎衣（叁667b倒7）／贤善仁者（叁773a倒14）

c. 双单+单

不祥衰相（叁720b4）／粗涩臭衣（叁740a9）／幻惑恶心（叁788c2）／清净妙水（叁699b4）／柔和软心（叁793b6）／上妙好华（叁666c5）／勇健强力（叁664a倒6）

d. 双双+双

不实虚妄言辞（叁778c4）／可笑奇异面形（叁726b倒7）／牢固刚硬铠甲（叁785c倒1）／迷惑黑暗邪径（叁735a倒8）／妙好香美粳粮（叁707b11）／清净无上法轮（叁700b12）／清净最胜童子（叁699c3）／曲直斜正山川（叁704c倒6）／殊妙微细香雨（叁688b倒9）／微妙柔软香风（叁729c倒13）／微妙殊异音声（叁660c15）／逶迤巧妙行步（叁726b倒5）／无翅老病鸿鹤（叁790a2）／无上清净法轮（叁695a8等）／无上微妙法轮（叁734c15）／无上最妙法轮（叁668c15、叁697c倒3）／香美甘味饮食（叁765b13）／（令起）增上胜妙欲心（叁726b倒9）／（手执）庄严天妙笙提（叁772a倒2）／（又无）尊卑大小礼节（叁678b11）

还有一批"双双+双"的中心语共用，因为中心语都是"众生"，

所以单列出来:

安静清净众生（叁 789a10）/沉重审谛众生（叁 789a14）/黑暗盲冥众生（叁 693b 倒 8）/皎洁清净众生（叁 789a6）/挺特清净众生（叁 789a4）/顽钝愚痴众生（叁 777c9）/无识愚痴众生（叁 749c10）/无畏清净众生（叁 789a8）/勇健刚硬众生（叁 789a 倒 4）/最胜清净众生（叁 789a2）

e. 双双+之+单

安乐微妙之法（叁 793a1）/惭愧羞耻之心（叁 781c 倒 7）/富贵怯弱之人（叁 761b 倒 9）/贡高我慢之心（叁 704a10）/（不舍）精进勇猛之心（叁 669a 倒 4 等）/明了黠慧之人（叁 762c9）/（心生）奇特希有之事（叁 738c12）/怯弱羸瘦之人（叁 789c11）/饶财巨富之人（叁 762c8）/柔软轻细之物（叁 731a 倒 12）/（裂破）无明黑暗之网（叁 686c11）/无羞愚痴之人（叁 750a 倒 11）/（不生）希有恋著之心（叁 726c6）

f. 除了二形容词连用充当的定语外，还连带有其他定语

一种情况是，并列的定语后再带有其他定语:

端正 可喜摩那婆身（叁 732c 倒 12）/微妙 细软拘周摩衣（叁 667b 倒 6）/忧悲 苦恼一切众生（叁 697b 倒 9）/（岂可羡于）贫穷饥冻乞索人（不）（叁 762c9）

还有一种情况是，并列的定语前带有代词等充当的定语:

（有）是丑陋 衰恶相（叁 720c2）/（见）其端正 可喜玉女（叁 775b 倒 14）/（灭）彼燋热 苦剧之火（叁 749b 倒 4）/（悉皆知闻）此可爱乐 希有之事（叁 777c 倒 3）/如是无常 诳或境界（叁 762b 倒 11）/（为）诸无明 黑暗众生（叁 693b2）/（出于）如是微密 秘奥诸法门声（叁 704c13）/（复持）无量种种殊妙 最胜华鬘（叁 699b 倒 13）

（2）三定一中

a. 单单单+单

（别更筑于）崇巨高垒（叁 725b 倒 14）/（一万）善好良马（叁 685c 倒 13）/贤善好车（叁 748b1、叁 760b3）/贤直好车（叁 719c

倒 8）／（烧）杂妙好香（叁 720a2）／（王若是我）真好善友（叁 762b 倒 5）

b. 双双双+双

（我今宁入）炽盛猛炎大热火坑（叁 751b11）

c. 双双双+之+单

（又复四方）微妙凉冷调和之风（叁 773c11）／（复更倍生）殷重至到欢喜之心（叁 738a 倒 11）

（3）四定一中

（为奏）欢喜 疑怪 恐怖 不祥事（乎？）（叁 688c10）／（此当能与）淳直 涅槃 平坦 好道（叁 697c6）／（此名）寂定 微妙 最胜 最上解脱（叁 757c5）／（生）大欢喜 希有 胜上 奇特之心（叁 738a 倒 13）／（以）妙华色 可喜 端正 婇女群队（叁 740a 倒 8）

（4）五定一中

（将）好 最胜 最妙 第一 希有宝座（叁 694a 倒 5）

2. 并列关系的定语是名词性的

（1）二定一中

（太子）手 足指（间具足罗网）（叁 692c 倒 5）／（于）天 人世（，无与等齐）（叁 742b 倒 6）／（一切）天 人世间（之中）（叁 655a 倒 8）／天 人世间（叁 731c 倒 8）／（二万悉是）释 刹利种（叁 715c5）／（此是菩萨）身及发分（叁 668a3）／（若我）福业 善根力（强）（叁 791a4）／（犹如）日月 星宿之光（叁 694b 倒 13）／（应此）刹利 释种之子（叁 779b3）

（2）多定一中

（并在）长者及婆罗门 刹利家（生）（叁 697a 倒 2）／阿迦腻吒、他化、自在、色欲天等（叁 677a4）／（若小豆曞，）大豆 绿豆 赤豆等羹（叁 767b 倒 4）／（或小豆曞）赤豆 豌豆 绿豆曞等（叁 767b11）

3. 并列关系的定语是动词性的

（1）二定一中

（具足）尊重 恭敬心（已）（叁 661b 倒 5）／（犹如散药从于）

疏漏 有孔器（出）（叁 789b 倒 1）／（世间无有）闻法及可度人（叁 662b 倒 7）／（乃至）解脱 不解脱心（如是通知）（叁 794b 倒 1）／赞叹 布施之事（叁 663a3）／（此法非是）究竟 至极之果（叁 757b6）／（决得）利智 称心等愿（叁 743b8）／（更生）殷重 爱敬心想（叁 748a5）／（作）大利益 安乐之心（叁 685a 倒 10）

（2）多定一中

（我今当断）生 老 死根（叁 699a14）／（唯传）涅槃 住持 信解微妙之声（叁 716c 倒 13）／（而未离于）有为 生 老 病 死之法（叁 747a9）

（二）东汉《修行本起经》里中心语的共用

1. 并列关系的定语是形容词性的

共 2 例，都是二定一中：

卑鄙 贫贱家（叁 471c 倒 10）／豪贵 富乐家（叁 471c 倒 11）

2. 并列关系的定语是名词性的

（1）二定一中

日 月光（叁 462c14）／（欲度）五道 八难众生（叁 469b 倒 6）／（弃）苦 乐意（叁 470b 倒 12）

（2）十三定一中

（皆使变成）师子 熊 罴 兕 虎 象 龙 牛 马 犬 豕 猴 猿之形（叁 471a9）

3. 并列关系的定语是动词性的

（1）二定一中

（行致）死 生之厄（叁 469a 倒 10）／（无）忧 喜想（叁 470b 倒 12、叁 471b 倒 6）／（堕）生 死苦（叁 470b 倒 3）

（2）三定一中

老 病 死苦（，不可得离。）（叁 468b 倒 7）

（3）四定一中

（缘生行便有）老死 忧悲 苦痛 心恼大患（叁 470c3）／（生灭则）老死 忧悲 苦痛 心恼大患（皆尽）（叁 470c9）

4. 并列关系的定语是不同词性的

（1）二定一中

（不免）疾病 死丧之痛（叁 469a 倒 10）

（2）三定一中

（念诸世间皆有）忧苦 恐怖 遭逢之患（叁 469b 倒 7）

（3）五定一中

（悯伤一切皆有）饥渴 寒暑 得失 罪咎 艰难之患（叁 469b 倒 9）

（4）七定一中

（诸）天 人 龙 鬼 神 蚑行 蠕动之类（叁 471c4）

（三）东汉《中本起经》里中心语的共用

1. 并列关系的定语是名词性的

共 2 例，都是二定一中：

象 马车乘（，价值万金。）（肆 155c 倒 8）/（惟）昔 先佛（肆 147c9）

2. 并列关系的定语是动词性的

（1）二定一中

（无）忧 喜想（肆 161b10）/生 死根（断）（肆 161b10）

（2）三定一中

淫 怒 痴火（起）（肆 152a10）/老 病 死畏（肆 152a10）

（四）三国吴《六度集经》里中心语的共用

1. 并列关系的定语是名词性的

（1）二定一中

（吾不志）天帝释及飞行皇帝之位（叁 1c15）/（不合）三尊 四恩之教（叁 2a 倒 7）/殃 福之门（叁 3b 倒 6）/（将是）天龙 鬼神之灵（乎？）（叁 4a 倒 8）/金 银食鼎（叁 12a 倒 4）/金 银鞍勒（叁 12a 倒 1）/（雨）金 银钱（叁 21c 倒 8）/（为）天 人师（叁 41b 倒 5）/（带）五戒 十善经（叁 44a 倒 4）/（身为鱼王，有）左 右臣（叁 33c15、叁 33c 倒 7）

（2）三定一中

春 夏 冬日（叁 50b 倒 13）/过去 现在 未来众事（叁 20b9）/樟 梓 栴材（为之柱梁）（叁 23c1）/栴檀 苏合 郁金诸香（叁 23c2）/

（城中）弓 弩 矢声（犹风雨）（叁 31a11）

2. 并列关系的定语是动词性的

蜎飞 蠕动 蚑行之类（叁 3b 倒 10）/蜎飞 蚑行 蠕动之类（叁 19a3 等四处）

3. 并列关系的定语是不同词性的

（1）五定一中

（夫）狼残 瞽暗 坏没 火烧 石人之操（，不可为宰人之监。）（叁 22c6）

（2）七定一中

（吾弃）贪淫 瞋恚 愚痴 歌舞 伎乐 睡眠 邪僻之心（叁 50a 倒 14）

（五）西晋《生经》里中心语的共用

1. 并列关系的定语是形容词性的

（1）二定一中

甘脆 肥美之食（叁 71a9）/（可致）吉祥 安隐之法（叁 90b14）/（国中有诸）荡逸 淫乱之众（叁 100a12）/贫穷 困厄人（叁 108c6）

（2）三定一中

（口含）弊 恶 毒草（叁 95b 倒 2）

2. 并列关系的定语是名词性的

（1）二定一中

饮食 衣被之具（叁 72c 倒 14）/（和上亦无）亲友 知识之厚（叁 89c6）/（因生）五阴 六衰之惑（叁 100b 倒 6）/臂钏 步瑶之属（叁 101a 倒 13）/前 后猕猴（叁 106a9）

（2）三定一中

衣被 饮食 床卧之具（叁 104b 倒 1）/葡萄 酒浆 饮食之具（叁 101a9）/（罪者示以）地狱 饿鬼 畜生勤苦之难（叁 100a2）

3. 并列关系的定语是动词性的

（思念）举动 坐起之法（叁 70b 倒 9）/（能知）去就 退让之宜（叁 98a14）

4. 并列关系的定语是不同词性的

（1）二定一中

（共争）<u>尊卑</u> <u>上下</u>之叙（叁 70b 倒 1）

（2）三定一中

（悯哀一切）<u>蚑行</u> <u>喘息</u> <u>人物</u>之类（叁 74a13）/（悯念一切）<u>蚑行</u> <u>喘息</u> <u>人物</u>之类（叁 76c2）/（疗治一切）<u>淫</u> <u>怒</u> <u>痴</u>患（叁 93a 倒 12）/（消）<u>淫</u> <u>怒</u> <u>愚痴</u>之冥（叁 95c 倒 10）

（3）五定一中

（悯伤十方）<u>蜎飞</u> <u>蠕动</u> <u>蚑行</u> <u>喘息</u> <u>人物</u>之类（叁 75b1）/（我等著）<u>色</u> <u>声</u> <u>香</u> <u>味</u> <u>细滑</u>之法（叁 79b 倒 5）/（习济）<u>色</u> <u>声</u> <u>香</u> <u>味</u> <u>细滑</u>之念（叁 79c3）/（舍）<u>色</u> <u>声</u> <u>香</u> <u>味</u> <u>细滑</u>之念（叁 79c13）

（4）六定一中

（织）<u>金缕</u> <u>锦绫</u> <u>罗縠</u> <u>珍</u> <u>好</u> <u>异</u>衣（叁 78b9）

（六）西晋《普曜经》里中心语的共用

1. 并列关系的定语是形容词性的

（1）二定一中

<u>远</u> <u>近</u>王（叁 503c7）/<u>大</u> <u>小</u>便（叁 511a 倒 8）/（立）<u>大</u> <u>高</u>座（叁 529b 倒 11）/（当有）<u>吉喜</u> <u>快善</u>瑞应（叁 532b 倒 5）/（莫有）<u>不净</u> <u>不吉</u>之事（叁 497b3）/<u>卑鄙</u> <u>贫贱</u>家（叁 522b2）/<u>豪贵</u> <u>富乐</u>家（叁 522b2）

（2）三定一中

<u>奇</u> <u>巧</u> <u>异</u>乐（，歌戏相娱。）（叁 506a4）

2. 并列关系的定语是名词性的

（1）二定一中

<u>日</u> <u>月</u>光（叁 488c12）/<u>金</u> <u>银</u>床榻（叁 489a10）/<u>天</u> <u>世</u>人（叁 495b10、叁 511a6）/（乘）<u>象</u> <u>马</u>车（叁 497b 倒 12）/<u>象</u> <u>马</u>车乘（叁 504a8 等三处）/<u>日</u> <u>月</u>诸天（叁 501b5）/（为）<u>天</u> <u>地</u>主（叁 508a15）/（受）<u>鸟</u> <u>兽</u>形（叁 519b2）/（弃）<u>苦</u> <u>乐</u>意（叁 521c 倒 2）/（无）<u>苦</u> <u>乐</u>志（叁 521c 倒 1）/<u>风寒</u> <u>热气</u>疾（叁 492b5）/（弃于）<u>天上</u> <u>天下</u>之欲（叁 529c9）/<u>普曜</u> <u>大方</u>等典（叁 537a2）

（2）三定一中

去 来 今佛（叁 494c 倒 2、叁 516c 倒 12）/去 来 今事（叁 522a8）/上 中 下善（叁 532b 倒 14）

（3）五定一中

阿须伦 捷陀罗 迦留罗 真陀罗 摩休勒形（叁 488b12）

（4）六定一中

眼 耳 鼻 口 身 心之疾（叁 492b6）

（5）十三定一中

（各各变为）师子 熊 罴 虎 兕 象 龙 马 牛 犬 豕 猴 猿之形（叁 521a 倒 3）

3. 并列关系的定语是动词性的

共 3 例，都是二定一中：

（断）生 死原（叁 496b 倒 5）/（数）出 入息（叁 511a9）/（无）忧 乐想（叁 521c 倒 2）

4. 并列关系的定语是不同词性的

（1）二定一中

无智 暗冥之党（叁 528c 倒 6）

（2）四定一中

（住在）苦恼 生死 众难 不净之中（叁 506b9）

（3）五定一中

色 声 香 味 细滑之法（叁 506b4）

（七）后秦《出曜经》里中心语的共用

1. 并列关系的定语是形容词性的

（1）二定一中

大 小便利（肆 623b3）/大 小便（肆 636c 倒 14、肆 668c6）/（习）凡 细事（肆 625b 倒 8）/（不观）善 不善法（肆 633a8）/大 小肠（肆 636c13）/善 恶之言（肆 667a 倒 8）/善 恶言（肆 667a 倒 7）/善 恶报（肆 668c9）/善 恶之报（肆 670a 倒 2、肆 670b10）/善 恶之行（肆 671b 倒 8）

（2）三定一中

（若复）少 壮 盛年（肆 621c 倒 14）/（当卧）好 高 广床（上）

（肆622c 倒 6）／（若有习）非 弊 恶之业（肆662c6）/褊 狭 小意
（肆690b 倒 14）/奸 伪 邪意（肆690c4）

2. 并列关系的定语是名词性的

（1）二定一中

外道　异学梵志（肆623b 倒 13）/沙门 婆罗门法（肆681a 倒 3、
肆681a 倒 1）／（能拔）饿鬼 畜生之难（肆646b11）／（不信）沙门
婆罗门语（肆628a 倒 2）/城郭 村落人民（肆686a15）/天 地诸神
（肆672c12）/左 右手中（肆687c 倒 2）/日 月精光（肆686b13）/
（观）内 外性（，实皆无常。）（肆622a 倒 13）

（2）三定一中

过去 当来 现在事（肆631a 倒 6、肆663b 倒 12）／（供给）当来
过去 现在众僧（肆645c2）/当来 过去 现在世（肆682a 倒 13）/
（经历）地狱 饿鬼 畜生之恼（肆660a 倒 1）／（入）地狱 饿鬼 畜生
中（肆660 倒 1）／（若生）地狱 饿鬼 畜生中（肆663c7）/蒲桃 甘
蔗 石蜜诸浆（肆690c 倒 2）/上 中 下善（肆683c 倒 10）/上 中 下
义（肆663c15）／（不虑）前 后 中间之恶（肆637b12）

3. 并列关系的定语是动词性的

（1）二定一中

（无）忧 喜想（肆623c 倒 11）/出 入息（肆644b14 等七处）/
生 死原本（肆684c1、肆684c2）／（尽）生 死原（肆686b2）/
（知）生 死苦（肆656c14）／（或入）无为 泥洹境界（肆648b 倒
13）／（至）解脱 无为之处（肆666c7）/蜎飞 蠕动之类（肆648c 倒
1）／（生）欣 怒心（肆652a 倒 3）/弹指 戏笑之间（肆668a 倒
10）/无常 变迁之事（肆670c5）／（起）憎 嫉心（肆690c1）

（2）五定一中

蜎飞 蠕动 蚑行 喘息 有形之类（肆618c 倒 5）

4. 并列关系的定语是不同词性的

（1）四定一中

（诸）老 少 壮及中间人（肆614a3）／（诸）老 少 壮乃中间人
（肆613b 倒 4）/色 香 味 细滑法（肆635b14）

（2）五定一中

色 声 香 味 细滑之法（肆 629a8、肆 629a10）/色 声 香 味 细滑法（肆 633b 倒 10 等十一处）/耳 鼻 舌 身 细滑法（肆 629a 倒 10）

（3）六定一中

（有）生 老 病 死 毒 畏之患（肆 646a 倒 11）

（八）北魏《贤愚经》里中心语的共用

1. 并列关系的定语是形容词性的

（1）二定一中

大 小之形（肆 361b14、肆 443b 倒 13）/大 小便利（肆 397a 倒 3）/大 小便（肆 431c9）/（彼）善 恶报（肆 376c7）/善 恶之业（肆 366a4）/善 恶之报（肆 383a 倒 12）/善 恶之念（肆 442c 倒 13）/贤 善之人（肆 373b5）/（至）平 博地（肆 388a 倒 3）/（用）好 纯刚（作刀内中）（肆 401a9）/白 黑石子（肆 442c15）/豪贵 富乐之家（肆 358a 倒 9）/尊豪 富乐之家（肆 432b3）/贫穷 卑贱之家（肆 431b 倒 6）/懈怠 懒惰人（肆 372a4）/（舍此）危脆 秽恶之头（肆 389c14）/（开悟）愚朦 盲冥众生（肆 395a 倒 5）

（2）三定一中

细 软 白叠（肆 383a 倒 2）/愚痴 迷网 恶邪之人（肆 432c 倒 1）

2. 并列关系的定语是名词性的

（1）二定一中

欲 色诸天（肆 350b 倒 3、肆 356c 倒 6）/身 手诸相（肆 363c3）/（游）人 天道（肆 354a 倒 10）/（佛是法王，亦）人 天父（肆 373c11）/父 母物（肆 378b15）/父 母眼（肆 409a8）/父 母舍（肆 428c10 等三处）/金 银澡盘（肆 397c 倒 10）/（其明镜者，非）铜 铁镜（肆 400a 倒 12）/（闻）佛 僧名（肆 418c 倒 9）/苏油 灯炷之具（肆 371b 倒 2 等三处）/（又设）饮食 床卧之具（肆 399a15）

（2）三定一中

（礼）佛 法 僧足（肆 375c 倒 9、肆 375c 倒 7）/南 西 北方（肆 416a 倒 8）

（3）四定一中

优钵罗 钵头摩 拘物头 分陀利地狱（肆 378b 倒 7）

（4）六定一中

（向于）<u>天 地 日 月 山 海</u>一切神祇（啼哭求哀）（肆 393b15）／
（王便祷祠诸）<u>天 日 月 山 海 树</u>神（肆 410a 倒 4）／<u>日 月 星宿 山 河
树</u>神（肆 405a14）

3．并列关系的定语是动词性的

共 3 例，都是二定一中：

<u>进 止</u>道路（肆 412b 倒 9）／（不知）<u>礼拜 供养</u>之法（肆
419b5）／（广说）<u>悭贪 布施</u>之报（肆 383b 倒 5）

4．并列关系的定语是不同词性的

（1）三定一中

（夫乐家者，贪于）<u>合会 恩爱 荣乐</u>因缘（肆 367b 倒 11）／（请
诸）<u>高明 持戒 梵行</u>诸婆罗门（肆 381a8）

（2）五定一中

<u>杀人 作贼 妄语 诽谤 下贱</u>等人（肆 377a 倒 10）

三　联合结构充任定语和中心语情况的总结及原因分析

本节标题中采用定语的共用与中心语的共用这样的说法是为了与
第一节的标题相对应，实际上，可能还是采用"多项式偏正结构"的
说法更为通行，多项式偏正结构又可分为联合结构充任定语和联合结
构充任中心语两种情况。就本书的调查结果看，因为中古汉译佛经中
定语的共用与中心语的共用现象属隋《佛本行集经》最为繁多，而且
它能涵盖其他佛经里边几乎所有的类型，所以下面总结情况、分析原
因时就仅以它作为代表。

1．《佛本行集经》中联合结构充任定语和中心语的总体情况可以
分别用以下两份表格来反映：

表 5-2

	形定	名定	动定	总和
二定一中	104	9	8	121
三定一中	10	3	4	17
四定一中	4	1	1	6

续表

	形定	名定	动定	总和
五定一中	3	0	0	3
总和	121	13	13	147

上表反映的是联合结构充任定语的情况。从定语的词性来看，形容词性定语的数量最大，121 例，占到总数的 82%，名词、动词性定语各是 13 例，分别占到总数的 9%。从定语联合项的数目看，两项的（即二定一中）121 例，占总数的 82%，其次是三项的（即三定一中）17 例，占总数的 14%。

表 5-3

	名定	形定	数定	代定	总括定	总和
一定二中	10	4	1	26	30	71
一定三中	8	2	0	10	16	36
一定四中	0	0	0	2	4	6
一定五中	3	1	0	1	0	5
一定六中	4	0	0	0	3	7
一定七中	1	0	2	0	1	4
一定八中	0	0	0	0	1	1
总和	26	7	3	39	55	130

上表反映的是联合结构充任中心语的情况。中心语几乎都是名词性的，只有极少数例外。而它们的定语又是以代词性的为最多①，其次才是名词性的，分别占到总数的 56% 和 20%。从中心语的联合项来看也是二项、三项的居多，分别占到总数的 55% 和 28%。

2. 综合以上联合结构充任定语和中心语的情况可知，其中联合项为两项的占总数的 69%，其次才是三项的，占 19%，越往上占的比例越小，达到联合八项的只有一例。这恰好符合心理语言学对语言结构

---

① 表格中总括义词语一项是从意义角度分出的类，其中的"所有"是形容词（占 5 例），"一切、诸"是代词（占 34 例），"种种"是量词的重叠式（占 16 例）。

复杂度的认识，因为语言结构必须适应人类的思维运作方式。陆丙甫（1993：38）认为："这种适应可分为两个方面：一，语言结构应受制于思维运作的限度。这意味着语言结构模式复杂度必然在人类思维运作的限度之内，即结构成分应该不超过七项左右。二，语言结构应充分利用思维运作的限度。这意味着语言结构模式复杂度又不能总是限于两项式。"

3. 联合结构内部的语序排列并不是随意的，而是有序的。国内较早触及这一问题的是，廖秋忠（1992）借鉴国外学者对英语并列成分排列顺序的研究方法，对现代汉语并列名词性成分的语序规则作了较深入的研讨。他将常见的排序原则归纳为11个方面："一重要性原则，二时间先后的原则，三熟悉程度的原则，四显著性的原则，五积极态度的原则，六立足点的原则，七单一方向的原则，八同类的原则，九对应的原则，十礼貌原则，十一由简至繁的原则。"但在具体语境及言语主体的倾向性不确定的情况下，还是很难判断其中哪些原则起主导作用，可见这一问题看似简单，实际复杂。后陆续有学者从事该领域的研究。马清华（2006：83）认为并列结构中"来自语义、语用、语音和句法等多种领域的多种语序原则或类型在预期功能目的的统辖下相互竞争、协调、配合，发挥作用"，并提出了一整套运筹方式。

本书借鉴崔应贤等（2002：142）从认知角度出发所揭示的并列式定语语序规则上的认知因素类型对《佛本行集经》中充任定语与中心语的联合结构内部的语序进行观察，发现以下一些原则都是适用的：

（1）合乎事理。大千世界里"事理"一词所包含的内容是非常广泛的：可以是时间方面的先后次序，如"（离）彼生老病死"（叁749c 倒 7）、"此老病死"（叁 794c13）；也可以是空间位置关系，如"迦毗罗城内街巷四衢道头"（叁 708c 倒 3）、"（爱恋之心彻）我皮肉筋脉骨髓"（叁 774a 倒 11）都是从整体到局部的关系；也有一些在常人看来没有联系的人或事物因为有了一定的动作行为或事件作为背景就具有了某种联系，构成了一个类别，如"弓"和"弦"为类义关系大家都可理解〔《佛本行集经》中就有"其弓及弦"（叁

710c11）〕，但"手"与"声"两种事物一般情况下就未必能联系得起来，《佛本行集经》中有"其手及声"（叁 715c 倒 13）的说法，"手"与"声"之所以能并列，就是由太子宫内有弹奏乐器之事的大背景所决定的。《佛本行集经》中的形容词性的联合结构充任定语的量很大，宜于在这里作专门讨论。其中大部分联合结构里的形容词都是比较宽泛的类义关系①。从语序角度看，处在最前面位置的大多表示时间久暂或空间距离远近、体积大小等，处在后面位置的说明事物的色彩、质料、功能等属性。这种语序的排列，总体遵循临摹原则，它与人们对客观事物的认识程序相一致：从远到近，从外到内，由总而分（崔应贤等，2002：232）。比如《佛本行集经》中有"好利斧"（叁 766c11）、"生湿木"（叁 764c 倒 9）、"湿生华"（叁 729a 倒 7）、"富贵怯弱之人"（叁 761b 倒 9）等说法，这样的语序排列都有认知方面的理据，那就是越靠近中心语的形容词越能反映中心语的本质属性。"斧子"人们最关心它锋利与否，"木材"不管是用于燃烧还是其他用途都必须考虑其干湿问题，对于"华（花）"来说当然"生"（即"活"义）还是"枯"显得最关键，而对于某些人来说可能"富贵"只是表象，"怯弱"才是他们的本质。还有一组五个例子，名词中心语都是"众生"，它们前边联合式的形容词性定语分别是"安静清净、皎洁清净、挺特清净、无畏清净、最胜清净"，五例排比对照，足以看出人们对"众生""清净"性质的关心程度。当然认知方面的解释有时也会遇到一些难题，这里举一个例子，如《佛本行集经》中有"（将）重大石"（叁 788a 倒 8）的说法，按照人们对石头的认识程序，一般总是先从外表观察它体积的大小，然后才进一步感知其"轻重"。选择"重大"这样的排序可能另有语言习惯等因素在起作用。

（2）遵从习惯。习惯也是个含混的说法，其中可能也有一定的理据在，只不过某种用法对大家来说成了一种习惯而已，对于其中的理

---

① "二定一中"里有极少数是由两个反义形容词充任定语的，如"善恶事、吉凶之相"，但（失于）"大小便利"（叁 728c 倒 5）只能算类义关系而不能算反义关系。

据，一般也就不去深究。如《佛本行集经》中的"天 人世"（叁742b 倒 6）、"手 足指"（叁 692c 倒 5）、"日 月 星宿（之光）"（叁694b 倒 13）等，其中并列成分的先后次序好像就是习惯约定的。

（3）和谐音节。佛经语言注重音步节奏的整齐和谐自不待言，运用联合式结构时调整好内部词语次序也会产生这样的效果。例如，"（或复手执）人肉 骨 血 头目 支节（而啖食之）"（叁 777a3），"肉、骨、血"是单音词，"头目、支节"是复音词，加上最前边的共用定语"人"，正好凑成两个四字格。"（复有诸鸟，所谓）种种鸿鹤 孔雀 鹦鹉 鸲鸽及拘翅罗 鸳鸯等鸟"（叁 719c 倒 11），其中单音节、双音节、三音节词排序凑成四字格的情况与上例类似，这里不再赘述。

（4）适应语境。仅举一例，就是前边在"（2）遵从习惯"部分我们已举了的"日月星宿"，实际上《佛本行集经》中与此内容相近的说法还有，如"彼日月星辰""虚空日月及诸星宿"（叁 727b 倒 2）等。但《佛本行集经》中也有"（一切）星宿及以日月"（叁 790a 倒 8），先说星宿后说日月，与常规习惯不合，是特定语境促使它临时改变了语序，因为按常规说成"一切日月及以星宿"会让人产生误解：有人可能会问，"日、月"都是唯一性的，怎么能受"一切"限定呢？顺带说一下，"一切星宿及以日月"的层次切分也有两种可能，一种是"一切/星宿及以日月"，还有一种是"一切星宿/（及以）日月"，笔者一时难定取舍。

总之，笔者认为联合结构内部，语序有着倾向性的规律，但随意性也还是有一些的。这里再举两例，"（若小豆臛，）大豆 绿豆 赤豆等羹"（叁 767b 倒 4）、"（或小豆臛）赤豆 豌豆 绿豆臛等"（叁767b11），每例中三种豆的排序在笔者看来就是可随意调整的。

4.《佛本行集经》中的递加式和递归式定语的结构层次总体上并不复杂，而联合结构充任定语却是很常见的。这正好印证了王力（1989：343）的观点，那就是汉语史的不同发展时期定语在结构上的特点也有所不同。通过本书的研究，我们甚至认为，近代汉语和现代汉语中定语复杂化的动因就是源于这种并列关系的多项定语。因为并列关系的多项词语累加，大大拓展了定语和中心语的容量，使定中结构在句法结构和思维运作容许的范围内可以根据表意的需要扩缩自如。而根据系统化的观点，任何的语言现象都不是孤立的，从《佛本行集经》中的情况来看，联合结构的多项定语正是和联合结构充任中心语以及定语与中心语的重现现象紧密联系在一起的①，反映了定中之间相互制约的关系。

第三节　定语替代中心语和定语后置

一　定语替代中心语

定语替代中心语，或称"定代中"，是指字面上隐去中心语（可以还原），只出现定语的语言现象。换一个角度看，也就是中心语缺省了。

（一）依赖上下文语境的中心语缺省

因为有具体的上下文语境，这种缺省相对而言容易识别。先看隋《佛本行集经》用例：

例 1. 上界众生，中下众生，端正丑陋，或身有香，或身患臭，或至恶道，或至善道。（叁 794a 倒 10）

此例中"端正"与"丑陋"后承前缺省了中心语"众生"。可参照上文"（遍见一切）或复命终堕落众生，或生众生，上界众生，下界众生，端正众生，丑陋众生，或堕恶道一切众生，或生善道一切众生"（叁 794a2）。

例 2. 或毛如黑、猕猴、鼠、狼（叁 787a5）

"黑、猕猴、鼠、狼"中被三个顿号隔开的四个词语的后边都缺省了中心语"毛"，比较句中这类缺省中心语的现象比较常见。也有

---

① 《佛本行集经》中就有中心语既重现又共用的例子：（或著）青衣黄赤白黑杂皮之衣（叁 787a 倒 12）、（或一头上发杂）灰色青黄赤白烟熏之色（叁 787a8）、（或）小豆臛赤豆豌豆绿豆臛等（叁 767b11）。

中心语没有缺省的句子，如："或有身毛，犹如猪鬣，或有身毛，类于驴骉。"（叁787a4）。

例3. 口鼻灭已（叁766c1）

此例"口""鼻"后分别缺省了中心语"气"（或"息"），因为上文就有："从口喘息及以鼻气，悉皆除灭。"（叁766b倒1）。

例4. 更复重发勇猛精进（叁766b倒5）

此例缺省的中心语是"心"，因为此前有：不舍精进勇猛之心（叁670b11）。

其他像"向般茶婆"（叁760b3）、"我当回还入迦毗罗"（叁737c2）、"将那罗陀向波罗栋"（叁700b倒9）、"著僧伽梨"（叁724a14）、"尔时众中有一苦行"（叁756b14）、"得未曾有"（叁698a4）各例的最后分别缺省了中心语"山""城""城""衣""僧""法"，这是《佛本行集经》全篇的知识背景告诉我们的。甚至还有定代中是多项连用的，如"（复雨）优钵罗、拘物头、分陀利"（叁796a8），其中被两处顿号隔开的三个词语后边，缺省的中心语都是"花"。

再看其他佛经中的例子：

1. 属于承前省的

例5. 三国吴《六度集经》：今以汝为蕃屏。（叁5c倒12）

例6. 北魏《贤愚经》：四方治生，所得钱财，尽用买金，因得一瓶，于其舍内，掘地藏之。（肆369b8）

例5画线部分之后承前缺省了"臣"，因为同一部经中此前有"蕃屏之臣"（叁5a倒3）的说法；例6画线部分后边承句内之上文缺省了"金"。

2. 属于蒙后省的

例7. 后秦《出曜经》：在八无闲，不得兴发善心。（肆653a14）

例8. 北魏《贤愚经》：汝于过去毗婆尸佛（肆421a9）

例7画线部分之后缺省了"处"，因为下文有"是谓八不闲处"（肆653b1）；例8画线部分之后缺省的是"时"，也是因为下文排比的同类表达格式里含有"时"。

（二）中心语的缺省有"许""所"标记

先看隋《佛本行集经》中的例子：①

例 1. 此一封书是汝释种摩那摩许（叁 778b 倒 2）

例 2. 此一封是尼娄驮许（叁 778b 倒 1）

例 3. 此一封是难提迦许（叁 778c1）

例 4. 此一封是拔提伽许（叁 778c1）

例 5. 此一封书是难陀许（叁 778c1）

例 6. 此一封是阿难陀许（叁 778c2）

例 7. 此象谁许？欲将何处？（叁 712a 倒 2）

隋《佛本行集经》中结构助词"底"还没有出现，其中类似于结构助词用法的有"许"，使用的格式多为"代词/名词+许"或"代词/名词+许+名词"。其中尤为有意义的格式是"代词/名词+许"。② 因为古汉语"者"和"之"一般均无此功能，"之"后的中心语不能缺省，"者"后不能加上中心语③。"许"的此类用法的出现为探寻古汉语"之""者"的功能向现代汉语结构助词"的"的功能的发展演变过程添上了有启发意义的一环（曹广顺，1999）。

中心语缺省而有"许"来作为标记的例子，在本书调查的其他佛经中也有：

例 8. 北魏《贤愚经》：是谁家女？答言：是须达许。（肆 441a2）

例 9. 北魏《贤愚经》：虽有此瓶，是大家许。（肆 384a 倒 14）

调查中还发现，此期佛经中与这种"许"对应的还有一个"所"：既有与"几许""尔许"对等的"几所""尔所"的说法，而且它可以使用的格式也与以上的"许"同样——"代词/名词+所"或"代词/名词+所+名词"。如：

例 10. 后秦《出曜经》：自校计前所意著发毛爪齿，从头至足，

---

① 本书拟定的研究范围只是《佛本行集经》前 30 卷，因此更多更全面的用例有必要参看曹广顺（1999：440—441）。

② "许"的这两种用法也见于其他魏晋译经中。参曹广顺（1999：441）。

③ 《诗经》中"者"六十例，多数用如助词"之"，这种用法此后罕见（中国社会科学院语言研究所古代汉语室，1999：821—822）。

皆是<u>我所</u>。（肆 632c 倒 9）

　　例 11. 北魏《贤愚经》：杀尔<u>所</u>人（肆 425a14）

　　（三）识别与定代中无关的兼类词现象

　　实际上，并不是所有的定语代替中心语都像（一）（二）部分揭示的那么明显，易于识别。在调查中笔者发现，有些词语本身就是兼属动词、名词等类的兼类词，当它们用作名词充当主语、宾语等成分时就没有必要认为其后缺省了中心语，如隋《佛本行集经》："<u>亲爱</u>别离"（叁 750c9）/"今若欲舍，犹如<u>亲爱</u>，乃生大愁"（叁 747c 倒 6）/"谁复乐舍此之<u>亲爱</u>"（叁 749c3）/"治罚恶人，赏于<u>良善</u>"（叁 672a 倒 10）/"谁知一朝忽成<u>孤寡</u>"（叁 740c 倒 1）等。"亲爱"既可以是动词"亲近喜爱"，又可以是名词"亲近喜爱的人"；"良善"既可以是形容词"善良美好"，又可以是名词"善良美好的人"；"孤寡"既可以是形容词"孤单无依"，又可以是名词"孤单无依之人"。它们的这些用法都不是临时的，而是比较稳定的，有词典可供查证。

　　以下是中古其他佛经中含有的动名兼类或形名兼类的例子，按照先表人后表物、先单音节词后双音节词的次序分类编排如下。

　　1. 表人的

　　又可分为表地位的贤圣尊系列、表心性的良善系列、表年龄的老少系列等：

　　（1）地位的贤圣尊系列：三国吴《六度集经》：愿以贡<u>贤</u>（叁 15b 倒 9）/西晋《生经》：诸<u>贤</u>难及（叁 102a 倒 10）/诸<u>贤</u>听之（叁 102a 倒 7）/西晋《普曜经》：<u>圣</u>百福相，威光巍巍。（叁 509a 倒 14）/世之<u>大圣</u>（叁 509a 倒 7）/必成正觉无上<u>大圣</u>（叁 509b11）/百福<u>至圣</u>与我谈话（叁 509a8）/后秦《出曜经》：为诸<u>圣贤</u>之所嗤笑（肆 627a 倒 2）/遭遇<u>贤圣</u>（肆 648b 倒 8）/诸<u>贤圣</u>（肆 638a5）/北魏《贤愚经》：一切<u>贤圣</u>，皆常寂灭。（肆 387c 倒 14）/于将来世遭值<u>贤圣</u>（肆 387a15）/故欲除王，更求<u>贤能</u>。（肆 427b 倒 13）/国有忠<u>贤</u>，不往咨禀。（肆 391a 倒 9）/西晋《普曜经》：供养<u>至尊</u>（叁 509a14）/<u>圣尊</u>欲去（叁 509a10）/北魏《贤愚经》：我生处世，得值

圣尊。（肆 359a8）

（2）心性的良善系列：后秦《出曜经》：或有狂夫，妄逞良善。（肆 667b8）/枉杀良善，死者无限。（肆 692c8）/北魏《贤愚经》：若言沙弥毁辱我者，则谤良善。（肆 381c5）

（3）年龄的老少系列：东汉《中本起经》：鄙字须达，侍养孤老，供给衣食，国人称我给孤独氏。（肆 156b 倒 10）/二人共诤，举国耆老，驰往谏止。（肆 156c3）/西晋《生经》：宜与国臣耆旧参议（叁 77b 倒 8）/西晋《普曜经》：观诸幼少，皆归老耄。（叁 509c 倒 6）/后秦《出曜经》：以老朽颜望比少壮，钻冰求火，不亦谬乎？（肆 626a14）/西晋《生经》：年少答曰（叁 75b10）/北魏《贤愚经》：见诸年少心怀恐怖（肆 379c 倒 2）/年少闻已，毛衣皆竖。（肆 430b 倒 10）/年少欢喜（肆 441b15）/其十年少（肆 441b 倒 14）/时老比丘便呼年少（肆 444c 倒 3）/年少答言（肆 444c 倒 3）/此年少（肆 400c 倒 1）

（4）其他如职务或身份等性质或特征：后秦《出曜经》：行诸天阙，见诸卫从。（肆 632a3）

2. 表事物的

北魏《贤愚经》：世有智人，奉行诸善。（肆 354c 倒 7）/东汉《中本起经》：久承令懿，注仰虚心。（肆 157a 倒 5）/北魏《贤愚经》：种种灾怪，悉皆兴现。（肆 391c 倒 10）/具以闻见，白金地王。（肆 398c2）

（四）缺省的中心语的语义情况

在尽可能地排除掉以上的词语兼类现象之后，以下打算从充当定语词语的词性以及缺省的中心语的语义情况两方面对定代中现象进行研究。这里先看缺省的中心语的语义情况。

以隋《佛本行集经》为代表。

1. 缺省的中心语是表人的，可添上"者"或"人"。如："牢狱系禁，悉皆得脱枷锁自然解散"（叁 796a 倒 11）/"或老或病，不听出现"（叁 722b7）/"怨憎聚会"（叁 750c9）/"力敌少双"（叁 725c 倒 12）/"凡世间人宁取有智以为怨家不将愚痴共作朋友"（叁

740c15）/"虽是无智更欲生别其余诸法"（叁 755b5）。

2. 缺省的中心语是"心"：不舍精进（叁 669b 倒 12、叁 669c 倒 6）/我慢兴盛（叁 712b1）/起增上慢（叁 788c 倒 6）/发大希奇（叁 778c 倒 4）。

3. 中心语不是很明确的，但可以根据相关上下文语境理解大致意思：又此乾陟为我长夜恒作怨憎不为利益（叁 741a3）/有何喜庆（叁 688c13）/有何急疾（叁 730a 倒 7）/咨受未闻（叁 759c 倒 8）/但有著我皆悉须舍（叁 755b11）/难得已得（叁 784c9）/难行能行（叁 738c14）/凡系缚心随顺是也（叁 726c 倒 5）/随得粗细如法啖之（叁 760a10）/而入空闲（叁 724c15）/所有不净（叁 684c4）/一切不净（叁 684c8）/种种不净（叁 684c6）/放逸若增，便造不善，不善成就，即堕泥犁。（叁 762a 倒 8）/舍离非法（叁 764b 倒 4）/有何非祥（叁 674c 倒 2）/有何不祥（叁 688b 倒 1）/有何可恶（叁 726c 倒 5）/然其彼等犹有可羡（叁 762c10）/我今已离如是五欲无一可贪（叁 762c11）。

（五）　定代中现象中定语的词性情况

从以上"（四）缺省的中心语的语义情况"中的举例来看，隋《佛本行集经》的"定代中"里边作定语词语的词性包括名词、动词、形容词甚或是相应的短语，其中以形容词、动词为主。这里只想补充中古其他汉译佛经中的情况，反映出的规律与《佛本行集经》应无二致。

1. 名词（作定语）替代中心语

西晋《普曜经》：至德已逝，悉不复现。（叁 508a 倒 9）/北魏《贤愚经》：先问舍内（肆 413a 倒 8）/舍内皆言（肆 413a 倒 7）/尔时一切阎浮提内，感念太子无极之施。（肆 415a 倒 12）/时诸众僧，游行聚落，到诸豪族，皆悉供养。（肆 359a 倒 4）

以上例子的名代中都表人。

2. 代词（作定语）替代中心语

三国吴《六度集经》：身尚不保，岂况国土、妻子、众诸可得久长乎？（叁 3b 倒 1）/即以女妻之，居处众诸都以付焉。（叁 14a14）/

天王曰："斯国**众诸**，今以付子。而去何为？"（叁 46a13）/西晋《生经》：车乘**众诸**，皆著其上。（叁 96b7）

以上例子的代代中都表事物。

3. 动词（作定语）替代中心语

（1）单音节动词（作定语）替代中心语

后秦《出曜经》：好者给**病**（肆 623b 倒 5）/西晋《普曜经》：持与诸**病**，即得安隐。（叁 492b9）/三国吴《六度集经》：雀即咒之，国人饮水，聋听**盲**视，瘖语**痋**申，众疾皆然。（叁 13b5）/北魏《贤愚经》：**盲**视聋听（肆 392c 倒 1）/瘖语**偻**伸（肆 393a1）/哑语**偻**伸（肆 421b5）/三国吴《六度集经》：母闻诀辞，顾谓**侍**曰……（叁 8c 倒 7）/西晋《普曜经》：问其**犁**曰……（叁 499a 倒 2）

以上例子的动代中都表人。

（2）双音节动词（作定语）替代中心语

A. 表人的

西晋《普曜经》：时菩萨母使众**疾患**在其后边（叁 492b10）/给诸**虚渴**（叁 493a9）/西晋《生经》：宜速发遣使者，勤求**有德**，以时立之。（叁 77b3）/后秦《出曜经》：**盗窃**忽至（肆 677a 倒 4）/北魏《贤愚经》：**典事**语言（肆 381a12）

B. 表物的

西晋《生经》：慈心悯哀众生之类，不害**蠕动**。（叁 77c6）/北魏《贤愚经》：我家所有藏内**余残**（肆 411c6）/所有**欲得**，皆当与之。（肆 389b6）/**应作**已作，**应说**已说。（肆 387c9）

（3）含否定副词的动词语（作定语）替代中心语

还有一些双音节或三音节动词语打头的语素是否定副词性的。

A. 表人的

后秦《出曜经》：己既得度，复求方便，济彼**未度**。（肆 693b3）/西晋《生经》：法为桥梁，通诸往返。法为舟船，度诸**未度**。（叁 94c 倒 4）/开化**未解**（叁 80a 倒 5）/济诸**未脱**，灭诸未灭，疗治一切淫怒痴患。（叁 93a 倒 13）/与诸菩萨讲经论法，开化**不逮**。（叁 95a 倒 10）/见弥勒佛，唯加慈泽，化诸**不逮**。（叁 95b12）/劝化

不逮，皆欲使安。（叁 96b1）/西晋《普曜经》：悟诸不觉（叁509b12）

B. 表物的

后秦《出曜经》：忍诸不忍（肆 665c 倒 4）/北魏《贤愚经》：我相承侍，未有不称。不可舍我，转行余乞。（肆 413a 倒 5）/三国吴《六度集经》：当忍不可忍，含忍为宝。（叁 8c 倒 8）/西晋《普曜经》：勿使见非，诸不可意。（叁 502c 倒 6）

4. 形容词（作定语）替代中心语

（1）单音节形容词（作定语）替代中心语

A. 表人的

三国吴《六度集经》：今果得佛，为三界中尊。（叁 49b 倒 9）/尔可恣意布施众贫矣（叁 4a 倒 2）/西晋《生经》：当救众乏（叁 75c 倒 3）/因脱两眼，著其掌中，以示诸逆。（叁 100a 倒 7）

B. 表物的

三国吴《六度集经》：具以众甘礼彼理家（叁 14a12）/北魏《贤愚经》：所担之食，持少施我。（肆 370b14）/差摩不逆，以少丏之。（肆 370b15）/汝有何急？（肆 406b4）/先办斯要，后乃取薪。（肆 373c 倒 1）/三国吴《六度集经》：违仁背恩，凶逆之大也。（叁 28b6）/初讥后叹，权变之大矣。（叁 29c 倒 10）

（2）双音节形容词（作定语）替代中心语

A. 表人的

又可分为贫乏系列、冥愚系列及其他类别。

a. 贫乏系列：三国吴《六度集经》：辞亲济众，布施贫乏。（叁 4a 倒 3）/不如布施以济贫乏（叁 49c 倒 10）/后秦《出曜经》：广施贫乏（肆 638c7）/北魏《贤愚经》：赈济贫乏及诸孤老（肆 418b15）/三国吴《六度集经》：布施穷乏（叁 50a15）/后秦《出曜经》：赒诸穷乏（肆 677a 倒 5）/西晋《生经》：往来每与穷困（叁 100b14）/救诸贫穷，于今得佛。（叁 76a10）/北魏《贤愚经》：或丏贫穷（肆 355a8）/我若供养三宝，及给贫穷，便生嫉恚。（肆 374c6）/三国吴《六度集经》：大赦其国，出藏珍宝，布施困乏。

（叁 11b 倒 2）

b. 冥愚系列：三国吴《六度集经》：敷宣佛经，开化<u>冥愚</u>。（叁 36b 倒 10）/南王志在教化<u>愚冥</u>（叁 49b13）/西晋《普曜经》：流布道训，开化<u>愚冥</u>。（叁 532b11）/训化十方三界<u>愚冥</u>（叁 509b12）/北魏《贤愚经》：怜悯<u>愚痴</u>（肆 438c 倒 12）/拔济<u>盲冥</u>（肆 390c 倒 13）

c. 其他类别：

首先，表人的：西晋《生经》：<u>逆凶</u>见此，忽然恐怖。（叁 100a 倒 4）/三国吴《六度集经》：吾为不仁，残夭物命，又杀<u>至孝</u>。（叁 24c6）/<u>戮忠贞</u>，进佞蛊，政苛民困，怨泣相属。（叁 26c 倒 13）/北魏《贤愚经》：王欲作会，极令有异，纯取诸王，不用<u>凡细</u>。（肆 426b1）/西晋《普曜经》：救诸<u>下劣</u>，使住彼岸。（叁 506b 倒 14）/好施<u>危厄</u>（叁 506a 倒 3）/遍虚空中，皆集<u>勇猛</u>。（叁 521a 倒 14）/三国吴《六度集经》：遂乘船入海，<u>强富</u>得从，<u>贫赢</u>留国。（叁 31c1）/逾于<u>凡庶</u>（叁 16b 倒 10）/如维蓝惠以济<u>凡庶</u>（叁 12b5）/北魏《贤愚经》：告令远近诣林观看（肆 384b10）/或有<u>豪尊</u>，不能去者。（肆 397a 倒 3）

其次，表家庭的：北魏《贤愚经》：此沙门者，宿种何德？生于<u>豪贵</u>，小而能言。（肆 354b12）/五百世中，恒生<u>尊贵</u>。（肆 401c 倒 6）/三国吴《六度集经》：吾宿薄佑，生在<u>凡庶</u>。（叁 3a5）

B. 表物的

北魏《贤愚经》：日日施设百味<u>上美</u>（肆 408a 倒 5）/于沙弥前，作诸<u>妖媚</u>。（肆 381a 倒 8）/西晋《普曜经》：当令菩萨坐此<u>严净</u>成最正觉（叁 515a14）/后秦《出曜经》：各在<u>闲静</u>思惟校计（肆 646c2）/北魏《贤愚经》：于是六师，甚怀恼恚，各至<u>闲静</u>，求学奇术。（肆 361b1）/汝等诸人，住在<u>僻远</u>。（肆 369a 倒 4）/我又更有希有<u>奇特</u>。（肆 374c3）/汝从恶师，禀受<u>邪倒</u>。（肆 424a 倒 6）/时王有弟，敬奉六师，信惑<u>邪倒</u>。（肆 360c 倒 9）

（3）含否定副词的形容词语（作定语）替代中心语

还有一些双音节或三音节形容词语打头的语素是否定副词性

的。如：

三国吴《六度集经》：吾为不善，死将入太山乎？（叁 36c4）/北魏《贤愚经》：世有愚人，作诸不善。（肆 354c4）/具十不善（肆 408a 倒 11）/作十不善（肆 408c11）/有何不适？（肆 385a10）/生五百子，身轻安隐，无有不祥。（肆 370c7）/我所爱儿，必有不祥。（肆 353a13）/西晋《普曜经》：弃不吉祥（叁 505b 倒 1）/常行喜悦，除诸不乐。（叁 537b 倒 3）/严治道路，去诸不净。（叁 503a14）/见诸不净，经行其上。（叁 503b 倒 5）/后秦《出曜经》：漏诸不净（肆 623b 倒 2）/有不净在地（肆 664b11）/除去不净（肆 623b7）/北魏《贤愚经》：必是象马，失此不净。（肆 440b11）/持一瓦器，盛满不净。（肆 397b3）/除去不净（肆 410c 倒 14）/求除不净（肆 443b6）/去中不净（肆 430a12）/洗诸不净（肆 386a 倒 14）/除诸不净（肆 405b8）/即时风起，吹诸不净。（肆 409a 倒 4）

以上的定代中全是表事物的。

5. 以上各类的综合

中古佛经中多项词语并列的现象不少见。既有同属一个词类词语的并列，也有分属不同词类词语的并列。这种现象可以有两种解释途径：一种是多项定语并列，它们共用一个中心语，而这个中心语缺省了；还有一种是认为每个分项后都缺省了一个中心语，这样就变成了多个定中结构的并列。这两种观点有共同的地方，就是都认可定语能够代替中心语。例如：

后秦《出曜经》：及刹利、婆罗门、栴陀罗种受形分者，短寿长寿饶财贫匮端正丑陋豪族卑贱有颜无颜智慧愚暗，尽归于死。（肆 614c5）/北魏《贤愚经》：亦如大火，能烧诸物。大小好恶，皆能焚之。（肆 397b12）/贫富贵贱，男之与女，有能修者，皆尽诸欲。（肆 397b13）/于时国中沙门婆罗门贫穷孤老，有乏短者，强弱相扶，云趋雨集。（肆 388c11）/阎浮提人，沙门婆罗门孤贫困厄年老疾病，有所欲得，称意而与。（肆 391a15）/尔时诸国沙门婆罗门贫穷孤老癃残疾病，强弱相扶，次第而至。（肆 411a 倒 4）/唱令已讫，沙门婆罗门贫穷负债孤苦疾病，诸城道路，前后而去。（肆 405c 倒 8）

二　定语后置

（一）辨清非定语后置现象

为了识别定语后置，首先有必要辨清有歧解的现象。以隋《佛本行集经》为例，如：

例1.我受快乐，昔所未有。（叁683b 倒14）

此句有两种不同的理解，一种是"昔所未有"为"快乐"的后置定语，整句可变换为：我受昔所未有之快乐；还有一种是"昔所未有"充当后一小句的谓语，其主语承前句的"快乐"而省，整句可变换为：我受快乐，乃昔所未有。好在两种理解的基本意思不变。

例2.其母庶几所有钱财珍奇宝物人所须者，恣意与之。（叁698b 倒9）

"人所须者"可以看成"钱财珍奇宝物"的后置定语从句，但也排除不了另外两种可能：一是"人所须者"为前边"钱财珍奇宝物"的并列成分，二是"钱财珍奇宝物"与"人所须者"构成分总式同位语。

例3.何故出家，弃舍五欲心所乐者背我而去？（叁743c 倒11）

"心所乐者"可以看成"五欲"的后置定语从句，但也有另外的可能，就是与"五欲"为并列成分。

例4.然其彼等诸人，在家以诸璎珞庄严自身得解脱者，今当为汝，略而说之。（叁749a 倒12）

例4歧解的原因在于画线的"者"，若看成结构助词①，则者字结构"在家以诸璎珞庄严自身得解脱者"充当"彼等诸人"的后置定语从句；如果把"者"看成语气词，则"彼等诸人在家以诸璎珞庄严自身得解脱"指一个事件，充当整个句子的主语，就不存在定语从句的问题。

---

①　古汉语中用于动词、形容词等后边，用来指人或事物的"者"，有人视为"指示代词"（如王海棻等编《古汉语虚词词典》，北京大学出版社1996年版），有人视为"助词"（如中国社会科学院语言研究所古代汉语室，1999年）。本书取助词说，把它称为结构助词。

《佛本行集经》中还有不少"者"即使在具体语境中仍难以识别到底是助词还是语气词。"者"若是助词则句中加点部分重在指称，"者"若是语气词则其所依附的句子重在陈述，而且"者"为语气词时可以省掉，也不影响基本意思的表达。此类例子列举如下：

例5. 无有一人入于泥者（叁667c4）

例6. 是摩那婆，身及螺发，无有一人堪可蹈者。（叁668a1）

例7. 不见一众生不供养诸佛而得安乐者，无有是处。（叁668c3）

例8. 无有一人能共我论降伏我者（叁670a14）

例9. 如来得成于佛道已，无有一人能如法论胜如来者。（叁687c9）

例10. 无一众生造恶业者（叁688b4）

例11. 次复梦见，我头发髻，为彼诸宝所庄严者，刀截而去。（叁727c4）

例12. 从菩萨取迦尸迦衣，价数直于百千金者。（叁738a11）

例13. 更无有人能拔出者（叁749b15）

例14. 世间无人得境界已，心知足者。（叁752b13）

例15. 是时彼处所有诸天，其有信敬于菩萨者，在菩提树，见是魔众遍满于地，扰乱菩萨。（叁787c5）

例16. 当于彼时，无一众生有欲恼者，有瞋恚者，有贪痴者。（叁796a12）

（二）带"者""所"形式标记的定语后置

本书调查的东汉—隋八部佛经中严格意义上的定语后置，可分为带"者""所"类形态标记和无形态标记的两类。这里先看带"者""所"形式标记的类别。

1. 带"者"标记

先看隋《佛本行集经》中的例子：

例1. 自余众生，生彼天者，或……或……（叁676c 倒14）

例2. 所有三千大千世界诸众生等，往昔已来种善根者，皆来于此迦毗罗城四面托生。（叁684b7）

例3. 即召相师解占观者（叁692c4）

例 4. 唤召诸释种亲<u>年德长者</u>（叁 701c1）

例 5. 有一天子，名曰净妙，<u>从兜率宫共于无量无边最大诸天神王恒常守护是太子者</u>，隐身不现而说偈言……（叁 703b 倒 10）

例 6. 即持种种宝器，施与彼等诸女，<u>从四方来见太子者</u>。（叁 707c 倒 9）

例 7. 有诸释种童子<u>文学快者</u>，试于手笔。（叁 709a10）

例 8. 时彼场内所有人民，<u>观看之者</u>，悉唱呼呼叫唤之声。（叁 712a8）

例 9. 尔时彼等诸婆罗门<u>修习仙法居彼林者</u>，随林所出供养之具，将如是等诸供养具，请于菩萨。（叁 745b 倒 14）

例 10. 时王舍城所有人民<u>见菩萨者</u>，无有一人不生欢喜爱乐之心。（叁 758c7）

例 11. 世间所有一切诸天，<u>堪为仁作吉祥之事，能与仁作吉祥之相又复能成仁心愿者</u>，彼等悉来在菩萨前。（叁 773c 倒 10）

例 12. 见诸魔子<u>巧智辩者</u>，悉皆趣向菩提树下。（叁 775b 倒 12）

例 13. 尔时所有一切诸天<u>向于菩萨生信行者</u>，若虚空中及在地上，或复诸方，彼等遍满其体，以欢喜心，口唱是言……（叁 792a 倒 3）

汉语从先秦到唐代一千多年的时间里，广泛存在一种由"者"构成的关系从句，这里引用的隋《佛本行集经》中的这些例句即属于这种较特殊的后置定语从句。句法上，这类定语从句通常主位残缺，因为"者"提取了主语；语义上"者"字定语从句主要是对它前边指人的名词中心语进行限定；语用上这些句子常将"者"字定语从句前边所限定修饰的名词中心语作为话题（石毓智、江轶，2006）。因为主语、话题通常具有遍指性的特点，《佛本行集经》中以上"者"字定语从句的中心语前多带有"所有"等总括义词语。

再看其他佛经中的例子：

东汉《修行本起经》：天帝复下化作梵志，为女解梦言："汝见天下水中生一花者，是白净王太子初生时。今在树下六年，身羸形瘦，是花萎时。见一人<u>水洒更生者</u>，是能献食者。小花<u>萌芽欲出者</u>，是五

道生死人也。"（叁 469c 倒 12—倒 8）

东汉《中本起经》：今此都下，颇有神人<u>可师宗者</u>不？（肆 162c 倒 10）

三国吴《六度集经》：闻有妇人<u>逆产者</u>命在呼吸（叁 23c 倒 14）/<u>国人未获真谛者</u>，有沉吟之疑。（叁 30c5）/<u>商人信用其言者</u>，皆获全命，归睹六亲。（叁 33c10）

西晋《生经》：由如彼鸟<u>名我所者</u>（叁 73c12）/天<u>说偈者</u>，则吾身。（叁 87a15）

西晋《普曜经》：其诸天子<u>学大乘业行等慈者</u>亦复俱升此大讲堂（叁 485a 倒 3）/敕五百释<u>勇多力者</u>（叁 504a3）

后秦《出曜经》：其中释种<u>宿缘牵者</u>皆称开门，无宿缘者承如来教不肯开门。（肆 624c10）/时流离王取七万释种<u>成须陀洹果者</u>，生埋在地，暴象践杀。（肆 625a1）

北魏《贤愚经》：时彼大臣<u>救活一人令得道者</u>，今恒伽达是。（肆 356a8）/其诸<u>众生食肉者</u>，皆生慈心。（肆 402b 倒 14）/时诸国中端正妇女<u>入其意者</u>，皆悉凌辱。（肆 427b2）

我们这里把中心语之后带"者"的定语从句称为严格意义上的定语后置，主要是从语义限定关系来看的，而且学界常规的做法也是这么处理的。但如果上升到方法论的层面衡量，则仍需斟酌。首先，某一句法成分的所谓"后置"问题，一般说来只能算是一种临时性的语序变化，是一定能还原到常规位置的。而带"者"定语从句不可能置于中心语之前。该定语若一定要移位到中心语之前的话，必须先去"者"，或者还需要借助别的变换形式才能胜任，它就已经不是"者"字从句了。其次，即便单纯从语义限定关系看，无须"后置"说也讲得通。正如吕叔湘（1982：78）举的"不可信之理/理之不可信者"这组例子，吕先生分析道："这实在是一种把加语移在端语之后的手法"，"但是经过这一番挪动之后，词组成的形式上的关系变了，加语变成端语，端语变成加语了"。也就是说，"理之不可信者"也完全可以解析为前偏后正的"定中式"。总之，笔者的观点是，带"者"后置定语从句作为一种约定俗成的说法可以采纳，但一定不能因为术语的字面而误解了它的含义。相形之下，带"所"后置定语从句的说法从逻辑上讲就理顺一些。

2. 带"所"标记

本书第四章专门讨论了涉"所"结构与定中结构的关系，可参看。这里只是通过简单举例以助说明"定语后置"理论的完整性而已。

先看隋《佛本行集经》："若我得于甘露之句诸圣所叹，已断生死烦恼之流，证涅槃道，然后乃入。"（叁 732a 倒 2）再如北魏《贤愚经》：常设上妙四事所须，供养于佛及比丘僧。（肆 360c 倒 13）/办我行道粮食所须（肆 389a8）。

以上例子中画线的带"所"字结构，都可移置于中心语之前，分别说成"诸圣所叹甘露之句""所须上妙四事""所须粮食"。所以上文说，把涉"所"结构称为后置定语从句理顺一些，道理正在于此。

（三）没有形式标记的定语后置

先看隋《佛本行集经》：

例1. 大仙尊师，我于彼时，即广召唤诸婆罗门有能占相善谙先典依经据书而教变出，即语之言："……果报云何，为我解说。"（叁 698a 倒 3）

例2. 共大释种耆旧有德，令其庄饰。（叁 703b12）

例3. 一切众生行与不行，皆未觉寤。（叁 795c 倒 13）

以上三例画线部分末尾都可添加"者"作为定语后置的形式标记。

中古其他佛经中也有这种现象。如：后秦《出曜经》：终不兴恶如毛发（肆 661c 倒 11）/北魏《贤愚经》：无有悔恨大如毛发（肆 357a11）/无有他意大如毛发（肆 414a11）。

还有一种后置的定语里边含有并列的多项词语，但由于韵律节奏等方面的原因，这些并列项词语后边有的带有"者"标记，有的却没有带。如：

隋《佛本行集经》：此即是彼精进之人，无异语者，立于誓愿，

正意正心，骸骨之体。（叁 769a15）①

　　后秦《出曜经》：为余天人不解法者贡高自大不识至真显示大道无极至业。（肆 496b 倒 2）

　　如果我们把视界拓展到后置定语从句的范围之外，会发现实际上"者"标记的缺省（或者叫"者"标记的零形态形式）并不少见。如:②

　　西晋《普曜经》：诸有艺术皆来集会（叁 501a7）/病者得愈，恐怖得安。系缚得解，聋盲瘖痫，皆悉解脱。贫者大富，尘劳热者悉被疗治。饥渴饱满，怀妊得产，老耄强健。（叁 513c 倒 7—倒 5）

　　后秦《出曜经》：愚者与贤，亦复如是。（肆 638a14）/其精进意勇猛者，日服一叶。劣软弱日服七叶。（肆 641a13）/设汝去者，两头俱衰，或行安住衰，或行衰住安。（肆 650b6）

　　北魏《贤愚经》：有得初果乃至第四果者，复有发心住不退转。（肆 359c6）/蒙度甚多（肆 434a6）

　　以上例子中画线部分后边都可添加"者"标记，而实际的情况是缺失了。

　　这样看来，后置定语从句因为语用等方面的原因而临时缺省"者"标记，也就不足为奇了。

---

　　①　句中画线部分为"彼精进之人"的后置定语从句，但由于音步节奏方面的原因，"者"字用在了从句的中间而不是末尾的位置，比较特别。

　　②　以下例子中凡"者"标记都加着重号，凡画线部分都看作"者"标记的零形态形式。

第六章

结　　语

　　本书绪论的"定中结构研究现状"部分说过，"对汉语史的各个不同历史时期用力不均，对不同历史时期间的关联注意不够，这是当前定中结构研究中的弱项，亟待加强"。本书即是在深入研究、细致描写东汉—隋本缘部八部有代表性佛经的基础上，对中古汉译佛经定中结构的面貌以及译经体的语言特色，做了尽心尽力的考察。本书基本观点及大致成果，可粗略归纳如下：

　　一、简单定中结构部分讨论了由名词、动词、形容词、数量短语、代词及介词短语充任定语和由谓词充任中心语一共七种情况。

　　其一，对由名、动、形三大类词充任定语的情况从音节组合、带"之"与否、语义关系类型等角度详加分析，得出的结论是与现代汉语大同小异。佛经定中结构内部一般不用"之"，与梁启超所言相符。

　　其二，东汉—隋佛经中的数量表达总体呈现出与中土文献迥异的面貌。比如，一个复杂的数词中间有空缺数位的情况，如"四百四、千八十四"等；复杂的系位构造中有位数词连用的情况，如"百千万亿""亿百"等。这可能是受佛经原典影响的结果。

　　其三，从此期佛经中发现的相关语料足以将汉语中出现介词短语充任定语的时限推前。学界有观点认为："介词短语作定语在十六世纪以前只能算是萌芽期。"可是我们在调查东汉—隋的译经时发现介词短语作定语的用例并不少，这就可以把介词短语作定语的起源时间大大提前。

　　其四，此期佛经语料还可证明由谓词充任中心语的定中结构在中古并没有休眠。在东汉—隋的汉译佛经中，这类以谓词语为中心语的定中结构的用例不在少数。它们与现代汉语中的同类结构相比，各有特点。两个时期的此类结构的产生，都可能与语言的欧化有关系，但中古毕竟是现代此类结构的早期语言实践阶段，能为现代汉语相关研究提供一定的参考。

二、复杂定中结构部分讨论了复杂定语的构成及排序。递加式定语总体反映了由面到点、由点到面、由点到点等几种认知模式。递归式定语大都遵循汉语句法的临摹原则。

其一，数词定语通常处于递归式多项定语内部的转折点位置，位于此前边的为限定性定语，位于此后边的为描写性定语，如"其五百采宝之众""诸释种五百大臣"等。递归式多项定语语序总体遵循汉语句法的临摹原则，定语在语序上距离中心语的远近反映了现实世界中两者所表事物关系的疏密程度。

其二，发现一组总括义词语充任多项定语是按"所有>一切>种种>诸"的次序排列（">"表示先于），如"城内所有一切诸女""所有诸池""所有一切众"等，并从认知角度对这种排列次序作了解释。当然也有所谓"跨序"和"反序"现象。

其三，定语从句部分重点分析了其修饰限定的中心语为受事、施事角色的定语从句的结构类型，并与濮明明、梁维亚（2004）对现代汉语定语从句的研究进行了对比，发现两者有很大程度的相似性。中古佛经定语从句引导的中心语的语义角色类型此外还有时间、处所、工具材料、方法、结果、原因依据等，这也与现代汉语类同。

三、探讨了中古汉译佛经中涉"所"结构和定中结构之间的关系。

首先表明"所"是助词或名词化标记的观点，提出涉"所"结构的概念——凡是由"所"参与组合的名词性结构都可称为涉"所"结构，涉"所"结构可分为所$_1$、所$_2$、所$_3$、所$_4$四类。所$_1$、所$_2$是谓词性定语带有"所"标记、中心语为名词的定中结构，是涉"所"结构的基本式。所$_3$、所$_4$分别以所$_1$、所$_2$为基础缺省了中心语，可称为"所"字结构（此术语严格仿照现代汉语"的"字结构而造）。本书重点探讨了所$_1$、所$_2$与普通定语从句引导的定中结构之间的关系，认为涉"所"结构偏文言系统，普通定语从句偏白话系统，随着这一时期的语言已开始由文言系统向白话系统过渡，"所"的使用有缓慢消退的趋势。

四、定中结构的语用变化，重点讨论了定语、中心语的重现与共用。

定语或中心语的共用是为了求简，而定语或中心语的重现又是一种繁化，简与繁皆为了适应不同的表达需要。充当定语或中心语的联合结构里边，并列项最多限定在七项左右，这些联合结构的内部成分是有序的，主要受制于语义、语用及句法等多种因素，它们的排序总体遵循汉民族共同的语言认知心理。

总之，本书通过定中结构的专题性的研究，充分肯定了中古汉译佛经的语言研究价值。在研究中发现了一些有佛经特色的语言现象，比如佛经数量表达的特异面貌，比如一组总括义词语充任多项定语时的排序规则，比如定语与中心语的重现与共用问题，等等。更重要的是，可以将定语复杂化的时限往前推进一大步，认为至少到隋代的《佛本行集经》中定中结构已达到相当程度的复杂化，这就可以为汉语句法史、现代汉语定中结构的来源及演变等相关研究领域提供重要的参考。

面对本课题取得的些许成果，笔者未敢沾沾自喜，因为还有不少的问题需要思考，以下就是我们就佛经语言的定性、本课题的研究方法、研究成果等方面进行的反思。

回首汉译佛经的语言研究，近年来正呈兴盛态势，这固然是由于佛经语言鲜明的口语性引起了学者们的研究兴趣，但与此同时我们也应清醒地认识到有关佛经语言的性质之争，有人诟病其中不同于本土文献的色彩和味道，也有人认为它本质上就属于汉语，语法上较少受到原典语言的影响。[①] 笔者认同学界佛教汉语的提法，但它的性质毕竟复杂。[②] 一部佛经中有多少外语的影响因子，反映当时口语的成分

---

① 后者如遇笑容就认为："整体上，汉译佛经仍然是对佛经的'汉译'，语言接触没有对汉译佛经的语言性质造成质的改变"（见遇笑容 2005 年在浙江大学汉语史研究中心的学术演讲稿《语言接触与汉译佛经的语言性质——从〈撰集百缘经〉谈起》）。

② 参见朱庆之（2001）。

又占多大比例，其中有没有受方言的影响，哪些是译者个人语言风格的差异，这些问题都引起过专家学者们的思考，并将继续讨论下去。

由于本研究选取的语料的浩繁，再加上时间所限，当初设想的多种对比，有的已经做了，比如佛经内部不同时代间的对比；但有的，比如拿中土文献与佛经进行系统的对比，暂时都难以实现，只是利用了一些别人已有的研究成果。那么，最方便的做法就是拿佛经跟现代汉语比，但对此许理和（1987）已表示了担忧，朱庆之（2001）更是告诫"不能用现代汉语的语感和标准来判断汉译佛经的口语化成分"，"佛教译经中有些像现代汉语的很'白'的句子恰恰可能是受到原典影响的句子"。不过，正如前文所言，对于佛经语料，我们还是应当持审慎态度，因为我们今天想要找的东西，或许正是其中受了原典影响的地方。（由于不通梵文等原典语言，所以笔者目前对这一点尚不清楚。）既然方法本身都可能存在不足，那么此期佛经与现代汉语对比结果中的一些"同"点就颇值得审慎对待。比如，第二章关于佛经中名、动、形充任定语时的情况与现代汉语中基本一致，又比如第三章里递加式定语、递归式定语、数量短语及代词在复杂定语里的位置以及定语从句部分的情形都大致与现代汉语近似。从这些"同"点里我们可以看出，"无论佛教混合汉语如何特殊，它仍然是汉语"（朱庆之，2001），古今汉语是一脉相承的，其中都蕴含着汉民族共同的语言认知心理，历史在发展中总是有所继承。所以当初选择佛经作为语法研究对象时的担心现在看来是没有必要的。"佛教混合汉语实质上也是汉语欧化的产物"（朱庆之，2001），为什么我们今天对现代汉语的欧化能坦然接受而对佛经中的欧化却唯恐避之不及呢？实际上，自古至今，纯而又纯的汉语可能从来都未曾有过。问题的关键是怎样去考究中古佛经与现代汉语中这种"同"点的性质和原因，这一问题关乎怎样给佛经语言定性，正如上文所言，也只好暂且存疑了。另外，同中也会有异。比如第二章，此期佛经中名、动、形作定语时绝大多数是直接充任的，而现代汉语中很多情况下是必须带"的"才能充任。中古佛经中少量有带"之"的，"之"的性质和"的"也肯定不完全一样。佛经中定语后不带标记，个人认为是受了佛经语体四字一顿的音步节律的决定性影响。

　　由于佛经语法研究也有它的局限性，我们对王力（1989）关于汉语定语严密化的观点只能说是小有补充而已。尽管《佛本行集经》等中也有少数极为复杂的定语，但整体上定语复杂化的程度并不是很高。以递加式和递归式两种类型为例，以含有两个结构层次的居多。这也可能是受佛经的口语性要求所限，一般情况下，口语句式总是较简短的。不过，中古佛经尤其是隋《佛本行集经》中的多项式偏正结构（本书称之为定语的共用与中心语的共用现象）却很发达。我们甚至认为，近代汉语和现代汉语中定语复杂化的动因就是源于这种并列关系的多项定语。因为并列关系的多项词语累加，大大拓展了定语和中心语的容量，使定中结构在句法结构和思维运作容许的范围内可以根据表意的要求扩缩自如。私见未敢自是，妥否交给读者和时间评判。

　　正如一位匿名审稿专家所言，"定中结构的构成和语序是认知语法和语法类型学关注的前沿课题，佛经语言的研究是中古汉语史中的前沿课题"，但本书未能在两者的交汇点上展开研究，它的主要目标在于后者，这不能不说是带有遗憾的。所以，严格说来，本书所谓的成果至多只能算"半成品"而已。

　　总之，虽然辛岛静志（1997）、朱庆之（2001）等都认识到，对重要的佛经需一部部去作微观的词汇、语法研究，但由于佛经语法研究的难度以及笔者能力水平所限，我们的工作还是留下了很多的缺点和不足，期待专家和读者的批评指正。

参 考 文 献

曹广顺:《〈佛本行集经〉中的"许"和"者"》,《中国语文》1999 年第 6 期。

陈宁萍:《现代汉语名词类的扩大》,《中国语文》1987 年第5 期。

陈朋:《试论"名·之所·动"可作定语》,《中国语文》1980 年第 5 期。

陈玉洁:《汉语指示词的类型学研究》,中国社会科学出版社2010 年版。

崔应贤:《现代汉语语法学习与研究入门》,清华大学出版社2004 年版。

崔应贤等:《现代汉语定语的语序认知研究》,中国社会科学出版社 2002 年版。

董秀芳:《词汇化:汉语双音词的衍生和发展》,四川民族出版社2002 年版。

董志翘:《汉译佛典中的"形容词同义复叠修饰"》,《语文研究》2007 年第 4 期。

方小中:《定中结构研究综述》,《安庆师范学院学报》(社会科学版)2004 年第 4 期。

方一新:《中古近代汉语词汇学》,商务印书馆 2010 年版。

方一新、高列过:《东汉疑伪佛经的语言学考辨研究》,人民出版社 2012 年版。

方一新、王云路:《中古汉语读本》,吉林教育出版社 1993 年版。

葛佳才:《东汉副词系统研究》,岳麓书社 2005 年版。

谷晓恒、李晓云：《"数词+大+名词"短语浅探》，《汉语学习》2005 年第 5 期。

顾满林：《东汉佛经中的数词及与数有关的表达方式》，《汉语史研究集刊》第七辑，巴蜀书社 2005 年版。

韩玉国：《现代汉语形容词再分类》，载胡明扬主编《词类问题考察续集》，北京语言大学出版社 2004 年版。

贺阳：《现代汉语欧化语法现象研究》，商务印书馆 2008 年版。

胡明扬主编：《词类问题考察》，北京语言文化大学出版社 1996 年版。

胡明扬主编：《词类问题考察续集》，北京语言大学出版社 2004 年版。

华玉明：《汉语重叠研究》，湖南人民出版社 2003 年版。

雷冬平：《近代汉语常用双音虚词演变研究及认知分析》，中国社会科学出版社 2008 年版。

李晋霞：《论格式义对"$V_双$+$N_双$"定中结构的制约》，《中国语文》2003 年第 2 期。

李晋霞：《论动词的内部构造对动词直接作定语的制约》，《语言教学与研究》2004 年第 3 期。

李绍群：《近百年现代汉语修饰语研究综述》，《福建师范大学学报》（哲学社会科学版）2003 年第 4 期。

李素秋：《现代汉语定语研究综述》，《山西大学学报》（哲学社会科学版）2009 年第 1 期。

李云兵：《中国南方民族语言语序类型研究》，北京大学出版社 2008 年版。

梁启超：《佛学研究十八篇（陈士强导读）》，上海古籍出版社 2001 年版。

廖秋忠：《现代汉语并列名词性成分的顺序》，《中国语文》1992 年第 3 期。

刘丹青：《名词短语句法结构的调查研究框架》，《汉语学习》2006 年第 1 期。

刘丹青主编：《名词性短语的类型学研究》，商务印书馆 2012年版。

刘宁生：《汉语偏正结构的认知基础及其在语序类型学上的意义》，《中国语文》1995 年第 2 期。

刘永铮：《"所"字新论》，《语文研究》1990 年第 2 期。

刘月华、潘文娱、故韡：《实用现代汉语语法》，外语教学与研究出版社 1983 年版。

柳士镇：《魏晋南北朝历史语法》，南京大学出版社 1992 年版。

陆丙甫：《定语的外延性、内涵性和称谓性及其顺序》，《语法研究和探索》第 4 辑，北京大学出版社 1988 年版。

陆丙甫：《核心推导语法》，上海教育出版社 1993 年版。

陆俭明：《关于"他所写的文章"的切分》，《语言学通讯》1990年第 1—2 期，又见《陆俭明自选集》，河南教育出版社 1993 年版。

陆俭明：《确定领属关系之我见》，《南大语言学》第一编，商务印书馆 2004 年版。

陆俭明：《现代汉语语法研究教程》（第四版），北京大学出版社2013 年版。

吕澂：《新编汉文大藏经目录》，齐鲁书社 1980 年版。

吕冀平：《汉语语法基础》，商务印书馆 1999 年版。

吕叔湘主编：《现代汉语八百词》（增订本），商务印书馆 1999年版。

吕叔湘：《中国文法要略》，商务印书馆 1982 年版。

吕叔湘、饶长溶：《试论非谓形容词》，《中国语文》1981 年第2 期。

吕叔湘：《单音形容词用法研究》，《中国语文》1966 年第 2 期。

马汉麟：《古代汉语"所"字的指代作用和"所"字词组的分析》，《中国语文》1962 年第 10 期。

马建忠：《马氏文通》，商务印书馆 1983 年版。

马清华：《并列结构多语序运筹的机制》，《语言学论丛》第三十二辑，商务印书馆 2006 年版。

马庆株：《多重定名结构中形容词的类别和次序》，《中国语文》1995 年第 5 期。

潘维桂：《关于名词修饰名词的自由度的考察》，载胡明扬主编《词类问题考察续集》，北京语言大学出版社 2004 年版。

潘允中：《汉语语法史概要》，中州书画社 1982 年版。

濮明明、梁维亚：《从认知角度看现代汉语定语从句的表达形式》，《国际汉学集刊》第 1 辑，中国社会科学出版社 2004 年版。

齐沪扬等：《与名词动词相关的短语研究》，北京语言大学出版社 2004 年版。

沈家煊：《"有界"与"无界"》，《中国语文》1995 年第 5 期。

石毓智、江轶：《古汉语中后置关系从句的成因与功能》，《语文研究》2006 年第 1 期。

宋绍年：《关于"名（代）+所+动"结构切分》，《中国语文》1996 年第 2 期。

［日］太田辰夫：《中国语历史文法》，蒋绍愚、徐昌华译，北京大学出版社 1987 年版。

唐翠菊：《数量词在多层定名结构中的位置》，《语言教学与研究》2002 年第 5 期。

唐正大：《汉语关系从句的类型学研究》，博士学位论文，中国社会科学院研究生院，2005 年。

王洪君：《音节单双、音域展敛（重音）与语法结构类型和成分次序》，《当代语言学》2001 年第 3 期。

王珏：《介词短语作定语四论》，《华东师范大学学报》（哲学社会科学版）1999 年第 4 期。

王克仲：《关于先秦"所"字词性的调查报告》，见《古汉语研究论文集》，北京出版社 1982 年版。

王力：《汉语语法史》，商务印书馆 1989 年版。

王启涛：《魏晋南北朝语言学史论考》，巴蜀书社 2001 年版。

王云路、方一新：《中古汉语语词例释》，吉林教育出版社 1992 年版。

王云路:《中古汉语词汇史》,商务印书馆 2009 年版。

［韩］文贞惠:《"N$_1$ 的 N$_2$"偏正结构中 N$_1$ 与 N$_2$ 之间的语义关系的鉴定》,《语文研究》1999 年第 3 期。

［日］辛岛静志:《汉译佛典的语言研究》,《俗语言研究》1997 年第 4 辑。

徐德宽:《现代汉语双宾构造研究》,上海辞书出版社 2004 年版。

许剑宇:《〈佛本行集经〉中定语的重现与中心语的重现》,《洛阳师范学院学报》2007 年第 3 期。

许剑宇:《〈佛本行集经〉中的数量表达》,《杭州师范学院学报》2007 年第 5 期。

许剑宇:《〈佛本行集经〉中一组总括义词语充任定语时的排序规则》,《语文学刊》2008 第 2 期。

许剑宇:《〈佛本行集经〉中定语位置上的数词与"诸"共现的情况》,《阜阳师范学院学报》2008 年第 4 期。

［荷兰］许理和:《最早的佛经译文中的东汉口语成分》,蒋绍愚译,《语言学论丛》第 14 辑,商务印书馆 1987 年版。

杨会永:《〈佛本行集经〉词汇研究》,博士学位论文,浙江大学,2005 年。

姚振武:《个别性指称与"所"字结构》,《古汉语研究》1998 年第 3 期。

叶建军:《〈祖堂集〉疑问句研究》,中华书局 2010 年版。

袁毓林:《谓词隐含及其句法后果——"的"字结构的称代规则和"的"字的语法语义功能》,《中国语文》1995 年第 4 期。

袁毓林:《定语顺序的认知解释及其理论蕴涵》,《中国社会科学》1999 年第 2 期;又见《汉语语法研究的认知视野》,商务印书馆 2004 年版。

张伯江:《双音化的名词性效应》,《中国语文》2012 年第 4 期。

张敏:《认知语言学与汉语名词短语》,中国社会科学出版社 1998 年版。

赵世举:《〈孟子〉定中结构三平面研究》,中国青年出版社 2000

年版。

赵元任:《汉语口语语法》,吕叔湘译,商务印书馆 2001/1968 年版。

中国社会科学院语言研究所古代汉语室:《古代汉语虚词词典》,商务印书馆 1999 年版。

周一民:《"金、银"也可以是名词》,《中国语文》2000 年第 3 期。

朱德熙:《现代汉语形容词研究》,《语言研究》1956 年第 1 期。

朱德熙:《语法讲义》,商务印书馆 1982 年版。

朱德熙:《自指和转指》,《方言》1983 年第 1 期。

朱德熙:《语法答问》,商务印书馆 1985 年版。

朱德熙:《定语和状语》,上海教育出版社 1987 年版。

朱德熙:《朱德熙文集》(1—3 卷),商务印书馆 1999 年版。

朱峻之:《论"所"为结构助词及其实用意义》,《广西民族学院学报》1987 年第 3 期。

朱庆之:《佛教混合汉语初论》,《语言学论丛》第 24 辑,商务印书馆 2001 年版。

邹韶华:《语用频率效应研究》,商务印书馆 2001 年版。

邹韶华:《求真集:对汉语语法问题的一些思索》,生活·读书·新知三联书店 2004 年版。

后　记

在逼近知天命的年纪，终于有了人生的第一本小书，一部古汉语语法专著。不由得生出些许感慨来。

首先涌上心头的是，没想到自己这辈子居然和语文学科结了缘。从小学到中学（严格说来只是初中），都是以理科见长，虽然其时自己并不懂学科还有什么文理的分野。现在回想起来，大概是因为理科类课程有许多公式、原理，借助它们可以方便快捷地解决一道一道的习题，收获一种思维的愉悦感。而文科类课程，虽然也遵老师之命背书、写四平八稳的作文，但说真的，并没感到多少学习的乐趣。有唯一的例外，是初中三年英语课，由于年纪轻记性好，蛮感兴趣，应该是老师引导得巧妙，让我发现了其中的造句和读写单词都有严密的规律可以遵循。在改革开放之初的农村学校，很多孩子都讨厌的这一门英语，我竟学得津津有味。这么说来，如果顺其自然，大概十之八九不会走学中文的路。

初中毕业，自己懵里懵懂，为了早点跳出农门，端上铁饭碗，听从家里人的安排，进了本县的师范学校。这摆明了将来就是去当孩子王，虽然主观上也想继续钻研自己喜爱的数理化英，但校园里充溢的毕竟是另一种氛围。学业之外多有余暇，高年级同学组织诗社文学社，为了发展壮大新生力量，也动员我加入，于是跟着写，居然也有豆腐干在报纸上发表。就这样，我们一群同学，天真地做起了文学梦。

中师三年，逍遥的时光毕竟太短暂。托政策的福，其时还是工作包分配，单位不用愁。但当结果袭来——本乡一所偏僻的村小，寸心怎么就小有失落了呢？谁叫年轻人都有好高骛远的毛病？这一段经历，使我对农村基层教育的状况和乡村中小学教师的心路历程有了深切的体会。

上进的路仍只有一条——读书。于是一边工作，一边报名参加国家设立的高等教育自学考试，昔日同窗不约而同选报的全是汉语言文学专业，想来应该是县教委自考办工作人员提示过的，这也是我第一次听说汉语言文学这个专业的名称。我们那时真的是自学，不像后来还有所谓社会助学一说。从县教委预订考试用书，领回家一本本地看，然后参加由地区教委统一组织的每年春、秋两次的笔试。大学专科文凭不到两年顺利拿下，本科的课程也考完了近半，这时身边有同事鼓动我考研，说是若想生活有质的改观只有靠考研一条路了。于是，1992年，在中师毕业工作满五年之后（前三年是小学，后两年调到了本乡的职业初中），我实现了自己的梦想，考上了研究生。

研究生一考考到了离家遥远的黑龙江。黑龙江大学的现代汉语专业是吕冀平先生一手扶持起来的，有优良的学术传统。导师邹韶华先生和导师组的吕冀平先生、戴昭铭先生待我都很好。此书编校过程中，惊悉吕冀平先生于2017年2月27日仙逝，享年91岁。从此天人两隔，拙著再也没有机会拜呈于先生面前，悲夫！敬爱的吕冀平先生千古！其时的研究生教育还属小众化，有时一门专业课只有我一人在上，老师照样讲得很认真。说句罪过的话，有这么优秀的师资和优越的学习条件，对于现代汉语语法这个专业方向我却不是很上心，或曰学习不够积极主动。我也有我的心理，可分析为这样三条：一是自己底子太薄，考研前也就自学过一本《现代汉语》和一本《语言学概论》，而做学问很难，自己常常有不得其门而入的困惑。二是延续中师时期的文学梦，考研前以为报考的是中文系，那总该是讲诗词歌赋小说散文的一路，而语法理论相比较而言显得枯燥。三是寄希望于将来的就业，如果机会好，就不再当教师，这专业知识说不定就派不上什么用场。

人还在犹犹豫豫，三年宝贵的时光一晃而过，反复考量还是干老本行。同样是南方籍的邹老师很理解我渴望回南方工作的心情，趁开学术会议的时机向杭州师范学院中文系的张学成教授做了推荐，于是奠定了我此后至今工作和生活的基础。邹老师和张老师是我命中的贵人，两位先生的恩情我没齿不忘。

昔年杂览，看到不知哪位哲人说过，"人都是弱者"，为之深深叹服。自我观照，从 1995 年到杭州以来，学业、工作、家庭，方方面面的表现都平平，而我可怜的时间和精力总是左支右绌。幸赖方一新先生宽厚，于 2000 年接纳我这个半路出家接触古汉语的人攻读汉语言文字学专业博士学位，从此方师对我呵护有加，这对我精神上的鼓励和支持是笔墨难以尽述的，最感激的是方师和师母王云路教授都曾在百忙之中教正过拙文。

2009 年，以原博士学位论文为基础，申报成功了国家社科基金课题，等到课题结项，终于有了这部书稿。感谢我博士论文和国家课题结项成果的匿名评审专家，感谢参加我博士论文答辩会的吴金华先生、汪少华先生、黄笑山先生和王云路师母等。如今吴金华先生已作古，谨此寄托一份哀思。诸位先生提的意见都很中肯，能改的我都改了，有的问题超出本人能力范围，原谅我一时改不了，比如研究汉译佛经语法应具有基本的梵语知识，再比如在本课题选定的八部佛经所涵盖的前后四百年的时间跨度里定中结构的变化情况如何，又比如佛经与中土文献的比较不够充分，等等。凡此种种，都有待弥补。在课题收尾的紧张日子里，岳母朱小兰女士、妻子李蕾，还有研究生唐敏、匡曼曼帮忙输入过部分文稿，在此一并致谢！书稿初定，蒙方一新先生介绍给中国社会科学出版社的宫京蕾老师，宫老师以专业的眼光提出修改意见，为拙著增色不少。谢谢宫老师！

此刻，我的思绪还飞得很远——

感谢严父慈母的养育之恩，为我的人生打上了朴实勤奋的底色；感谢小学启蒙老师后来我们成为同事的熊升阶老师，您的一言一行在我幼小的心灵里树立起了为师者最初的形象；感谢初中时期的班主任兼语文教师王笃生老师，正是您调教有方，使我在 1984 年初中毕业参加中考时取得了全县总分第一的成绩；感谢教了我初中三年英语的赵风生老师，我之所以后来考研一次过线，说是拜您所赐那是一点都不为过的；感谢中师时期的班主任许俊老师和任教语文的黎承旺老师，是你们帮扶着我们走上了三尺讲台；感谢我的硕士导师，黑龙江大学邹韶华教授，您在语频效应、语义偏移及语法规范等方面的精深造诣给予了我无尽的学术滋养；感谢我的博士导师，浙江大学方一新教授，您与师母王云路教授等倡导的中古汉语研究，永远令我仰之弥高。此外还要感谢李崇兴先生、汪小雅先生、张新瑞先生、熊松虎先生及夏文昭阿姨在我人生的不同阶段给予的重要帮助。

感谢小学、初中、中师、硕士和博士阶段的同学朋友，尽管世事纷纭，我们联系不多，但我坚信，友谊之树常青。过去的一幕幕挥之不去，那就一起在回忆中重温昔日的欢愉吧。各位的大名恕我不一一列出，但与本书有直接关系的三位非说不可：真大成博士曾帮我解答佛经解读方面的疑难问题；高列过教授在生病住院期间帮我审读国家社科课题的申报书，并提出中肯的修改意见；葛佳才教授与我在同一期课题的研究中相互鼓劲打气。

佳才乃重庆人士，重庆人向来有一种精神叫"山高路远、负重前行"，颇切合我此刻的心情，就借用来结束这篇后记。

2017 年 3 月于杭州师范大学仓前校区